図書館サポートフォーラムシリーズ

海を渡ってきた漢籍

江戸の書誌学入門

髙橋 智 著

日外アソシエーツ

カバーイラスト：矢作 信雄

目次

序章

江戸時代のレファレンスを説明するに当たって、なぜ、漢字で書かれた図書、漢文（漢籍）を門戸にして論じるのか、しかし、それが必ずや、漢文だけではなく、江戸時代のさまざまな図書、図書だけではなく文化万般にわたって、何らかの参考になるに違いないと思っていること、先ずはそれから説き始めましょう。

論語に始まる

私は、高校生の時に岩波文庫の『論語』を読んで、是非、漢文の原本ともいうべき古い『論語』のテキストを見てみたいと思っていました。それが、まさか図書館・文庫とのつながりに発展するとは思ってもみませんでした。そこで、大学に入った時に、阿部隆一先生の書誌学の演習を受講することとしたのですが、いきなり最初に、調べるように与えられた古書は『四書正文』というものでした（図１）。阿部先生については、林望先生の『増補書藪巡歴』（ちくま文庫・二〇一四年）にいろいろと述べられておりますが、こわい先生でした。

さて、『論語』が『大学』『中庸』『孟子』と並んで『四書』というくくりに入ることは学んでいましたが、この『四書正文』は注釈もなくただ本文に訓点が振ってあるだけで、その訓点も、誰のものか、表紙に貼ってある外題《げだい》に「加藤士成甫訓点」とあるだけで、そのほかの情報、出版の年代などもありません。何をどう調べたらいいのかも解らずノートを提出すると、先生は目録事項を丁寧に直されて、必要な書誌事項に線を引いてくださった。それを要約すると、

「四書正文（題簽）　大学中庸各一巻論語孟子各二巻　加藤士成点　〔明治初〕刊　大五冊

　○茶色表紙縦二五×横一七cm、左右双辺（縦一九・八横一三・七cm）無界、毎半葉八行一八字、版心白口、句点・返点・送仮名・縦点《たててん》・声点《しょうてん》」

図 1a

このようにしるしておけば必要事項はメモしたことになると。その意味するところは、全体の書名は、題簽《だいせん》（表紙に貼ってある題名）にあるものを採り、その詳細を附記しておく。加藤士成が訓点を振ったが、「甫」というの

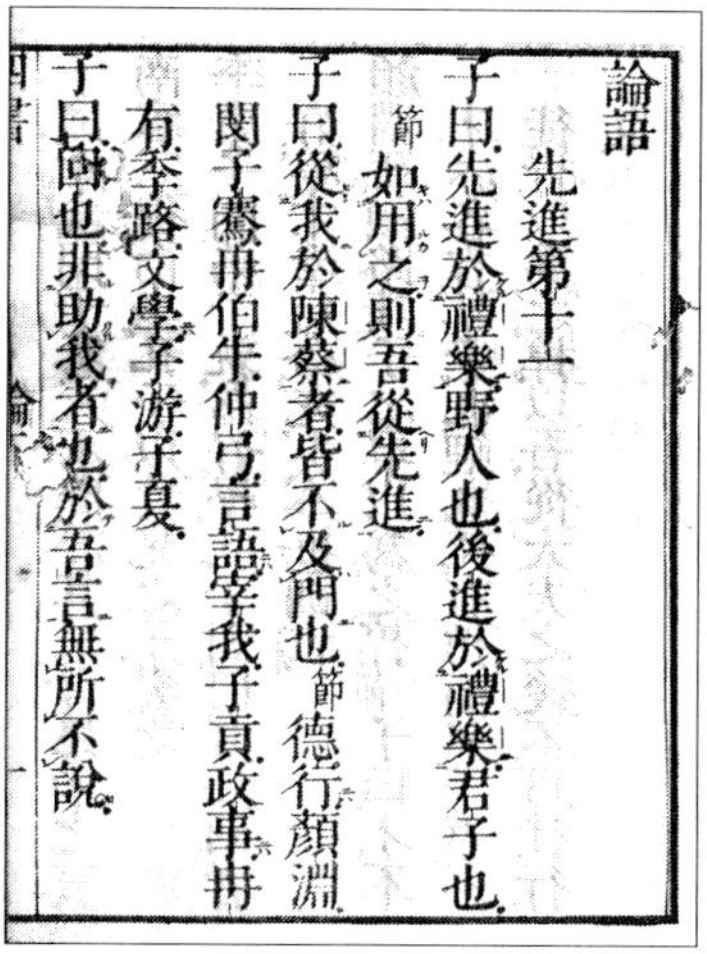
論語
先進第十一
子曰先進於禮樂野人也後進於禮樂君子也
節 如用之則吾從先進
子曰從我於陳蔡者皆不及門也 節 徳行顔淵
閔子騫冉伯牛仲弓言語宰我子貢政事冉
有季路文學子游子夏
子曰回也非助我者也於吾言無所不說

図 1b

は字《あざな》に付ける言葉であるから、士成は字であるが、号はわからないので士成としておく。信濃上田の人らしいが幕末明治の出版であろう。木版の版式は外側の匡郭が一本か二本か、左右対称である版面の、半分は何行何字か。版面の中心部分（版心）は白いか（白口）黒いか（黒口）。訓点は、熟語を示す縦点《たててん》、平上去入の四声を示す声点《しょうてん》までついているか。これらを記しておけば他本との区別がつけられる、というものでした。あまりぱっとしない本ですが、なるほど他本との区別をつけるための情報を、宝探しのように見つけていくのだな、と思いました。

全国を訪ね、天下に一本しかないような古典籍を発掘、調査、分析される先生が、どうでもよいようなありふれた本に異様な熱気で対処されるのを見て、何か不思議な感じがいたしましたが、あとで考えてみると、伝本が少ない貴重な本であったり、調べるべき情報の多い本であったり、そうしたものを扱うことも大切であるが、極普通に当たり前に流通していた、それだけにいろいろな情報が常識としてそぎ落とされている本に、しぶとく食いついていくことが大切なのだということを教わったような気がしました。

それからは、つとめて、図書館で誰も見ないような江戸時代の普通の漢文書を開いたり、古書店の門前に置かれた江戸版本の虫食い端本《はほん》（不揃い本）を買い集めたりすることといたしました。

江戸時代の夥しい漢籍出版の海は、到底漕ぎ渡ることはできないだろうと思ってしまいますが、それ以来、漕ぎ方のこつを身につければ、視界は良好となるに違いないと思うようになりました。実はそれが中国に所在する大海のような漢籍についてもいえることであると気づくことになるのです。

江戸時代の和本

こんどは江戸時代の揃った和本を買って手にして読んでみたいと思い、最初に買ったのが、安永五年（一七七六）の西涯堂本『四書集注《しっちゅう》』（図2）と享保九年（一七二四）の『書経集注』（図3）でした。西涯堂本の題簽に「大字新刻」とうたうように、字も大きく大変読みやすい。そして、『書経集注』は松永昌易の和訳に近い詳細な附訓があり、読み下すだけで意をくみ取れるほどです。読むのは良いのですが、見ているうちに、印刷のきれいなものが見たく

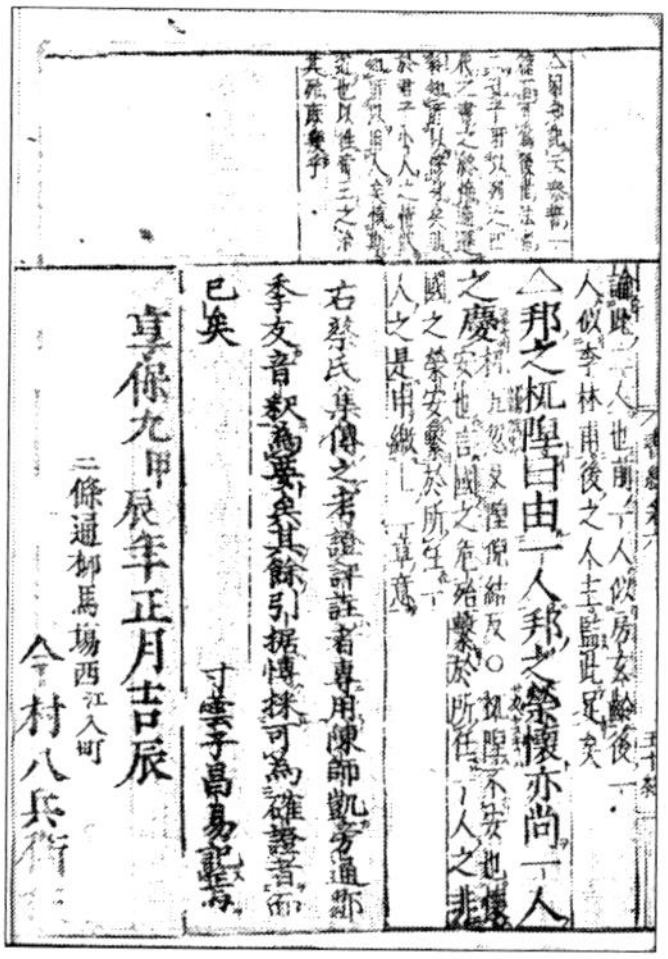
享保九甲辰年正月吉辰
二條通柳馬場西江入町
今村八兵衛

右蔡氏集傳之考證評註者專用陳師凱旁通鄒季友音釈為要矣其餘引據博採可為確證者而已矣
寸雲子昌易記焉

図３

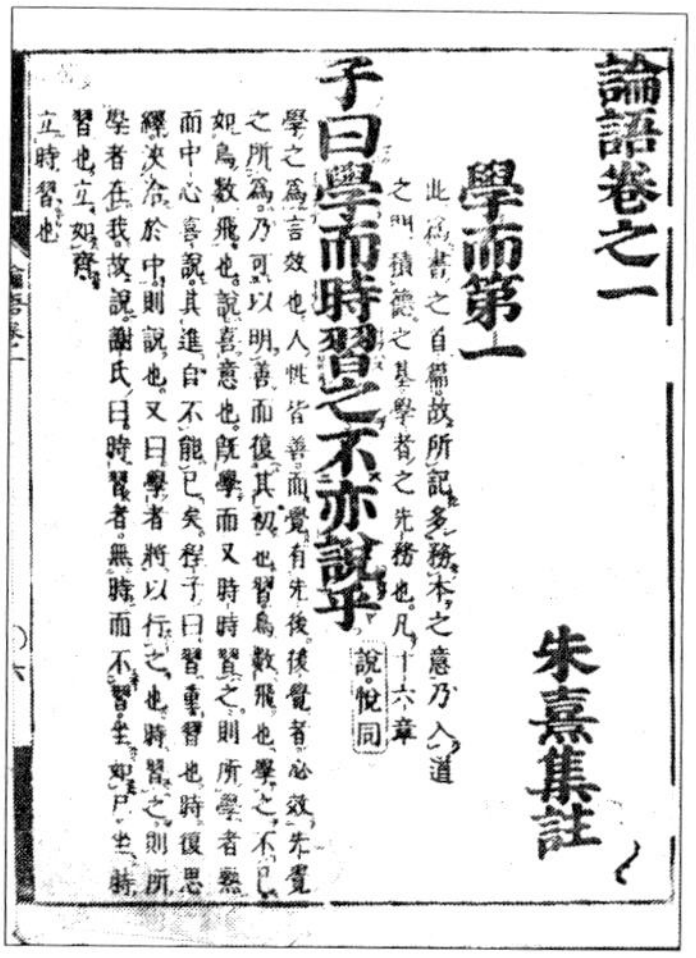
論語卷之一
朱熹集註
學而第一
此爲書之首篇故所記多務本之意乃入道之門積德之基學者之先務也凡十六章
子曰學而時習之不亦說乎
說悅同

図２

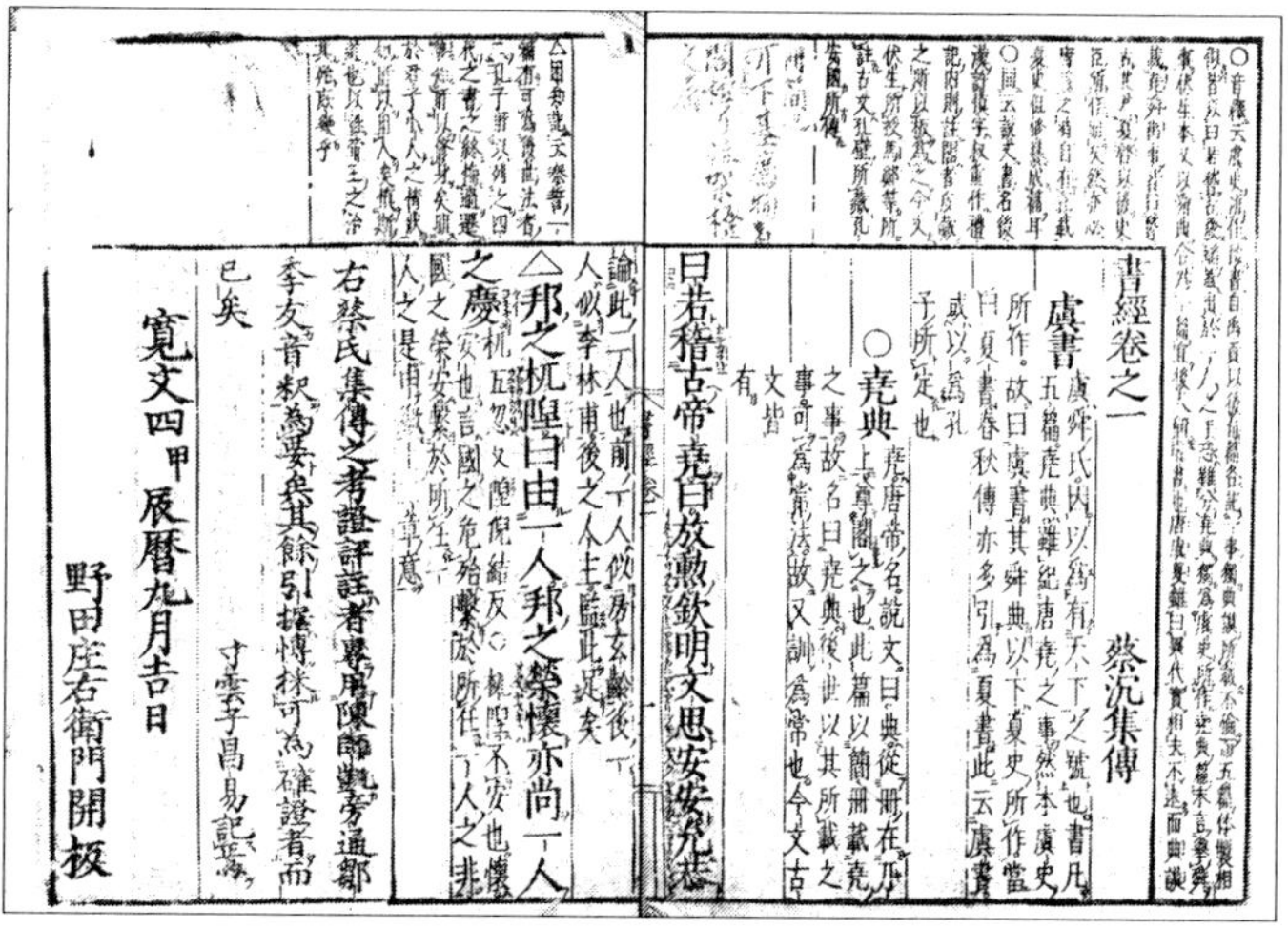
書經卷之一
蔡沈集傳
虞書
堯典
曰若稽古帝堯曰放勳欽明文思安安允恭

寛文四甲辰暦九月吉日
野田庄右衛門開板

右蔡氏集傳之考證評註者專用陳師凱旁通鄒季友音釈為要矣其餘引據博採可為確證者而已矣
寸雲子昌易記焉

図４

なってきました。小さなフリガナなどがはっきりと見えるような清朗な印面が見たい。これは刷りの良い初印本と、悪い後印本の違いが分かってきたからなのです。そして、いろいろ調べ訪ね歩いているうちに、西涯堂本は宝暦七年（一七五七）版があり、松永本は寛文四年（一六六四）版（図4）があることが判りました。したがってこの安永五年や享保九年は再版本に違いないと思いました。しかし、初版本といっても後印であれば印面はやはりみにくいことが判りました。つまり版と印とは分けて考える必要があるな、ということです。

印本を較べる

ところで、西涯堂本の安永五年（図5）と宝暦七年（図6）のものとを比べてみると、確かに字の形が違う。やはり新たに版をおこしたと思われます。しかし、松永本の享保九年と寛文四年のものを引き比べると、どうみても違いはありません。これは、享保九年のものは寛文四年の版木をそのまま用いていたからなのです。六〇年後の印刷です。本屋は、野田庄右衛門から今村八兵衛に変わります。享保九年版ではなく、寛文四年版の享保九年印本であったわけです。

こうしたことが判ってくると、いよいよと、読むだけではなく、どのテキスト（本）を用いるか、探すか、面白くなってくるのでした。実は同じようなテキストが幾つも存在する現象は、

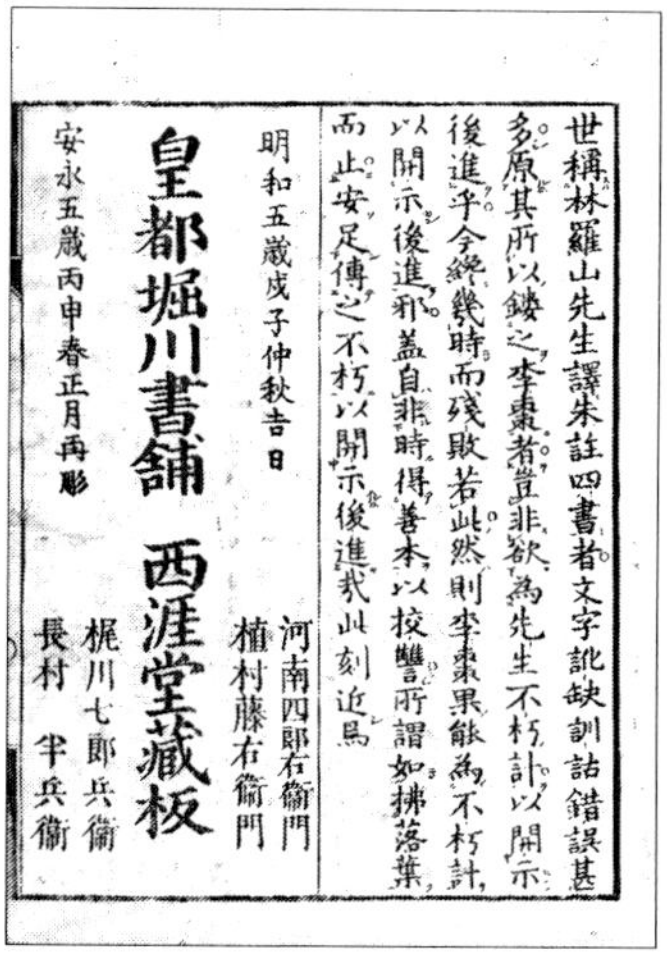

世稱林羅山先生譯朱註四書者文字訛缺訓詁錯誤甚多原其所以鋟之李東者豈非欲為先生不朽計以開示後進乎今經幾時而殘敗若此然則李東果能為不朽計以開示後進邪蓋自非時得善本以挍讐所謂如拂落葉而止安足傳之不朽以開示後進哉此刻近焉

明和五歳戊子仲秋吉日

安永五歳丙申春正月再彫

皇都堀川書舗　西涯堂藏板

河南四郎右衛門
植村藤右衛門
梶川七郎兵衛
長村半兵衛

図５

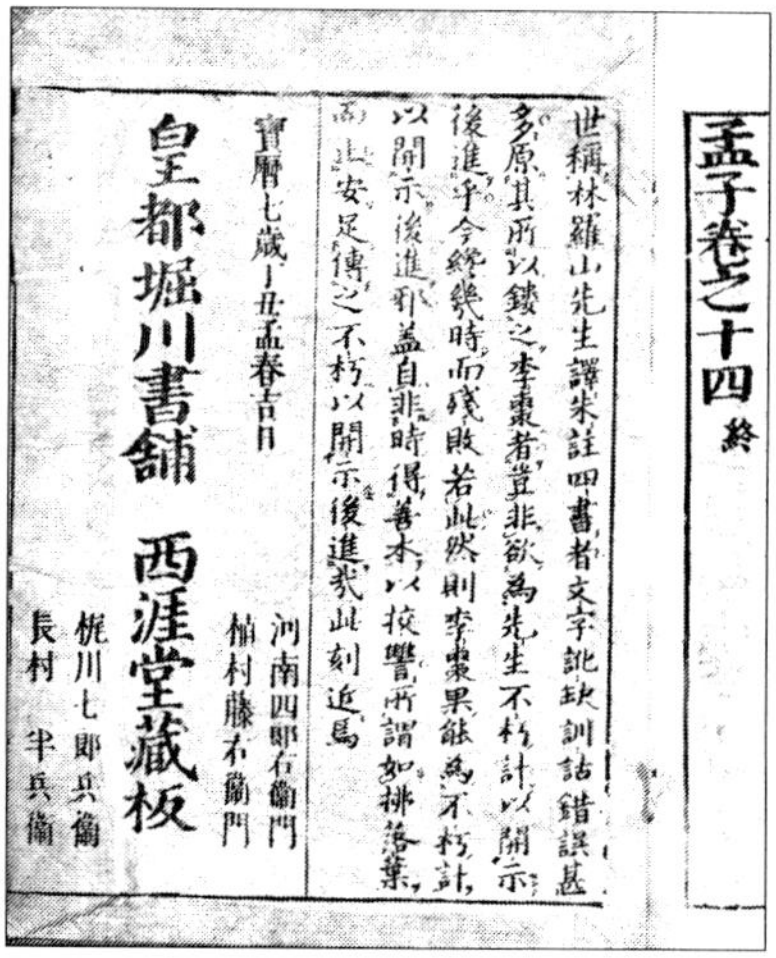

孟子巻之十四終

世稱林羅山先生譯朱註四書者文字訛缺訓詁錯誤甚多原其所以鋟之李東者豈非欲為先生不朽計以開示後進乎今經幾時而殘敗若此然則李東果能為不朽計以開示後進邪蓋自非時得善本以挍讐所謂如拂落葉而止安足傳之不朽以開示後進哉此刻近焉

寶暦七歳丁丑孟春吉日

皇都堀川書舗　西涯堂藏板

河南四郎右衛門
植村藤右衛門
梶川七郎兵衛
長村半兵衛

図６

印刷技術の盛んになる中国宋時代（九六〇〜一二七九）からすでにあることであって、木版印刷が行われる時代の特徴であると知ることができます。そして、そこから数多の実情を解き明かしていくことも可能なのです。江戸時代はまさに日本におけるその木版出版の全盛期です。一つしかない面白さから、あまりにも多すぎるものを整理していく面白さへと、江戸時代という時代は、私の書物意識を引き込んでいったのです。

為政者と書物

そしてもう一つ、私を古書書物の世界に引き込んだのは、古今の為政者が書物に支えられて偉業を成し遂げていったという事実です。古来、中国にその例を求めれば枚挙にいとまはありませんが、江戸時代を築いた徳川家康（一五四三〜一六一六）もまたその一人でした。徳川家康は、後にも述べるように人材発掘に不思議な力を発揮しました。もっともそれは、自然に人材が蝟集する有徳の君主であったというべきかも知れません。

『論語』為政篇に「政《まつりごと》を為《な》すに徳を以てすれば、譬えば、北辰《ほくしん》のその所に居て衆星の之に共《むか》うが如し。」とあります。天空の星が、北極星を中心として回るように、君子は動かずしてことを為《おさ》めることができる、ということでしょうか。文に林羅山（一五八三〜一六五七）、武に柳生宗矩《むねのり》、仏に崇伝・天海など、もはや、家康にとって為政者たるに足りぬものは無かったのです。『論語』は、家康の為にあったようなものかも知れません。

ところで柳生但馬守宗厳《むねよし》を祖に発する柳生新陰流の武術によって、家康から家光まで仕えた剣士宗矩は、名僧沢庵《たくあん》に、ある心得を伝授されました。それは、一人にして一〇人を敵とする時の心得でした。「一〇人の太刀が同時に来るのではない、一太刀ごとに集中して、次の太刀に次の太刀にと受け流して行く。こうしておれば、一〇人といえども一人の太刀と変わらぬのである。かの千手観音も一本の手にとらわれれば九九九本は無駄に帰する。一所にとらわれず必要に応じて手を差し伸べる。これが観音の極意で、まことに千の手があるというのではない。とらわれざる心を千手と表現したのである。武術もあるがままに素直に対応できるのが奥義というものである。この境地を不動地と呼ぶのである」と。

宗矩はこの極意を必ずや将軍に伝えたことでありましょう。『論語』為政篇に「君子は器（うつわ）ならず」とあります。器には当然盛るべき品がある。しかし、その品をはずしたら器の用はたさなくなる。君子は融通性に富み、あらゆるものに対応できる。まさに、不動地をいう言葉です。したがって、武士は合戦に勝利することのみを追い求めていてはいけない。民百姓を治めることにこそ力を注がねばならない。しからば、民が城となって楯になってくれるというものである、ということでしょうか。故に、名将武田信玄は甲斐に城を築かなかったといいます。ところが、その子勝頼が城を築いて後、徳川軍に滅ぼされたのでした。形の城を追い求めることが如何に危険なことであるか、一国一城制を敷いた徳川氏の意図もこんなところに学んだものかも知れません。

家康はまた〈忠恕〉という言葉を好んで使用したようです。〈源家康忠恕〉という印記も用いています。これは孔子が最も大切にした理念でした。『論語』里仁篇に、「子曰く、参（しん）や、吾が道は一以て之を貫く」と、孔子が弟子の曾子に言いました。「一貫」という言葉はここから出たのです。門人達がその道とはなんぞや、と曾子に尋ねると、曾子が言いました、「夫子の道は忠恕のみ」と。家康の忠恕は即ち孔子（夫子）究極の道を指しているのです。忠恕とは何かといいますと、これを林大学頭《だいがくのかみ》が訓点を施した、宋の朱熹の『論語集注《しっちゅう》』について見てみますと、「己を尽くす、之を忠と言い、己を推す、之を恕と言う」「中心を忠と為し、如心を恕と為す」「忠は天道、恕は人道」「忠は無妄、恕は忠を行う所以なり」「忠は体、恕は用」……江戸時代の京都の名儒・伊藤仁斎は『論語』を宇宙第一の書と評しました。この二文字にその意図は含まれるのかも知れません。この「忠恕」を、『大漢和辞典』の諸橋徹次博士は「自分の心のまことが忠であり、己の身に省みて同じ思いを他人に推し及ぼすことが恕である」と説明します。これこそが、家康の実践した武士道そのものであったと考えられるのです。

文武両道とは質実剛健を意味しますが、これはまた孔子の言う「文質彬彬《ひんぴん》」（雍也篇）にも相通じる思想です。徳川氏一代、数百年の太平と栄華の基となった考え方は、確かに『論語』の中に見出すことができます。徳川氏は、歴代の将軍が、家康の教えを玉条として重んじたところに三百年の継承があったと思われます。

家康は、金沢文庫という鎌倉時代からの日本一の漢籍コレクションを保管し、朝鮮から伝わる活字印刷を広め、蔵書を子孫に分配して文化の興隆を目指したことによって、江戸時代の書物文化が栄えたのだと思惟する時に、江戸時代の和装本漢籍に、不思議な愛着が湧いてきたのです。

ここに江戸時代の門戸を漢籍に置いて説くことをはばからない所以があるのです。

第一章　失われてゆく書物の群れ

書庫のなかで冷凍保存されてしまった漢籍

明治時代以後は漢文を読むことは多くても、本は近代活字版、つまり鉛の活字による印刷本になりました。江戸時代の木版本が急激に近代化の波に押され、漢文もまた次第に洋書の波に押されてしまいました。藩校は廃止となり、その蔵書は廃棄・売られ、全国に展開した漢文文化は、専門学校の漢文科や一部の漢学者に集約されていきました。その結果、漢文を読むことのできる人の数が激減していくこととなります。そこで江戸時代の漢文の木版本は書庫のなかで冷凍保存のようにすっかり凝り固まってしまいました。なかには、紙魚《しみ》に食われ、本当に開くことのできない固形物となっているものもあります。

歴史ある公共図書館や大学の図書館に所蔵される江戸時代の古典籍は、意外に広い場所を占めていると思われますが、そもそもその保存書庫を占める江戸時代古典籍の半数は漢文と思ってよいでしょう。それはほとんどが糸で綴じてある和装本（綴じの用語では袋綴《ふくろとじ》）ですが、江戸時代は、ちょうど中国では清朝（一六一六～一九一一）にあたり、清ではそれを線装書（線は糸）と言います。たまに巻物など変わった形もありますが、江戸時代の漢文典籍は一般に木版・和装です。

その漢文典籍のうち中国人の著作で日本人の注釈などが入っていないものを漢籍と呼び、日本人の注釈や評が本文中に入っているものや、日本人の編纂にかかるものは準漢籍と呼びます。もちろん、『日本外史』（頼山陽著）等の日本人が漢文で書いた著作は日本の古典籍（国書）に含まれます。漢籍のうち、中国で出版され日本にやってきたものは唐本《とうほん》と言います。もちろん、中国にも印刷本でない写本はありますが、ほとんどが出版された版本です。そして江戸時代に出版されたものを和刻本と言います。

手書きか印刷かを区別するのは、中国・日本ともに同じで、それぞれ写本（鈔本・抄本）、刊本（刻本）と言います。

要するに、江戸時代に存在した漢籍は、日本古来の古写本・江戸時代に作られた写本、室町時代以前に日本で出版された刊本（春日版《かすがばん》・五山版など）、慶長時代頃に出版された古活字版、そして、室町時代以前に中国から渡っていた中国写本・刊本（唐本）、江戸時代になってから中国から渡ってきた中国写本・刊本（唐本《とうほん》）、朝鮮から伝えられた朝鮮刊本（韓本とも言います）、それに江戸時代に出版された和刻本ということになります。

訓読が附された和刻本

さて、その和刻本は一般に流布させるためのテキストですから、出版の際に、漢文を読めるように訓読が附されています。荻生徂徠（一六六六〜一七二八）の学派関係では訓読をつけないものが多いですが、こうしたものを無訓本と呼び、訓のあるものを附訓本と呼びます。その附訓本のなかでも特に今ならば総ルビ或いはそれに近いものを傍訓本と呼びます。また、漢文の古典には注釈がつきものですが、それが煩わしく感じる向きも多いわけで、注釈をつけない本文だけのもの、例えば、宋・朱熹注本『論語』の朱熹注を例にみると、その注釈だけを省いたテキスト、これを『論語白文』と呼び、本文だけのものを「白文」と言うのです。特に儒学書の場合、中国では「経」が本文を指すので「白文」つまり本文だけのテキストを「単経本」と呼びます。日本では最近、注釈の有る無しの区別ではなく、ただ訓点のないものを白文と呼ぶことがありますが、江戸時代はそうではありませんでした。あくまで、白文は、本文のみで注釈のないものを指していました。そして、この白文にも二種類あり、附訓があるものとないものがあります。さらにまた、その附訓も平仮名によるものと片仮名によるものとの二種類があります。

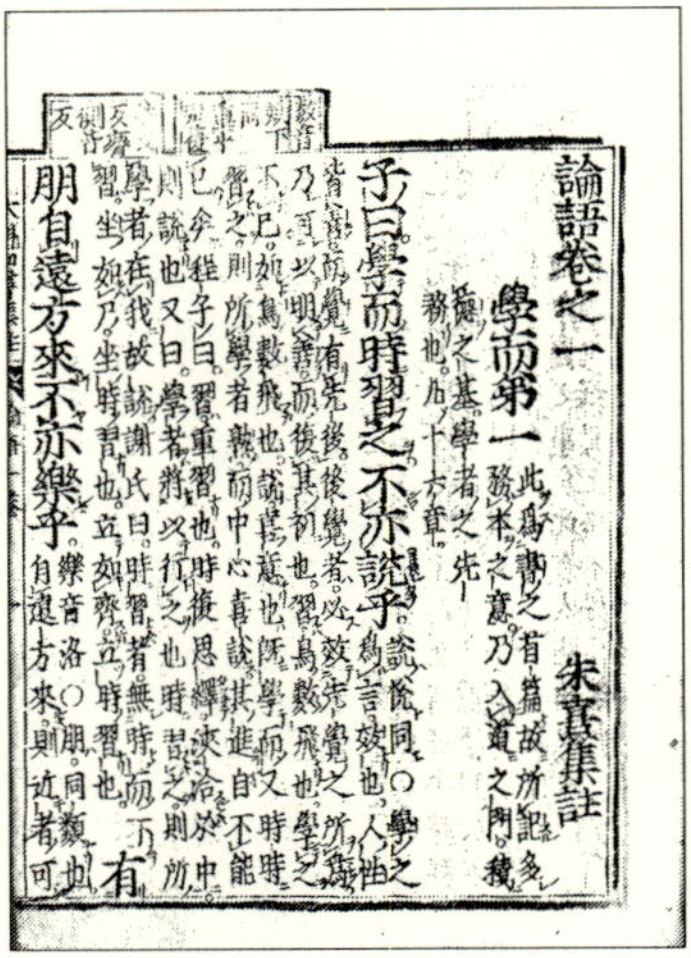

論語卷之一　朱熹集註

學而第一

此爲書之首篇故所記多務本之意乃入道之門積德之基學者之先務也凡十六章

子曰學而時習之不亦說乎

說悅同○學之爲言效也人性皆善而覺有先後後覺者必效先覺之所爲乃可以明善而復其初也習鳥數飛也學之不已如鳥數飛也說喜意也既學而又時時習之則所學者熟而中心喜說其進自不能已矣程子曰習重習也時復思繹浹洽於中則說也又曰學者將以行之也時習之則所學者在我故說謝氏曰時習者無時而不習坐如尸坐時習也立如齊立時習也

有朋自遠方來不亦樂乎

樂音洛○朋同類也自遠方來則近者可知

図１

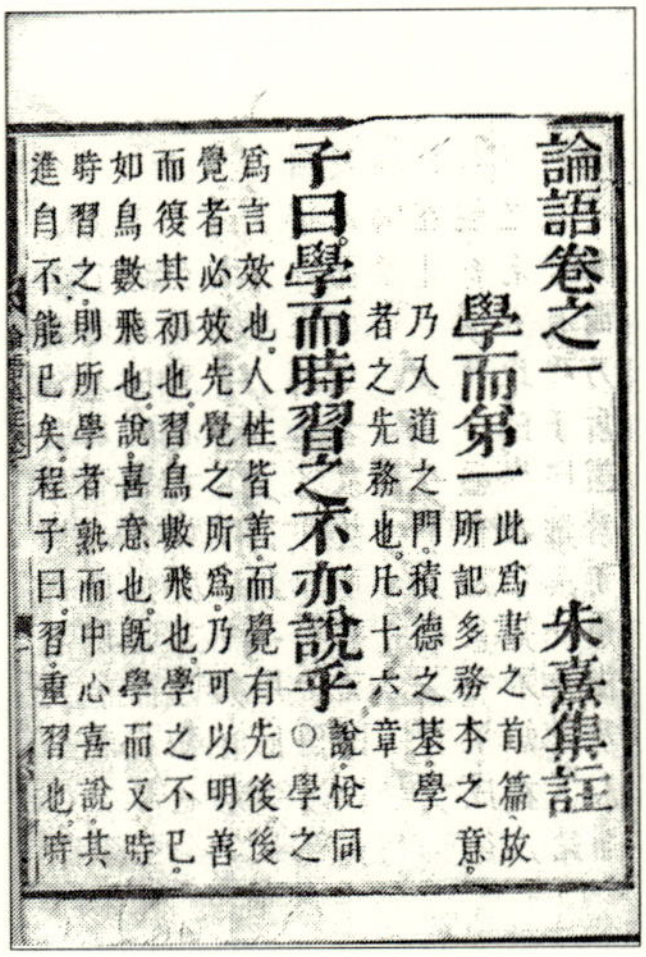

論語卷之一　朱熹集註

學而第一

此爲書之首篇故所記多務本之意乃入道之門積德之基學者之先務也凡十六章

子曰學而時習之不亦說乎

說悅同○學之爲言效也人性皆善而覺有先後後覺者必效先覺之所爲乃可以明善而復其初也習鳥數飛也學之不已如鳥數飛也說喜意也既學而又時時習之則所學者熟而中心喜說其進自不能已矣程子曰習重習也時

図２

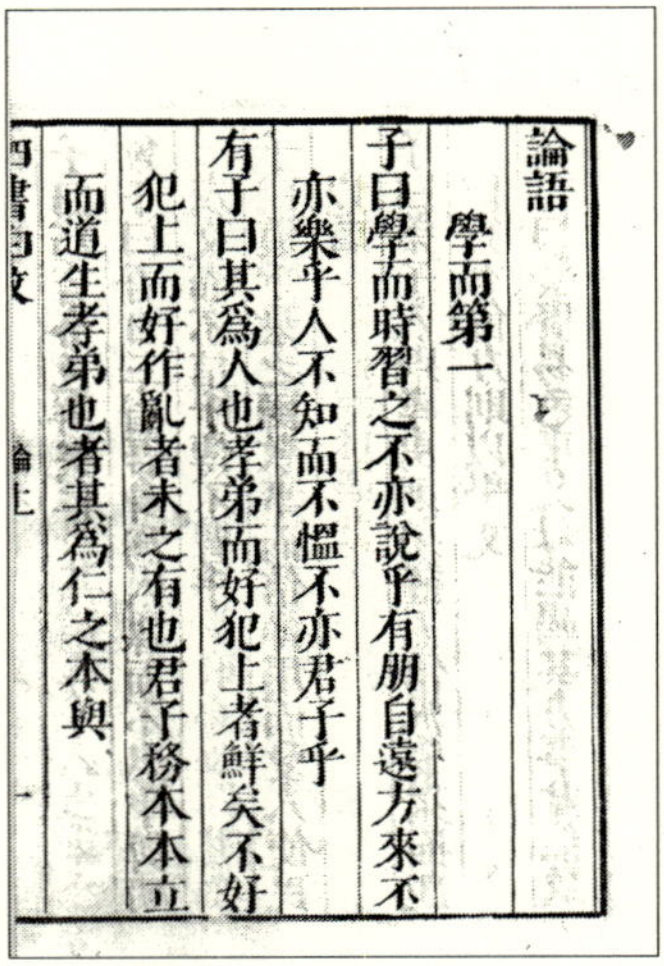

論語

學而第一

子曰學而時習之不亦說乎有朋自遠方來不亦樂乎人不知而不慍不亦君子乎

有子曰其爲人也孝弟而好犯上者鮮矣不好犯上而好作亂者未之有也君子務本本立而道生孝弟也者其爲仁之本與

四書白文　論上

図３

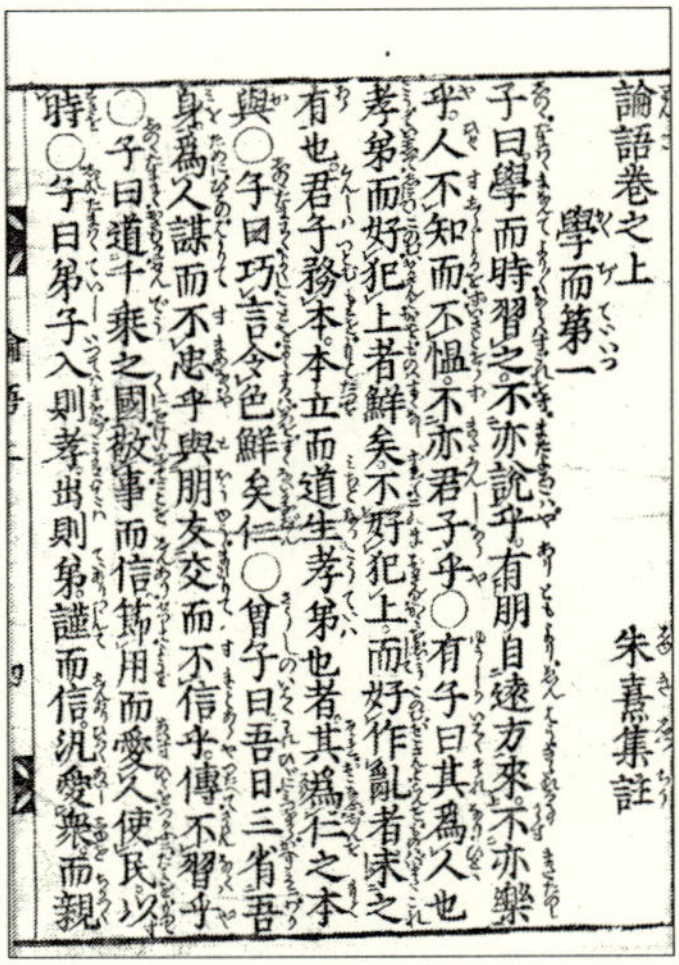

論語卷之上　朱熹集註

學而第一

子曰學而時習之不亦說乎有朋自遠方來不亦樂乎人不知而不慍不亦君子乎○有子曰其爲人也孝弟而好犯上者鮮矣不好犯上而好作亂者未之有也君子務本本立而道生孝弟也者其爲仁之本與○子曰巧言令色鮮矣仁○曾子曰吾日三省吾身爲人謀而不忠乎與朋友交而不信乎傳不習乎○子曰道千乘之國敬事而信節用而愛人使民以時○子曰弟子入則孝出則弟謹而信汎愛衆而親

図４

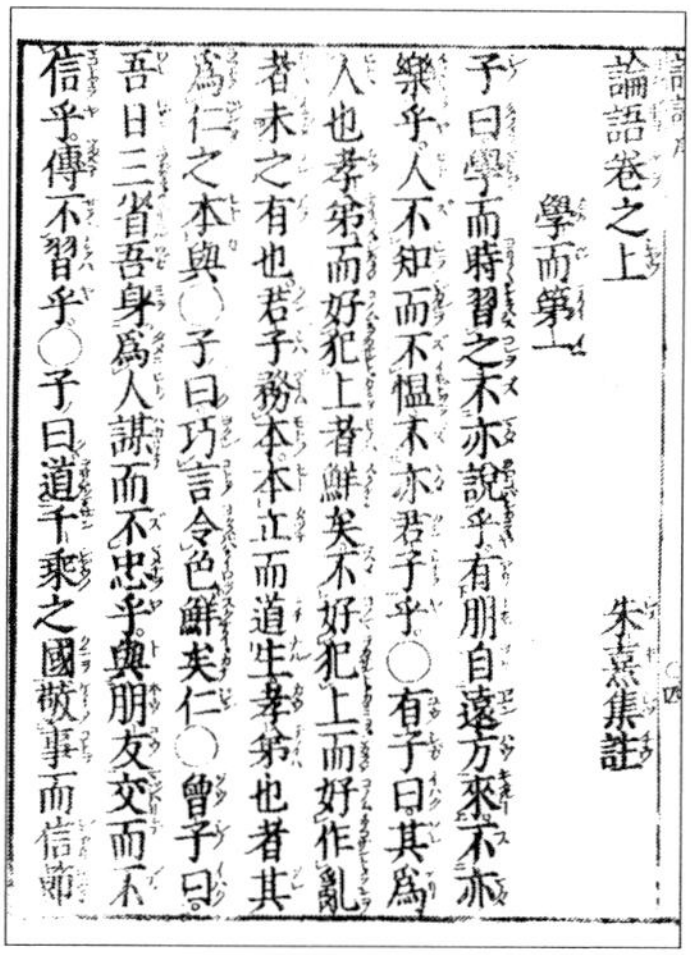
論語巻之上
學而第一　　朱熹集註
子曰學而時習之不亦説乎有朋自遠方來不亦
樂乎人不知而不慍不亦君子乎○有子曰其爲
人也孝弟而好犯上者鮮矣不好犯上而好作亂
者未之有也君子務本本立而道生孝弟也者其
爲仁之本與○子曰巧言令色鮮矣仁○曾子曰
吾日三省吾身爲人謀而不忠乎與朋友交而不
信乎傳不習乎○子曰道千乘之國敬事而信節

図5

図版で見てみましょう。注釈もついて訓点もついているものが（図1）です。訓点を除いたものが（図2）です。さらに注釈を除いた白文本で附訓のないものが（図3）です。そして、その白文本で、附訓があるもののうち、平仮名附訓本が（図4）で、片仮名附訓本が（図5）ということになります。

まずはこれらを分類していくと、夥しい江戸時代の漢文版本も少しはすっきりとしてまいります。

時代とともに次第に小さくなる附訓本

しかし、附訓本というものは一種の読み物ですから、使い捨てにされるもので、保存や定本を目的とはしていませんので、失われていく可能性はとても高いわけです。公共の図書館にそうした本がテキストとして保存され、揃っているということは極めて稀であるといえましょう。それでも江戸時代の前期には大型で立派なものが出ていました。（図6）はその例で、明暦一年（一六五五）に出版されたものです。これは、平仮名傍訓本で、平仮名は字を刻むのが複雑ですから、中期以降は片仮名本が主流となります。また、中期には前期よりも小さい半紙本に、そして後期になると、中本から小本に移り、持ち歩きには便利かも知れませんが、永く保存されるとは考えにくい手軽なものが流行します。

江戸時代の版本は、美濃判（約Ｂ４）という紙の大きさがあり、それに刷って二つ折りにしたものが一般的で、大本と呼びますが、その半分の大きさの本を中本といいます。さらに、美濃判よりやや小さい半紙本（判）といわれる大きさがあり、その半分の大きさの本を小本といいます。だいたい縦一五～六、横一一～二cmくらいでしょうか。このように小さい本を中国では袖珍本《しゅうちんぼん》と呼びます。豆本（図7の『礼記』は中国の豆本、大きさは縦七・五、横五cmです）のように特殊な趣向を凝らしたものとも違い、実用性も重んじ同時にある程度の位置を占めるテキストとして通行しましたから、流通は多かったと思われますが、遺らないので、実態がよく分からないのです。

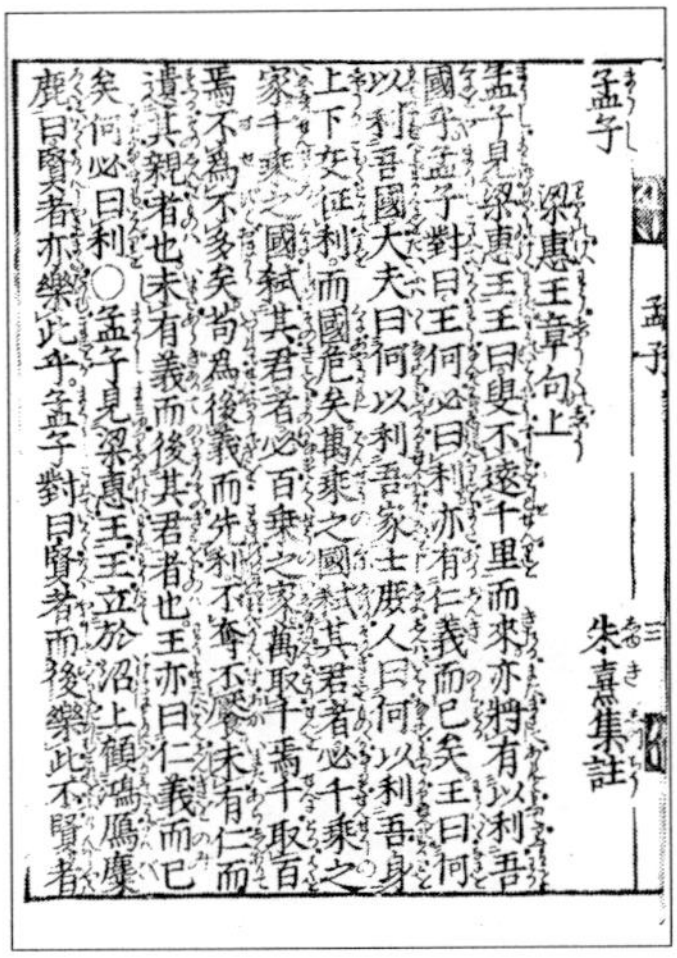
孟子　梁惠王章句上　朱熹集註
孟子見梁惠王王曰叟不遠千里而來亦將有以利吾
國乎孟子對曰王何必曰利亦有仁義而已矣王曰何
以利吾國大夫曰何以利吾家士庶人曰何以利吾身
上下交征利而國危矣萬乘之國弑其君者必千乘之
家千乘之國弑其君者必百乘之家萬取千焉千取百
焉不爲不多矣苟爲後義而先利不奪不饜未有仁而
遺其親者也未有義而後其君者也王亦曰仁義而已
矣何必曰利○孟子見梁惠王王立於沼上顧鴻鴈麋
鹿曰賢者亦樂此乎孟子對曰賢者而後樂此不賢者

図６

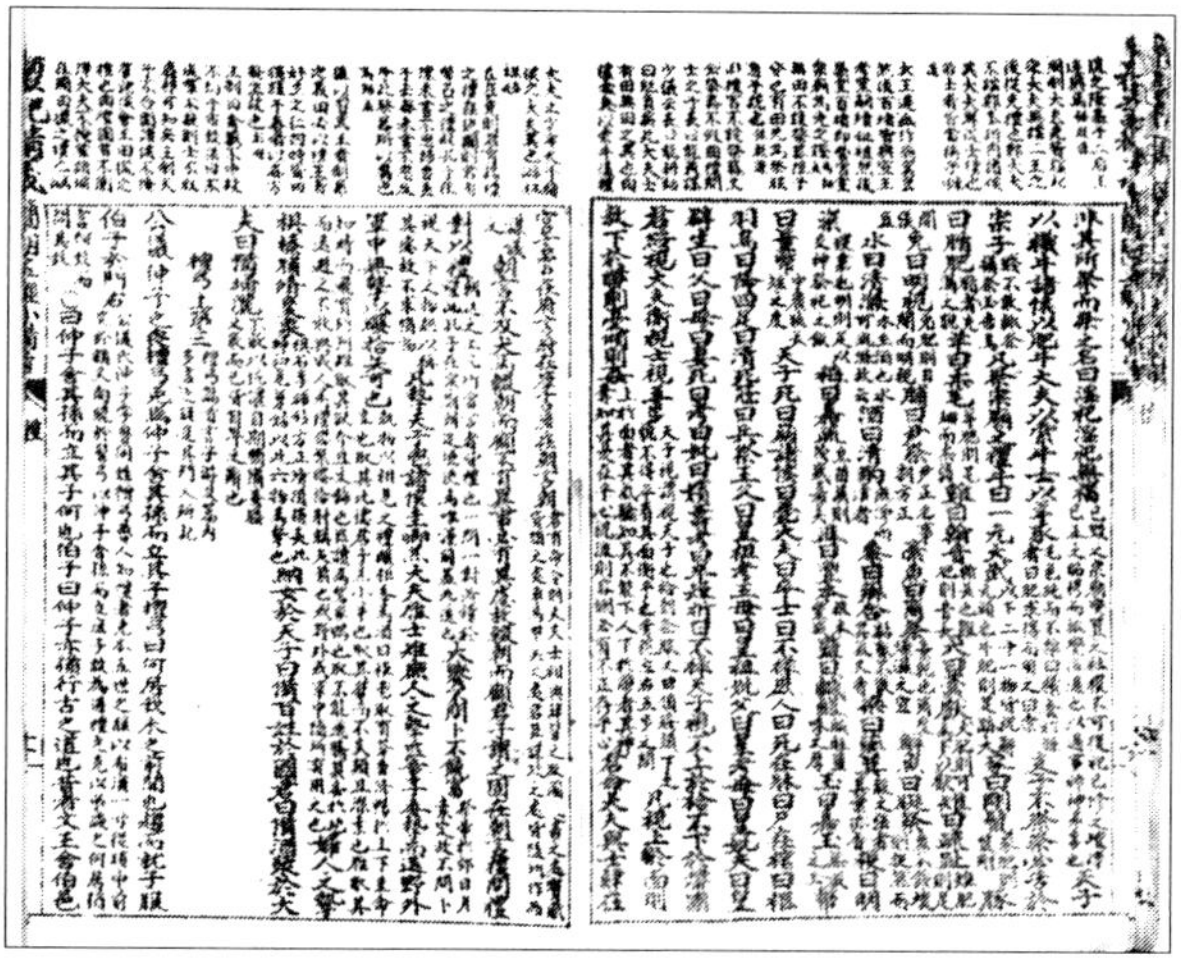

図７

繰り返しますが、江戸時代を通じていえることでしょうが、本は時代とともに次第に小さくなっていきます。附訓本のなかでも、本文だけの（つまり白文）傍訓本は読み物として次第に袖珍本の形をとるようになり、大本から半紙本、中本から小本へと変化を遂げていくことになります。ありふれて、実用に供されて、しかも小さい、これは現在にあってその流通の実態を把握するのは、極めて困難といえます。古書店の隅に投げ出されているような端本《はほん》（不揃い本）を熱心に集めて、少し判ってくるような状況です。

『四書』を例にとってみても、江戸時代の中期の半紙本は片仮名傍訓本です。その半紙本片仮名傍訓本には、年代は明らかではありませんが、毎半葉が七行のもの（図８）と八

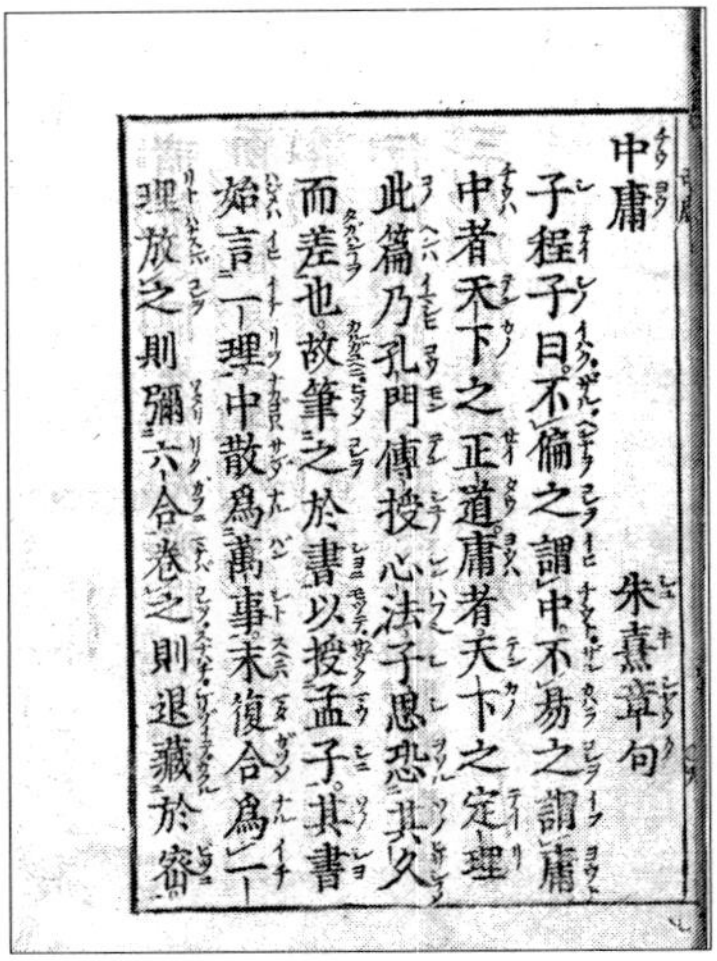

中庸　朱熹章句
子程子曰不偏之謂中不易之謂庸
中者天下之正道庸者天下之定理
此篇乃孔門傳授心法子思恐其久
而差也故筆之於書以授孟子其書
始言一理中散為萬事末復合為一
理放之則彌六合巻之則退藏於密

図8

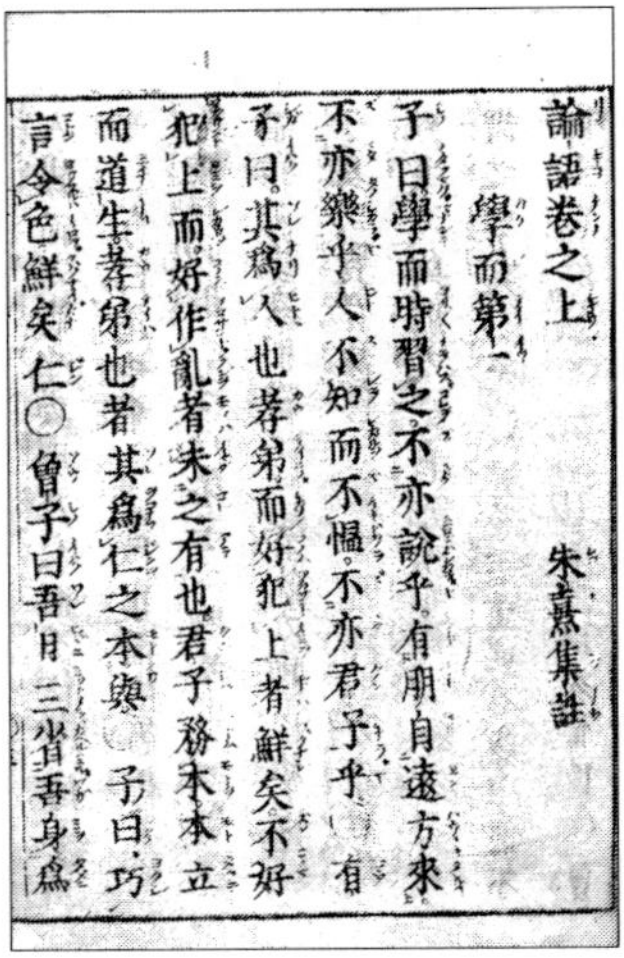

論語巻之上　朱熹集註
學而第一
子曰學而時習之不亦説乎有朋自遠方來
不亦樂乎人不知而不慍不亦君子乎　有
子曰其為人也孝弟而好犯上者鮮矣不好
犯上而好作亂者未之有也君子務本本立
而道生孝弟也者其為仁之本與　子曰巧
言令色鮮矣仁　曾子曰吾日三省吾身為

図9

行のもの（図9）と九行のもの（図10）があります。そして九行本には幾つかの版があり、何度も重版しているようです。私も随分と集めましたが、その分別は未だにあきらかではありません。

　中本になる頃には、江戸時代の後期、文化年間になります。文化一〇年（一八一三）の須原屋平左衛門のものが片仮名傍訓本（道春点＝林羅山の訓点）の中本です（図11・12）。そしてそれが天保一三年に再版覆刻されます。そしてこのテキストは安政三年（一八五六）に須原屋平左衛門等が大きさもやや小振りにして、毎半葉を八行から九行に増やし、版木の枚数を節約して再版翻刻しています。この経緯を記した奥付《おくづけ》が図に見えるものです（図

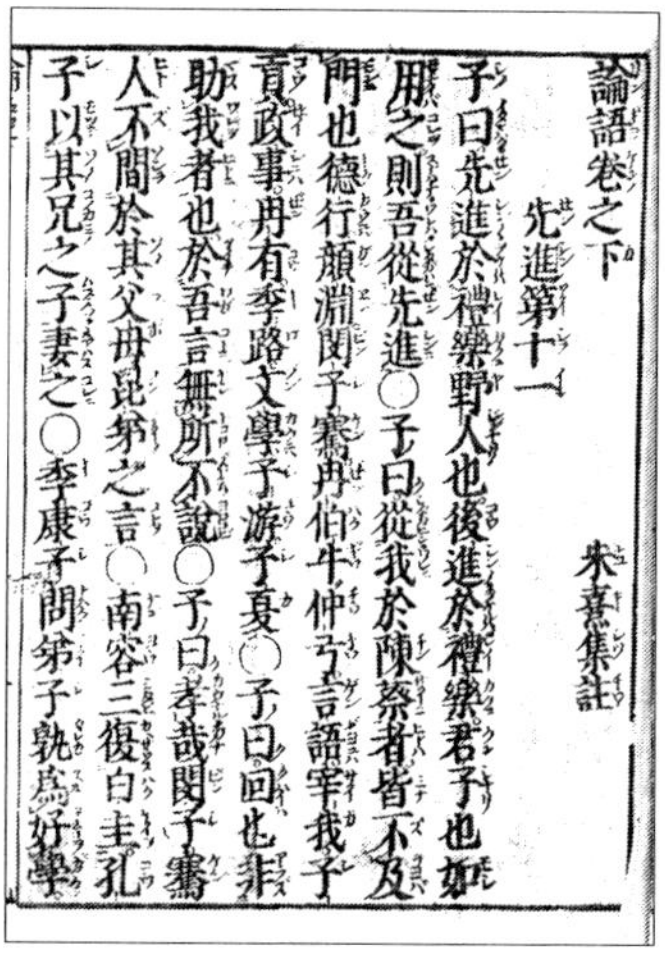
論語巻之下
先進第十一　朱熹集註
子曰先進於禮樂野人也後進於禮樂君子也如
用之則吾從先進○子曰從我於陳蔡者皆不及
門也○德行顔淵閔子騫冉伯牛仲弓言語宰我子
貢政事冉有季路文學子游子夏○子曰回也非
助我者也於吾言無所不說○子曰孝哉閔子騫
人不間於其父母昆弟之言○南容三復白圭孔
子以其兄之子妻之○季康子問弟子孰爲好學

図10

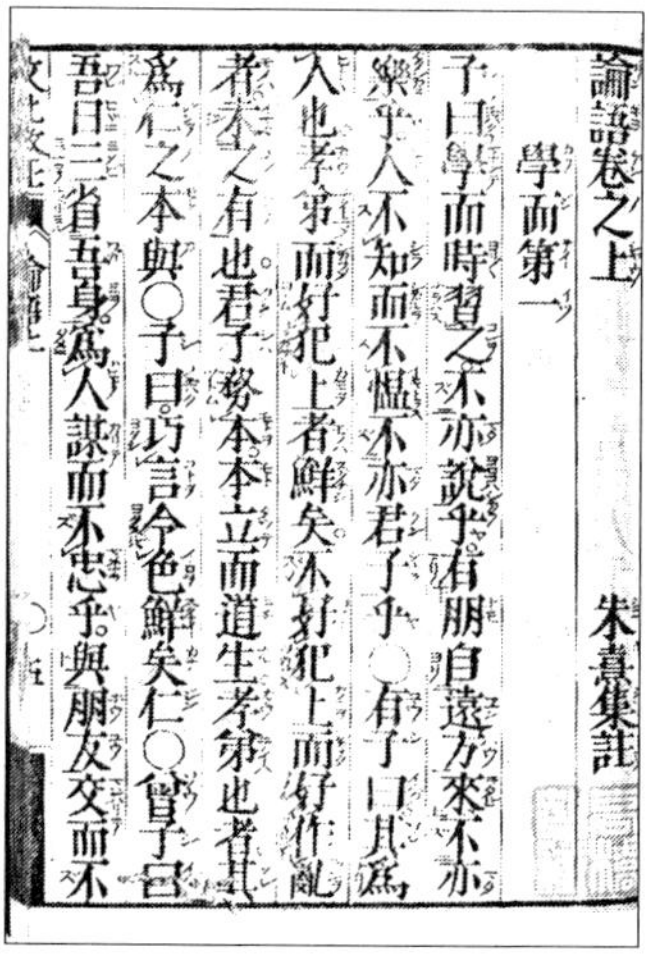
論語巻之上
學而第一　朱熹集註
子曰學而時習之不亦說乎有朋自遠方來不亦
樂乎人不知而不慍不亦君子乎○有子曰其爲
人也孝弟而好犯上者鮮矣不好犯上而好作亂
者未之有也君子務本本立而道生孝弟也者其
爲仁之本與○子曰巧言令色鮮矣仁○曾子曰
吾日三省吾身爲人謀而不忠乎與朋友交而不

図11

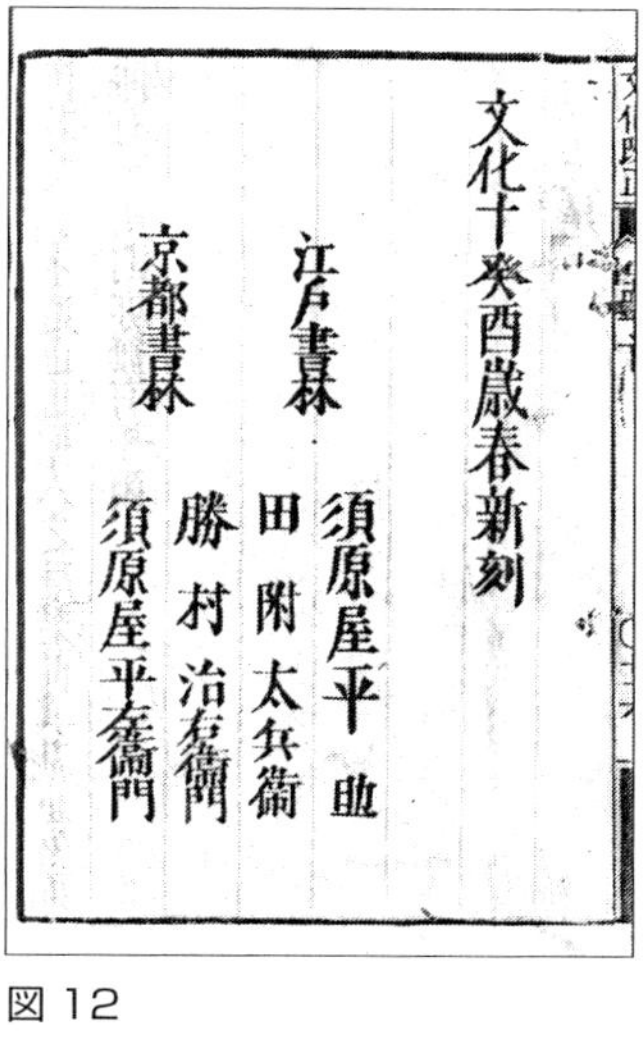
文化十癸酉歳春新刻
江戸書林　須原屋平助
田附太兵衞
京都書林　勝村治右衞門
須原屋平左衞門

図12

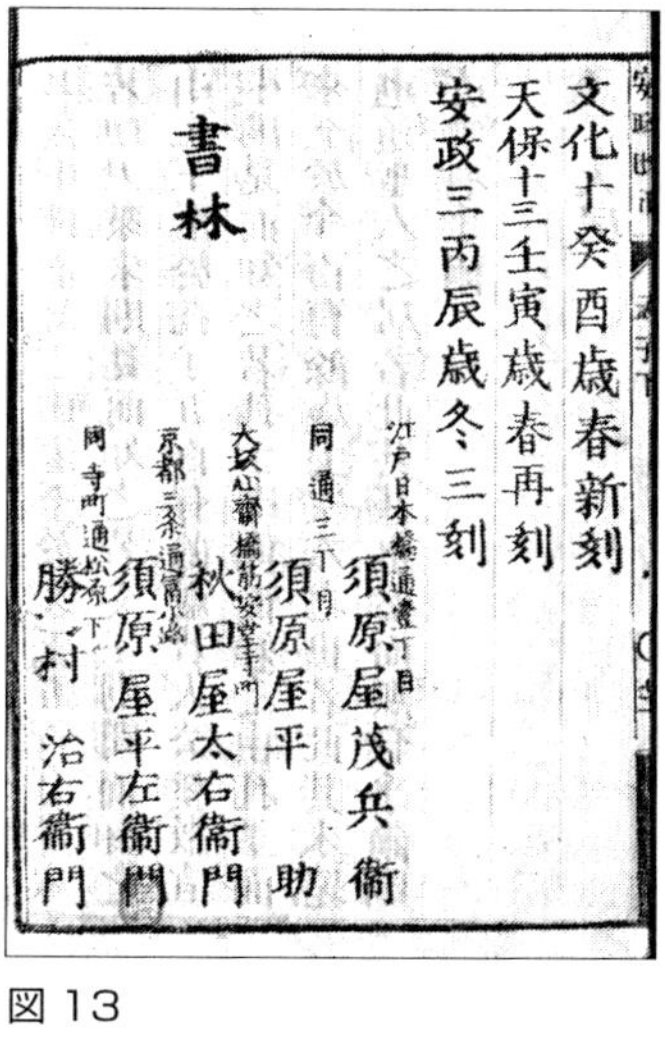
文化十癸酉歳春新刻
天保十三壬寅歳春再刻
安政三丙辰歳冬三刻
書林
江戸日本橋通壹丁目　須原屋茂兵衞
同通二丁目　須原屋平助
大坂心齋橋筋安堂寺町　秋田屋太右衞門
京都三条通高倉　須原屋平左衞門
同寺町通松原下　勝村治右衞門

図13

13）。ほとんど失われて遺らぬテキストですから、解明には偶然の出会いと労力が要ります。同じく後藤点（後藤芝山《しざん》の訓点）は、嘉永年間に「嘉永新刻」として片仮名傍訓本が中本で出されます（図14）。また、別に慶應年間に「校正点　慶應新刻」として中本の片仮名傍訓本が出されます（毎半葉八行）。それは毎半葉七行本として明治に再版されます。因みに「大学」はこれ以降「だいがく」と読むようになります。江戸のものは「たいがく」と読んでいるようです（図15）。

図 14

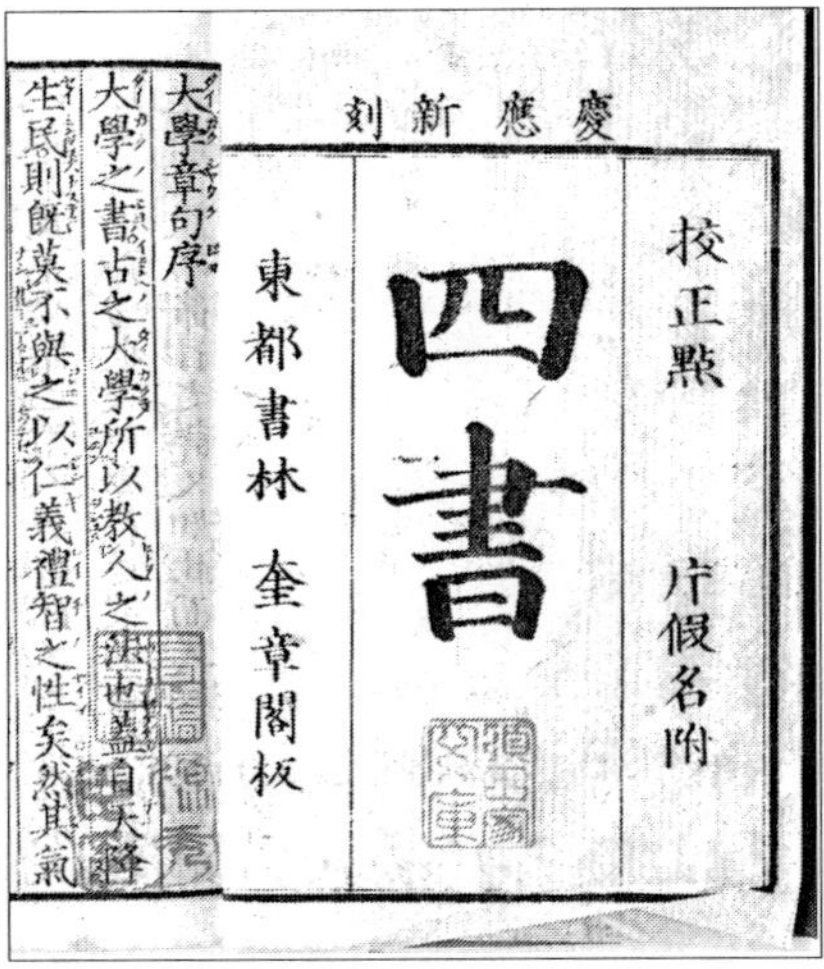

図 15

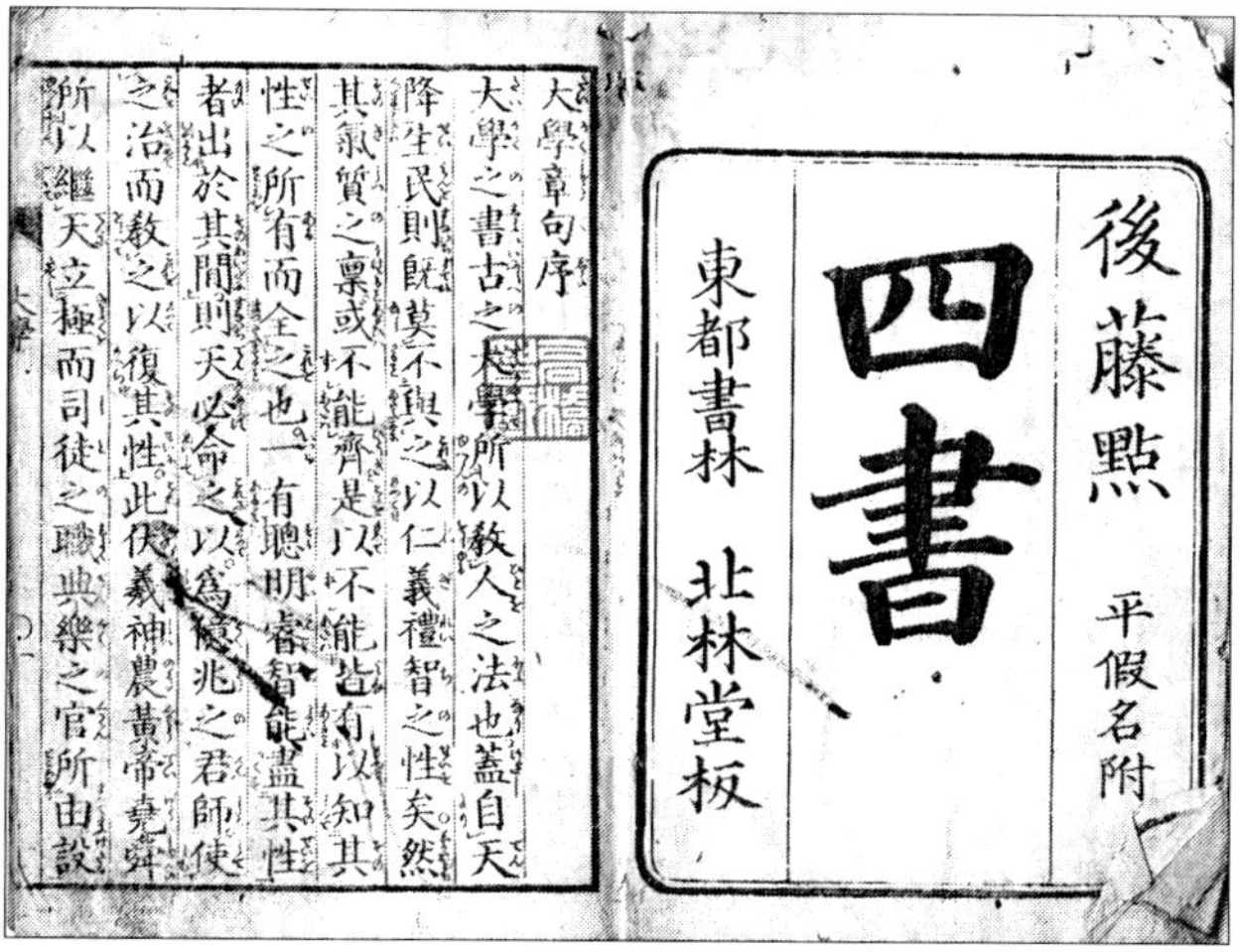

図 16

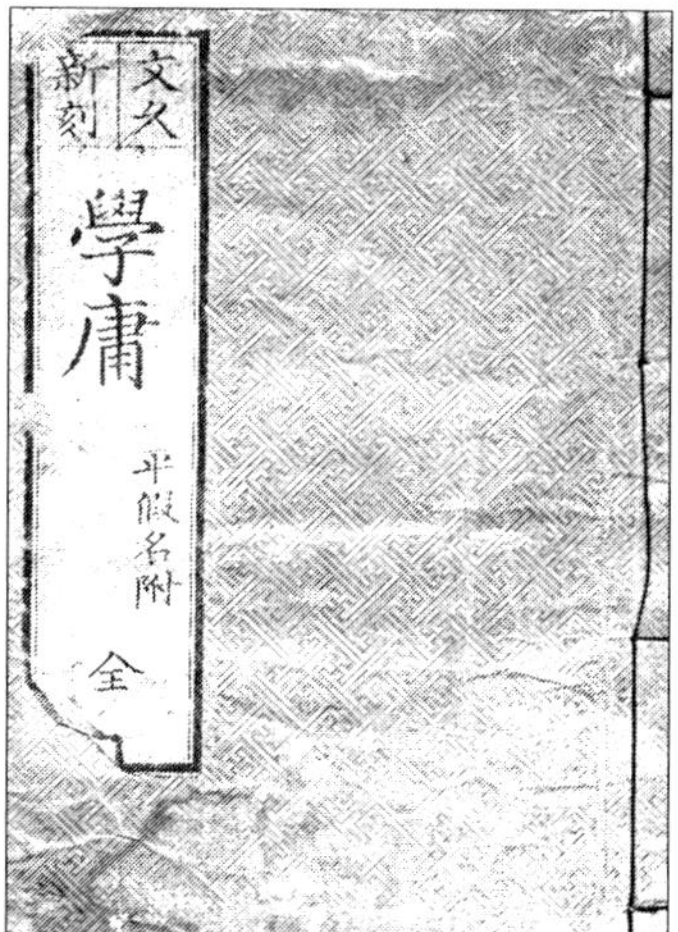

図 17

また、後期の平仮名本は珍しいですが、平仮名傍訓本の中本が後藤点として、毎半葉八行一八字本で出され（図16）、やがて、「校正点」と銘打って、八行一九字本に版木を節約して出されます。それが「文久新刻」として江戸の奎章閣山城屋によって出版されたものだと思われます（図17）。

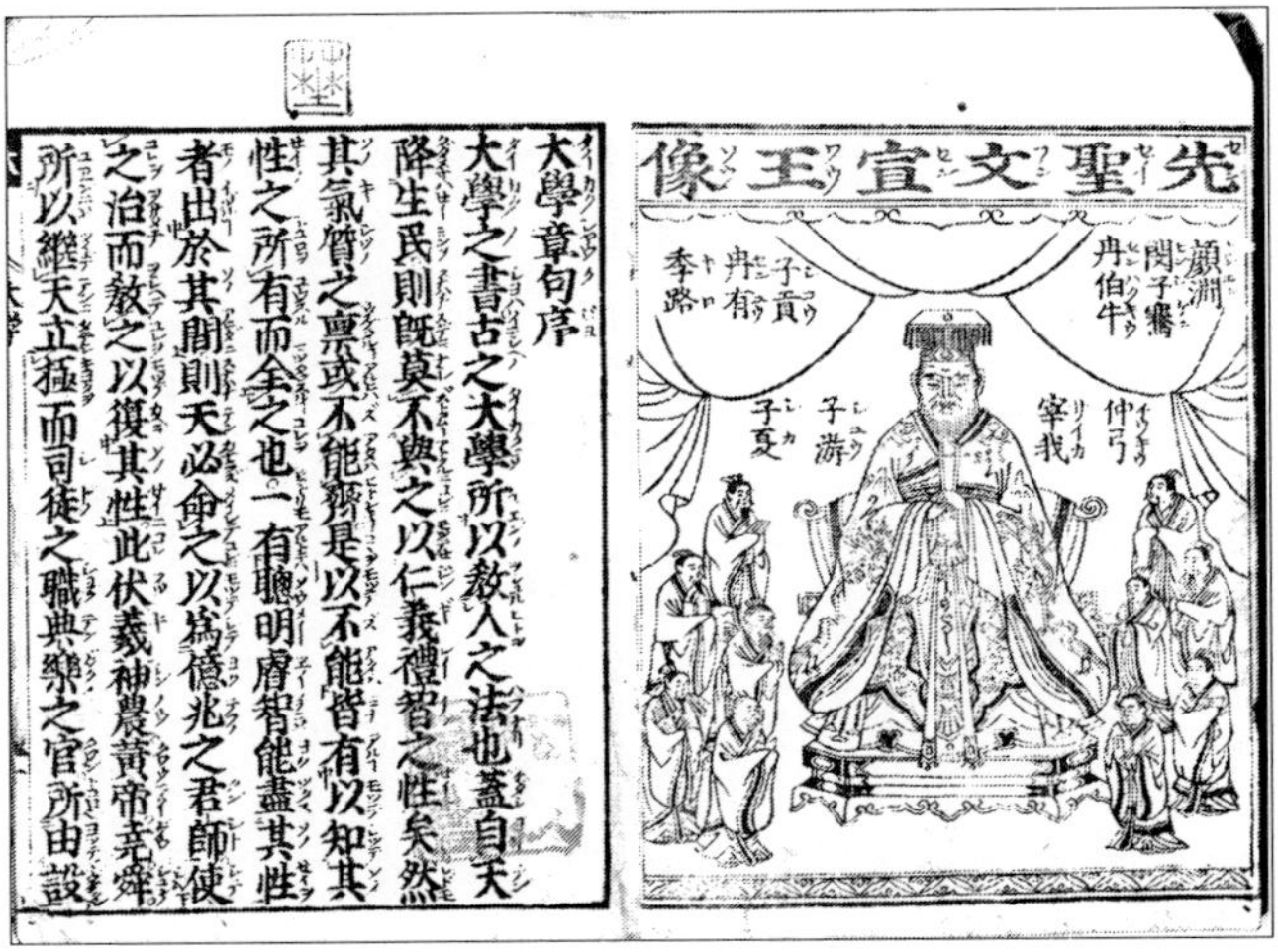

大學章句序

大學之書古之大學所以教人之法也蓋自天降生民則既莫不與之以仁義禮智之性矣然其氣質之稟或不能齊是以不能皆有以知其性之所有而全之也一有聰明睿智能盡其性者出於其間則天必命之以爲億兆之君師使之治而教之以復其性此伏羲神農黄帝堯舜所以繼天立極而司徒之職典樂之官所由設

図 18

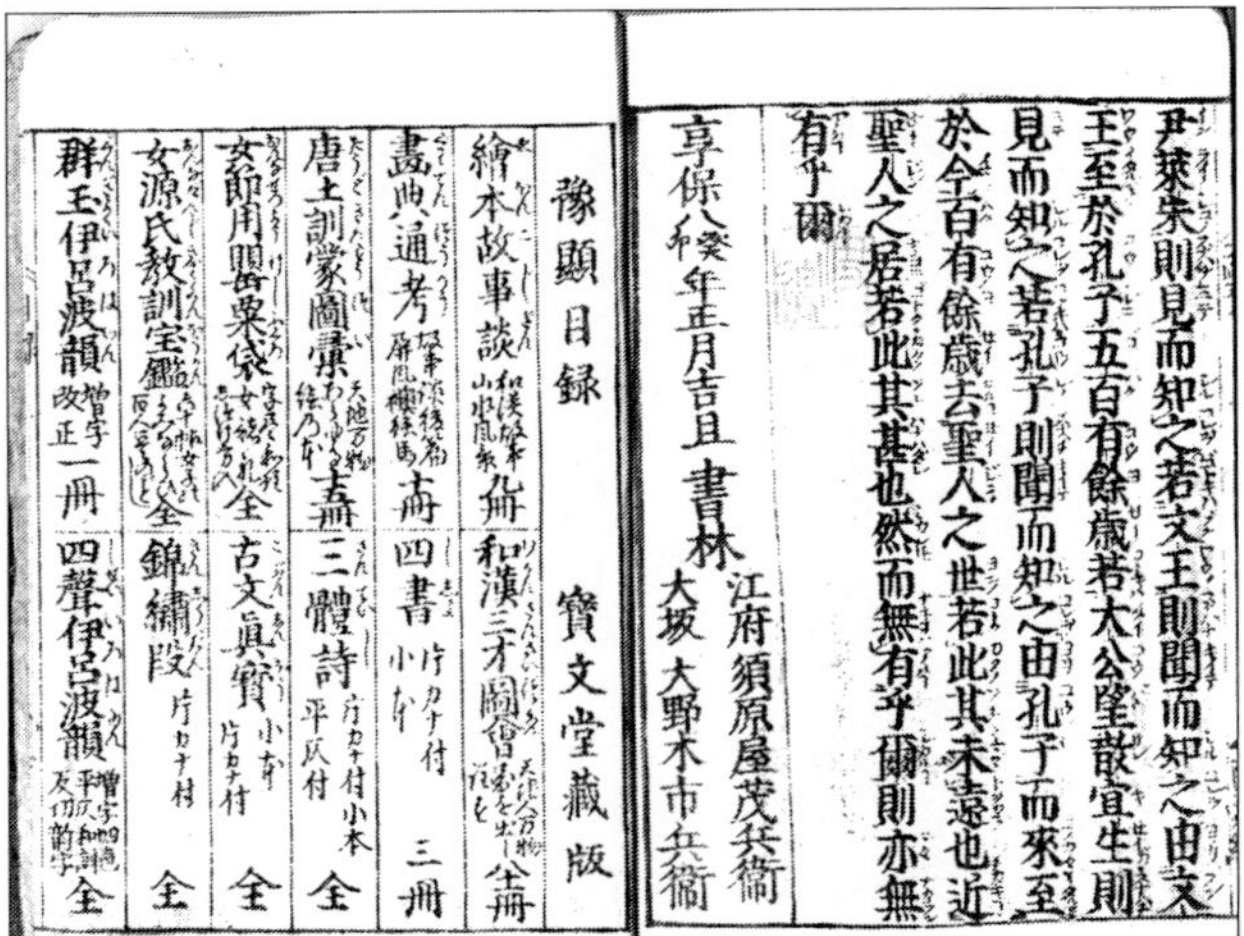

尹萊朱則見而知之若文王則聞而知之由文王至於孔子五百有餘歳若大公望散宜生則見而知之若孔子則聞而知之由孔子而來至於今百有餘歳去聖人之世若此其未遠也近聖人之居若此其甚也然而無有乎爾則亦無有乎爾

享保八癸卯年正月吉旦　書林　江府　須原屋茂兵衛
大坂　大野木市兵衛

豫顯目録　寳文堂藏版

繪本故事談
畫典通考
唐土訓蒙圖彙
女節用嬰粟袋　全
女源氏教訓宝鑑　全
群玉伊呂波韻　増字改正　一冊
和漢三才圖會
四書　片カナ付　小本　三冊
三體詩　片カナ付小本　平仄付　全
古文眞寳　小本　片カナ付　全
錦繡段　片カナ付　全
四聲伊呂波韻　全

図 19

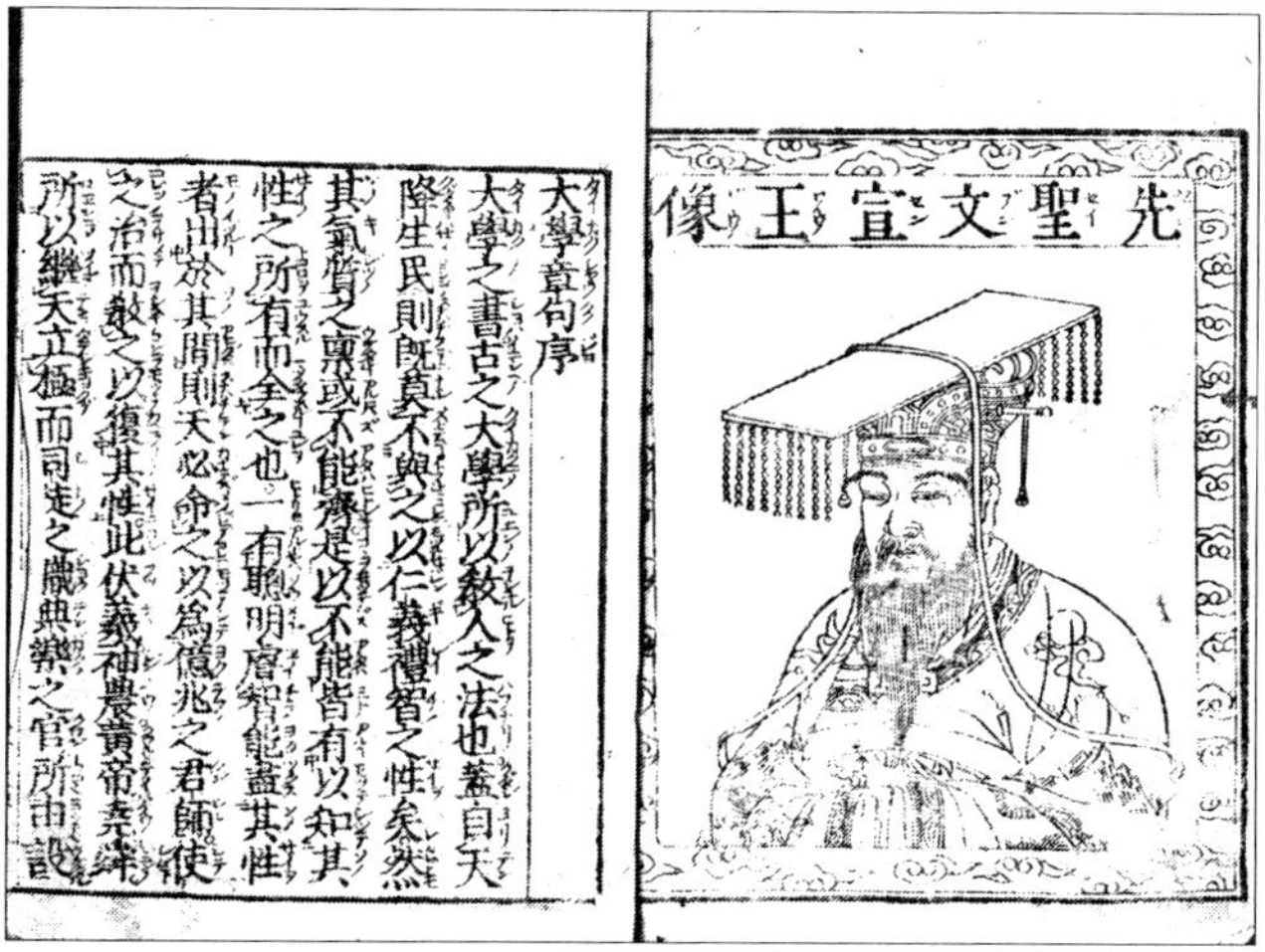

図20

小本の附訓本は、見いだせるものを整理してみると、もっと、意外と本の流行を観察できるものです。例えば、「再校重刻四書」と題した享保八年（一七二三）の小本『四書集注』の白文・片仮名附訓本は孔子の図も入っていてしっかりしたテキストです（図18）。大坂の宝文堂大野木市兵衛と江戸の須原屋茂兵衛が出したものですが、その宝文堂の蔵版目録（出版目録）に『四書』『三体詩』『古文真宝』などよく売れた本の小本カナ付というものが載せられています（図19）。しかし、こうした本はほとんど遺りません。

また、「新改四書」と銘打った小本『四書集注《しっちゅう》』の白文・片仮名附訓本はやはり孔子の精密な図が入った良質のテキストです（図20）。これは最初に安永六年（一七七七）大

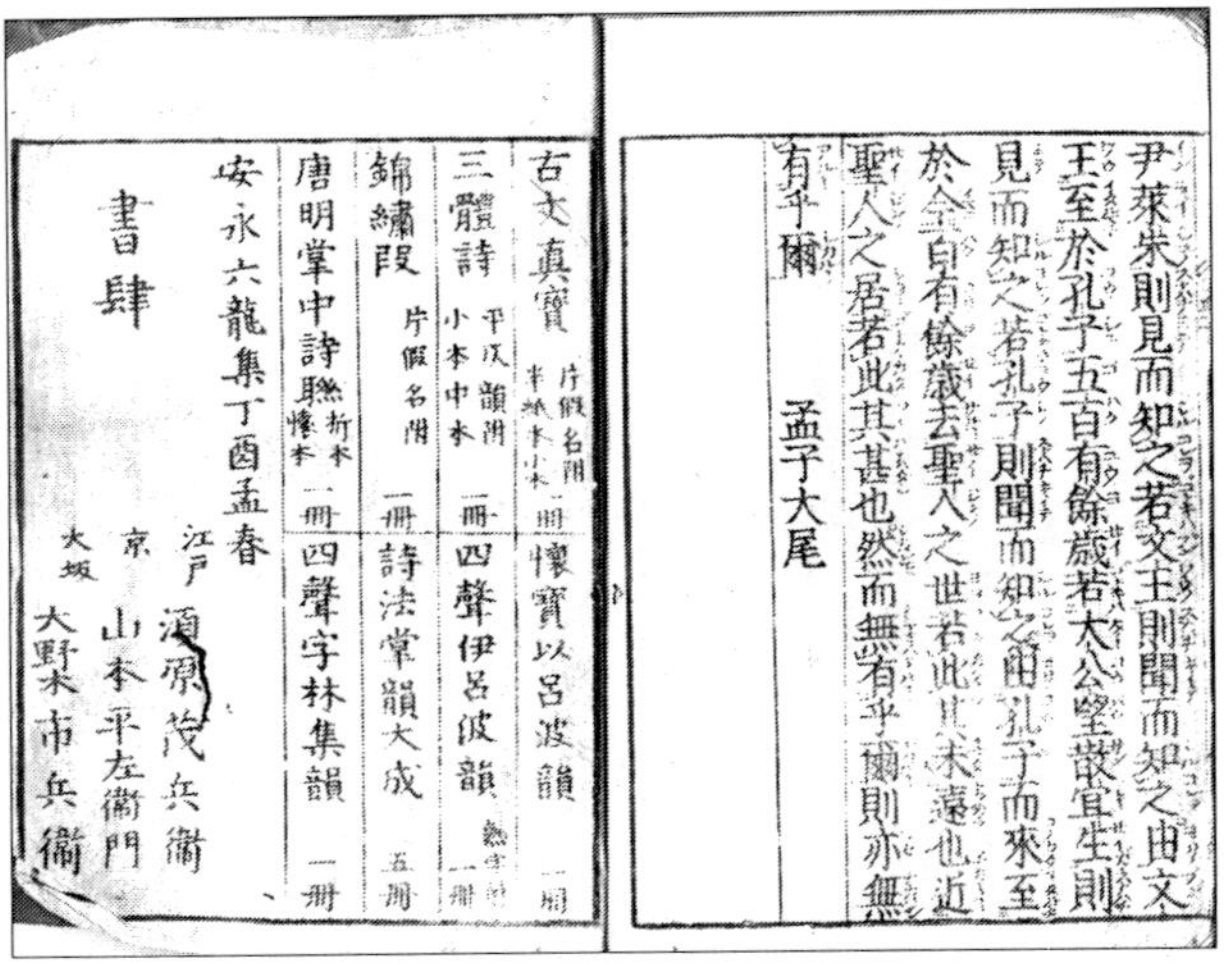
尹萊朱則見而知之若文王則聞而知之由文王至於孔子五百有餘歳若太公望散宜生則見而知之若孔子則聞而知之由孔子而來至於今百有餘歳去聖人之世若此其未遠也近聖人之居若此其甚也然而無有乎爾則亦無有乎爾
孟子大尾
古文真寳 片假名附 半紙本小本 一冊
三體詩 平仄韻附 小本中本 一冊
錦繡段 片假名附 一冊
唐明掌中詩聯 折本 帳本 一冊
懐寳以呂波韻 一冊
四聲伊呂波韻 一冊
詩法掌韻大成 五冊
四聲字林集韻 一冊
安永六龍集丁酉孟春
書肆
江戸 須原茂兵衛
京 山本平左衛門
大坂 大野木市兵衛

図 21

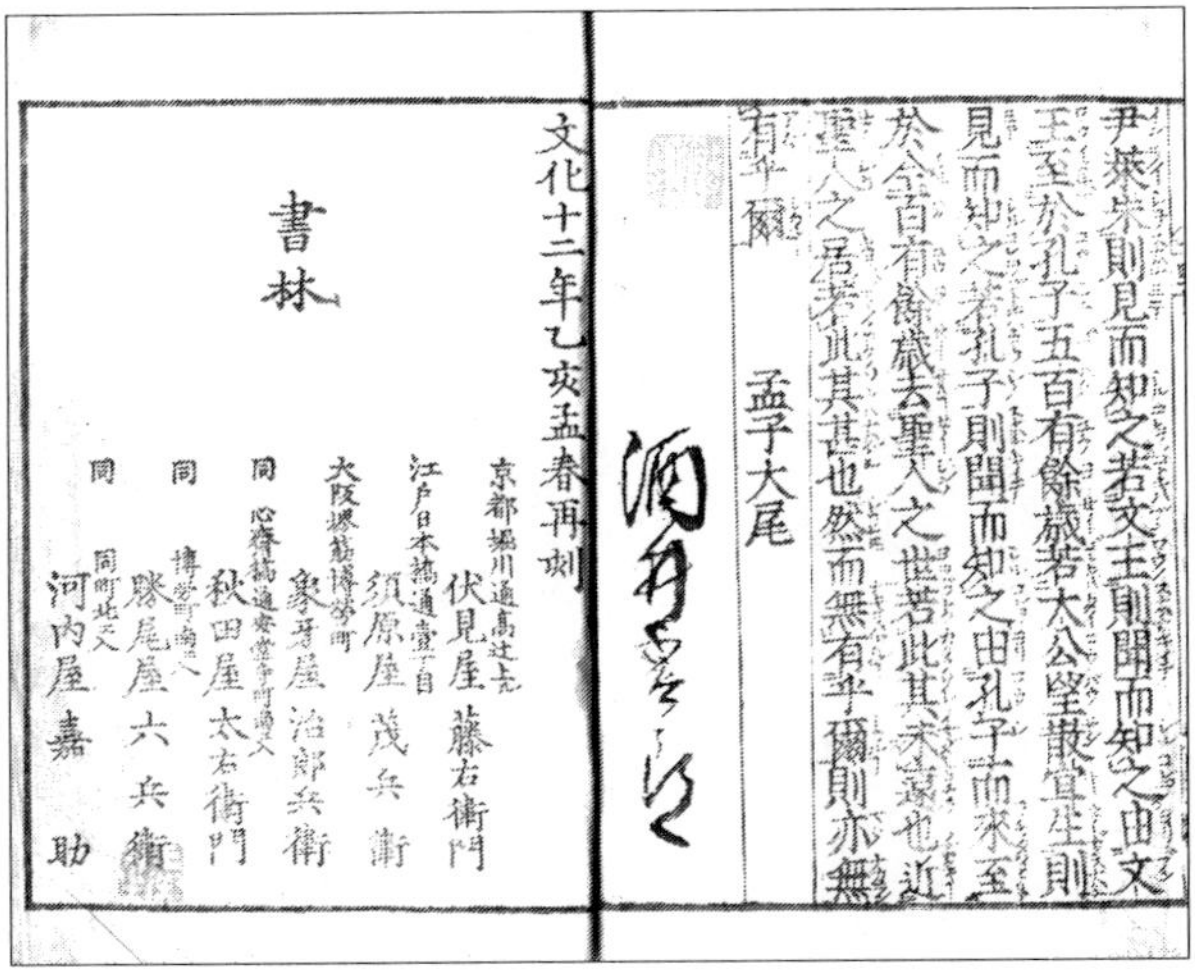
尹萊朱則見而知之若文王則聞而知之由文王至於孔子五百有餘歳若太公望散宜生則見而知之若孔子則聞而知之由孔子而來至於今百有餘歳去聖人之世若此其未遠也近聖人之居若此其甚也然而無有乎爾則亦無有乎爾
孟子大尾
文化十二年乙亥孟春再刻
書林
京都堀川通高辻上ル 伏見屋藤右衛門
江戸日本橋通壹丁目 須原屋茂兵衛
大阪心斎橋博労町 象牙屋治郎兵衛
同 心斎橋通安堂寺町 秋田屋太右衛門
同 博労町 勝尾屋六兵衛
同 同町北へ入 河内屋嘉助

図 22

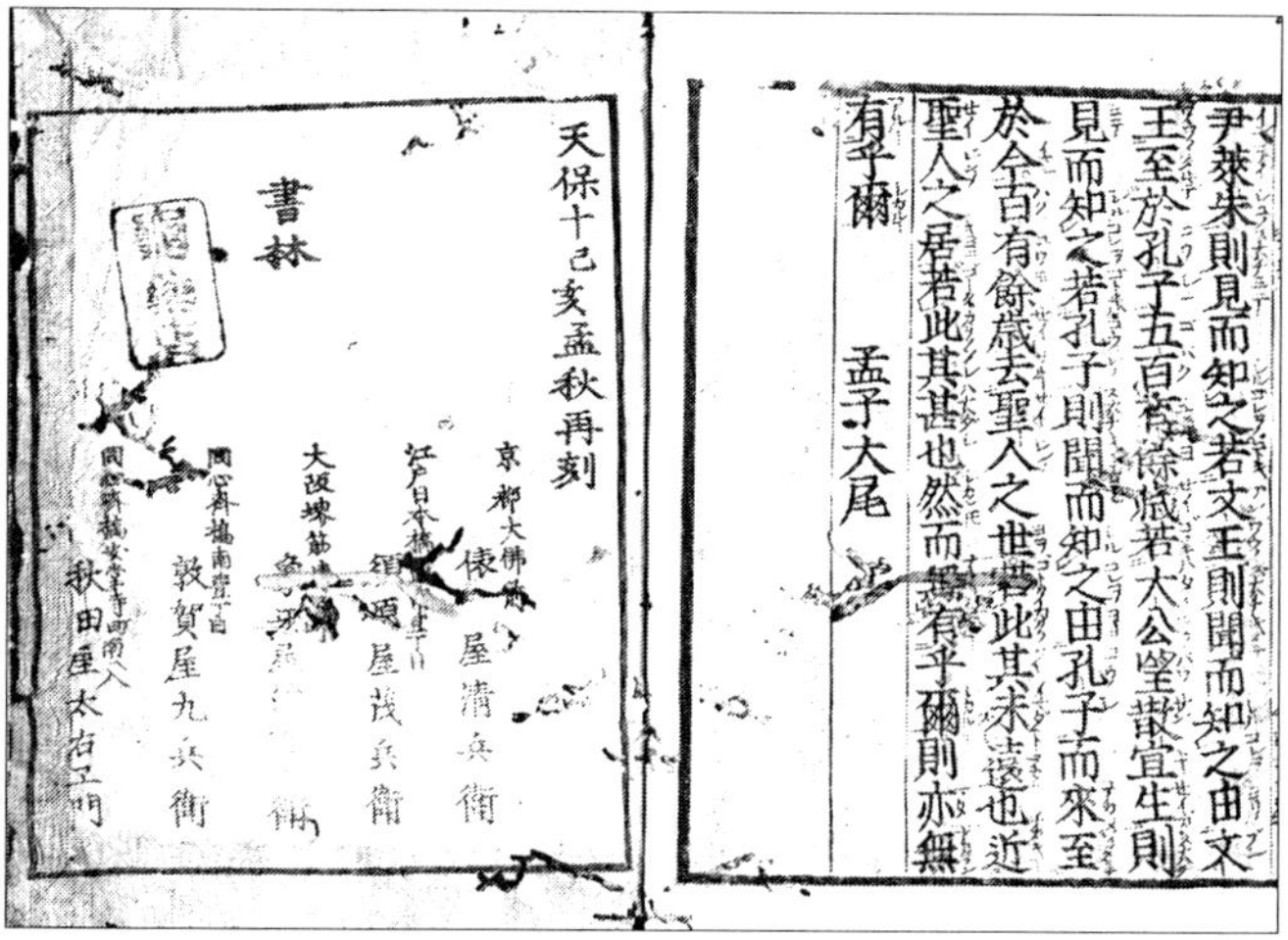

尹萊朱則見而知之若文王則聞而知之由文王至於孔子五百有餘歳若太公望散宜生則見而知之若孔子則聞而知之由孔子而來至於今百有餘歳去聖人之世若此其未遠也近聖人之居若此其甚也然而無有乎爾則亦無有乎爾

孟子大尾

天保十己亥孟秋再刻

書林

京都大佛前　俵屋清兵衛
江戸日本橋通　須原屋茂兵衛
大阪堺筋　象牙屋治郎兵衛
同心斎橋南壹丁目　敦賀屋九兵衛
同心斎橋安堂寺町南入　秋田屋太右エ門

図 23

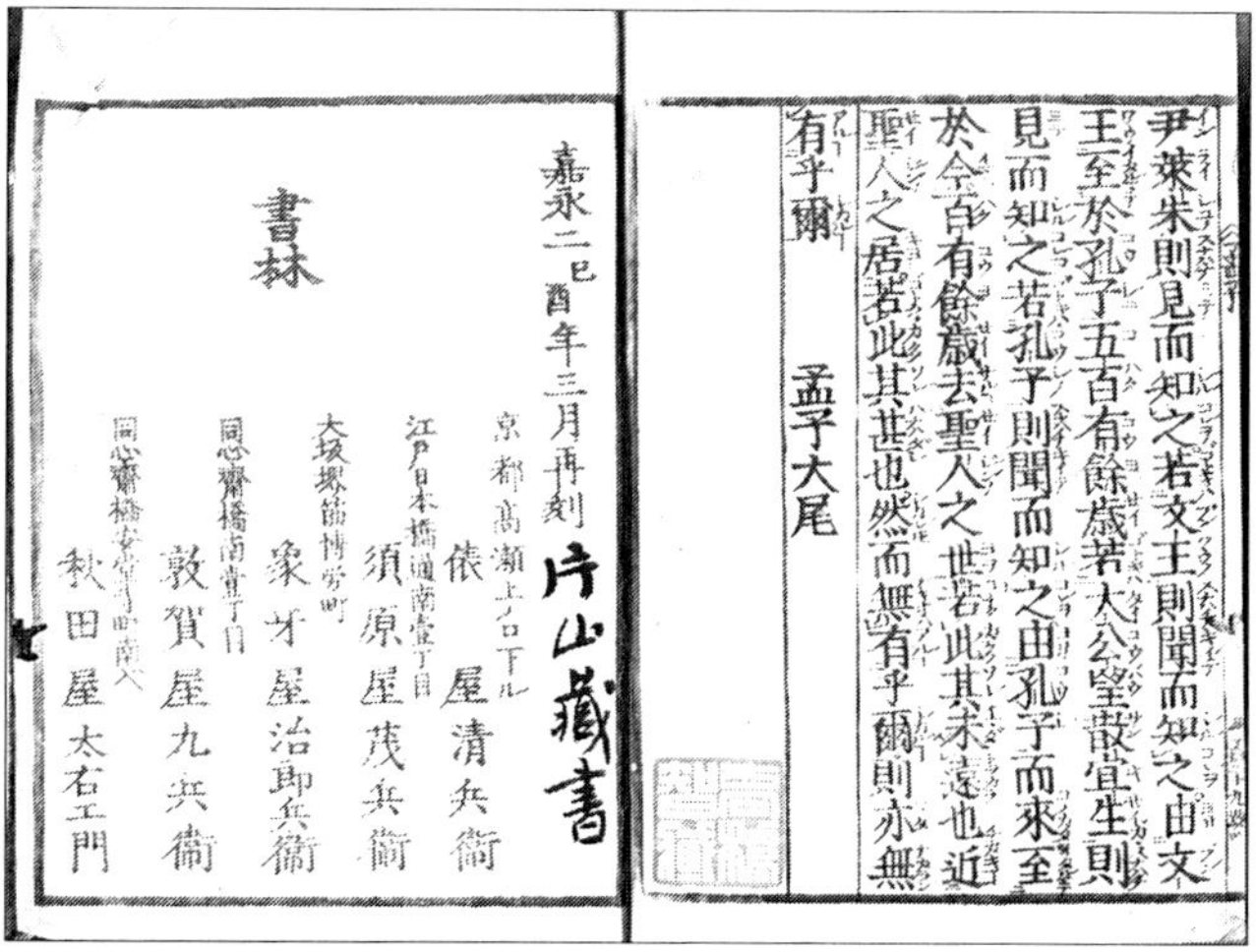

尹萊朱則見而知之若文王則聞而知之由文王至於孔子五百有餘歳若太公望散宜生則見而知之若孔子則聞而知之由孔子而來至於今百有餘歳去聖人之世若此其未遠也近聖人之居若此其甚也然而無有乎爾則亦無有乎爾

孟子大尾

嘉永二己酉年三月再刻

書林

京都高瀬上ノ口下ル　俵屋清兵衛
江戸日本橋通南壹丁目　須原屋茂兵衛
大坂堺筋博労町　象牙屋治郎兵衛
同心斎橋南壹丁目　敦賀屋九兵衛
同心斎橋安堂寺町南入　秋田屋太右エ門

片山藏書

図 24

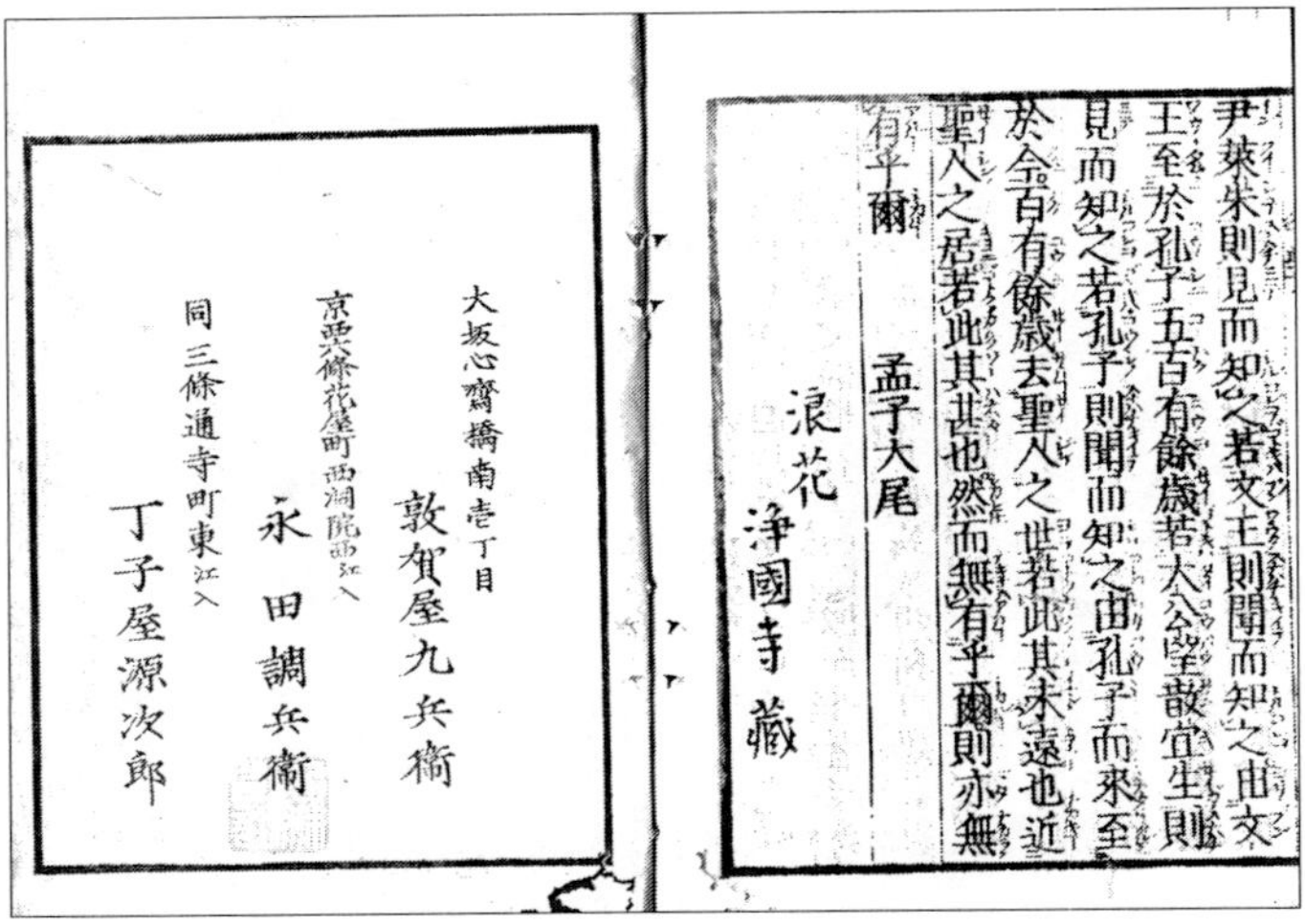
尹莱朱則見而知之若文王則聞而知之由文王至於孔子五百有餘歳若太公望散宜生則見而知之若孔子則聞而知之由孔子而來至於今百有餘歳去聖人之世若此其未遠也近聖人之居若此其甚也然而無有乎爾則亦無有乎爾

孟子大尾

浪花 浄國寺 藏

大坂心齋橋南壹丁目
敦賀屋九兵衛
京西六條花屋町西洞院西江入
永田調兵衛
同 三條通寺町東江入
丁子屋源次郎

図25

野木市兵衛が出版し（図21）、その後、文化一二年（一八一五）大坂勝尾屋六兵衛が再版（図22）、天保一〇年（一八三九）秋田屋太右衛門が三版（図23）、嘉永二年（一八四九）同じく秋田屋が四版（図24）、を出していています。これだけ版が繰り返されるということは、どれだけ需要があったか、如実に物語っています。四版のものは、明治初年にも売れたと見えて、京都永田調兵衛の奥付《おくづけ》を有するもの（後印本・図25）が出ています。

こうした実例は集めて見てわかりますが、注意して集めないと、どんどん失われていき、テキスト需要の実態も忘れられていくこととなります。

このように、当時としてはありふれたものを再収集して、時代の様相を復元するのも、図書館の使命といえるかも知れません。

第二章 漢学者の仲間たち

江戸時代のレファレンス

さて、次に知っておくべきことは、失われてゆく書物とともに、それを担った人々も忘れられていくことがあるということです。書物と人は密接な関係にあるのですから、人を忘れていないかと気を配っていくと、そこからさまざまな書物の世界が広がっていきます。江戸時代は漢学の全盛時代ですから、漢学者の志向や教育方法などをグループ化することが全盛時代をグローバルに把握する糸口になっていくように思われます。

漢学の学問範囲にも一定の基準はありますが、孔子の思想や当時の文化を解釈する儒学が最も基本となりますが、その基礎のもとに文学・歴史・科学技術・芸術などの分野の学者が輩出するのが、江戸時代でありました。

そこに、一種の同士・仲間的な考えを持つ人々があらわれ、活躍するのです。こうした人たちに目を向けていくことが、一つの江戸時代レファレンスになるといえましょう。

仲間といってもそれは、特定のグループを指すのではなく、同じような考えを持って本を流布させようとした人たちのことです。連絡を取り合った仲間もいましょうし、面識が無くても同じような趣向で学問を行っていた人たちがいたのです。こうした見方で文化史を俯瞰すると面白さが増してきます。実は、これが、後に大正・昭和初期頃に体系的な学問史に整理され、日本儒学史という分野を生み出したのです。

幕末の漢学の大家・安井息軒《そっけん》（一七九九～一八七六）の孫にあたる安井朴堂（一八五八～一九三八）は、『日本儒学史』（冨山房　一九三九）を著し、江戸時代の学者の系統を初めて明らかにしました（未定稿でしたが）。そして他にも小川貫道『漢学者伝記及著述集覧』（関書院　一九三五）、竹林貫一『漢学者伝記集成』（関書院　一九二八）、関儀一『近世漢学者伝記著作大事典』（井田書店　一九四三）といった類書があります。しかし、それも明治時代になると西洋文明の輸入が喧しく、あまり儒学の系統とかは言われなくなったのでしょうか。現代から見て明治時代当時の漢学者の学統を色分けすることは難しくなります。明治時代は、江戸時代とはやや異なる赴きがあったといえましょう。

中世のイメージ

とはいえ、同じことが江戸時代の初めにもいえます。室町時代以前、つまり中世の儒学漢学は寺院が中心で、後半になるとようやく武士の、学問への擡頭がやってまいりますが、学統といった観念よりも由緒ある家（貴族・博士家）や寺院に伝わるテキストや読み方を忠実に継承するのが、中世というイメージです。それが徳川家康（一五四二～一六一六）の時代になると、林羅山（一五八三～一六五七）の学問に集約されるように、中世のテキストは埋もれてまいります。そして、その新しい近世の学問こそが、朱子学であって、中国南宋の朱熹（一一三〇～一二〇〇）によって大成された儒教経典の解釈学でした。ですから、極端にいえば、江戸の漢学は儒学に基づき、それも朱子学を中心としたものであったととらえているのです。

代表的な学者がどんな考えを持っていたか、例えば、町田三郎『江戸の漢学者たち』（研文出版　一九九八）、同じく『明治の漢学者たち』（研文出版　一九九八）に詳しく書かれています。さらに漢学は、大正・昭和と引き継がれますが、感じられることは、時代の区切りによって風格は変わるものの、そこには連続性があるということです。このことは、通史として書かれることは、とても困難ですが、個々の漢学者をとって考えてみるとよくそのことがわかります。村山吉廣『漢学者はいかに生きたか』（大修館書店　一九九九）などは、学問と時代ということを考えるよい材料でしょう。

系統を重んじた藩の学問

ところで、笠井助治『近世藩校に於ける学統学派の研究』（吉川弘文館　一九七〇）という研究があります。江戸時代の学問・文化は、京都や江戸や大坂、名古屋といった町を中心に栄えましたが、全国に設けられた大名の領する藩のなかで、独自に築き上げていった面もあるのです。藩校という学校を設け、そこで学ぶ生徒は漢文を学び、深い学問系統を身につけるというよりは素養を身につけることでしたが、教える側の教師は、きちんとした学統を身につけることに努力し、著名な学者（儒学者・文学者）を招聘したり、都に笈を負ったりして、藩の学問にしかるべき系統を輸入したのです。それがどんな実態であったのか、を明らかにしたものがこの研究です。全国の藩校については、『江戸　諸藩要覧』（井上隆明　東洋書院　昭和五七年）や『近世藩制・藩校大事典』（大石学　吉川弘文館　二〇〇六）などで調べることができます。無論、現在では各地の教育委員会が旧藩の活動を調査していますから、さまざまな情報を手に入れることができます。しかし、その基本となったのは、明治時代の初め、文部省が調査・公刊した大部の『日本教育史資料』です（図1）。

本書は、明治二三年に冨山房から販売されていますが、旧藩の学事制度、教育方法、学校の

諸藩ノ部

畿內

舊淀藩

學制

學事上ノ諸制度　藩主ノ諭達書往古ノ分モ往々之レアレモ方今難取調只左ノ藩主申聞書一通ノ存スルアルノミ〇凡テ文學ニ限ラス武藝ト雖師範家ハ門弟取扱方勵精ノ者ヘ祿米ヲ加增シ或ハ品物ヲ贈與スルヿアリ又附弟子ト唱ヘテ格別其業ニ熟達スル者ヘハ扶持米ヲ給與スルアリ

藩主藩中之諸士ヘ申聞候覺（安政七年庚申三月三日）

何モ聞及可罷在四ヶ年前改革申出砌下總領分之內重立候者四五輩申合持山之木材ヲ以テ江戶上屋舖ニ學校創建之儀願出候共旨趣ハ人材教育之儀ハ改革之大本ト存候旨彼等ニモ右之塲ニ心ヲ附候儀深令感心候早速聞屆一昨年及落成候於爰元モ猶又無之候テハ不相成候儀ト存居既ニ寬量院樣御代其思召モ被成御座候處追々御役儀御勤被成終ニ御果不被成哉數十年之星霜ヲ經テ我等モ家督之砌淀表之儀相尋候節既ニ學校創建之志有之候得共入部後引續雜事多端ニテ終ニ申出候期モ無之其儘相成居當今之時節上下大困窮之折柄ニ候得共愈以可相及樣モ無之候得共相考候程當節ニハ人材教育別而忽ニ難成ト存候改革ヲ申出候後監物錡之助ヲ初勝手方之者ハ不申及諸向共心ヲ用候効驗ニテ聊取直シノ道ヲ開候姿ニ候得共此上尙モ一同ニ力ヲ盡シ不申候テハ進候事ハ扨置キ跡シサリ致シ候樣相成候テハ殘念千萬ノ儀右勝手向計リ之儀ニ無之總テ國家ノ盛衰ハ人力ノ預ル所ニ候條種々年寄共ヘモ致相談勘考ニ及候折柄城州領分之內戶津村之者共厚志ヲ以獻金致候ニ付テハ其志永々ヘ相殘候樣旁以此度學校取立候ニ付大小諸士ノ子弟八歲以上年若ノ者ニモ繁勤ノ者ノ外ハ日々出席可致勤學年輩之者迚モ志有之者ハ勝手次第代々政事ニ與リ候者共其餘之身分柄之者ハ別テノ儀武家ニテ只武藝而已嗜候得ハ宜ト心得候者如何ニテ今川了俊カ息仲秋ニ示シ候箇條ニモ文道ヲ知ラスシテ武道勝利ヲ得ストカ有シ由文武ハ車ノ兩輪ノ如クニテ候扨日々出席ト申出候モ外藝術モ有之儀終日詰切勤學致シ候樣ニト申ニテハ無之候朝出席成兼候者ハ午後ニ罷出候共師家モ學校向寄ニ有之候ヘハ時刻ヲ費サス夫々ヘ

図１

名称・沿革・教則・職員生徒・経費・図面・出版・蔵書などについて細かく調査報告したものです。さらには、藩に仕えた学者の伝記、幕府管轄の学校（昌平坂学問所・足利学校など）についで、儒学源流などの雑纂、寺子屋や私塾のリストなど江戸時代の教育全般をまとめた全書であります。ここに、どの藩がどの儒学学派をもって主としていたかが記されていますが、大切なことは、そうした学派学問を守り教えるためには基本となる図書（蔵書）がなければなりませんし、そして教科書や参考書も出版しなければならなかったことです。

憂き目にあった藩校の漢文資料

しかし、明治四年の廃藩置県で藩校は廃止、翌年の学制公布により新しい学校が誕生するに際して、藩校の蔵書は漢文資料（漢籍）が中心であったため、不要なものとされ、廃棄・量り売り（一点一冊の価格ではなくまとめた重さで価格を定め払うこと）の憂き目にあったのです。それゆえに、『日本教育史資料』でもこの蔵書・出版の項目はほとんどが不詳となっています。

そんな状況下でも篤志家の努力で遺された藩校の蔵書も少なくはなく、今、各地の県立・市立図書館の書庫に、あるいは虫損にあい、あるいは水害にあい、未整理のまま、埃をかぶっているのです。

江戸時代の知識教養は、けして藩校だけで広まったわけではなく、さまざまな面で書物が流布したことによるのですが、それを色々なジャンルの書物について流通と浸透を研究している方たちがいます。ここでは漢籍を例に話しを進めていますから、藩校に話しを戻しますが、学統を示すべき藩校の蔵書と出版について、笠井助治は『近世藩校に於ける出版書の研究』（吉川弘文館　一九六二）を著し、藩校の出版事業について明らかにしました。全国の藩校によって出版された図書を調査、その総計七八六部にわたっています。ここには、藩校の教科書もあり、藩校教授の成果を示すものもあり、また幕府より命じられて出版したものもあります。

散逸資料の発掘

ここで、『日本教育史資料』に記される旧秋田藩の記載を見てみると、「学事上ノ諸制度」「士族卒ノ子弟教育方法」「平民ノ子弟教育方法」「家塾寺子屋設置ノ制度」などの項目をたて、「学校」としてその校名・校舎所在地・沿革要略・教則・学科学規試験法及諸則・職名及俸禄・職員概数・生徒概数・束修謝儀・学校経費・藩主臨校・祭儀を説明、さらに江戸藩邸学校にも同様に説明があります。そして最後に「学校ニテ出版翻刻セシ書籍目次及蔵書ノ種類部数　皆詳ナラズ」とあって、まさにここの部分が調査不明で抜け落ちていたのです。江戸時代、藩校では、どんな環境でどんな人が何を学んでいたのか、理論的に理解できても、実際に学んでいた教科書や蔵書を手にとってみないと実感はできません。明治維新はその機会を限りなく少なくしてしまったといえるかもしれません。

　散逸してしまった資料を発掘、垣間見てみると、（図２）のように秋田藩の所蔵した漢籍が見つかります。これは明暦二年（一六五六）に出版された中国の字書『釈名《しゃくみょう》』（漢・劉熙《りゅうき》著）です。中国明の万暦年間（一六世紀）に出版されたものを輸入、訓点を附して上梓したものです。江戸時代の読書人にとって漢字字書（辞書）は基本図書でしたから、江戸も早い時期に、字書の類いである『爾雅』『方言』『説文解字《せつもんかいじ》』『大広益会玉篇』などが出版されています。この『釈名』には、「日知館図書」「佐竹図書」の蔵印が捺されているのが見えます。日知館は秋田藩の江戸藩邸の学校です。藩の儒者に山本北山（一七五二〜一八一二）を招聘していますが、その人はまた改めて述べるでしょう。佐竹は藩主佐竹氏。

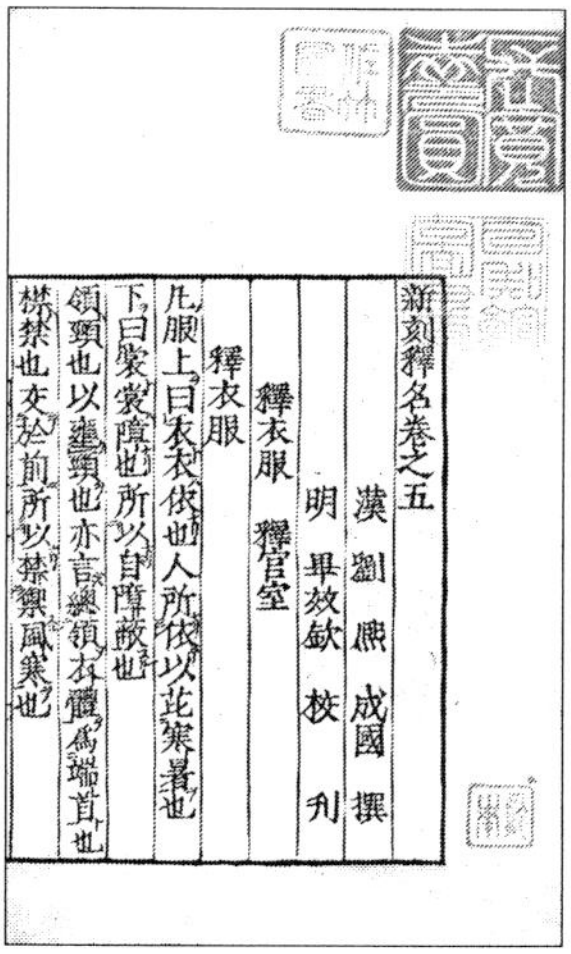
新刻釋名巻之五
漢劉熙成國撰
明畢效欽校刊
釋衣服　釋宮室
釋衣服
凡服上曰衣衣依也人所依以芘寒暑也
下曰裳裳障也所以自障蔽也
領頸也以壅頸也亦言總領衣體為端首也
襟禁也交於前所以禁禦風寒也

図２

　江戸藩邸の蔵書は、藩主が自国から持参するものもあり、邸内学校蔵書と分別がつかないことが多いのです。また（図３）を参照すると、『宋史新編』はやはり明時代に宋の時代を記した歴史書ですが、天保六年（一八三五）に明時代のテキストを覆刻した

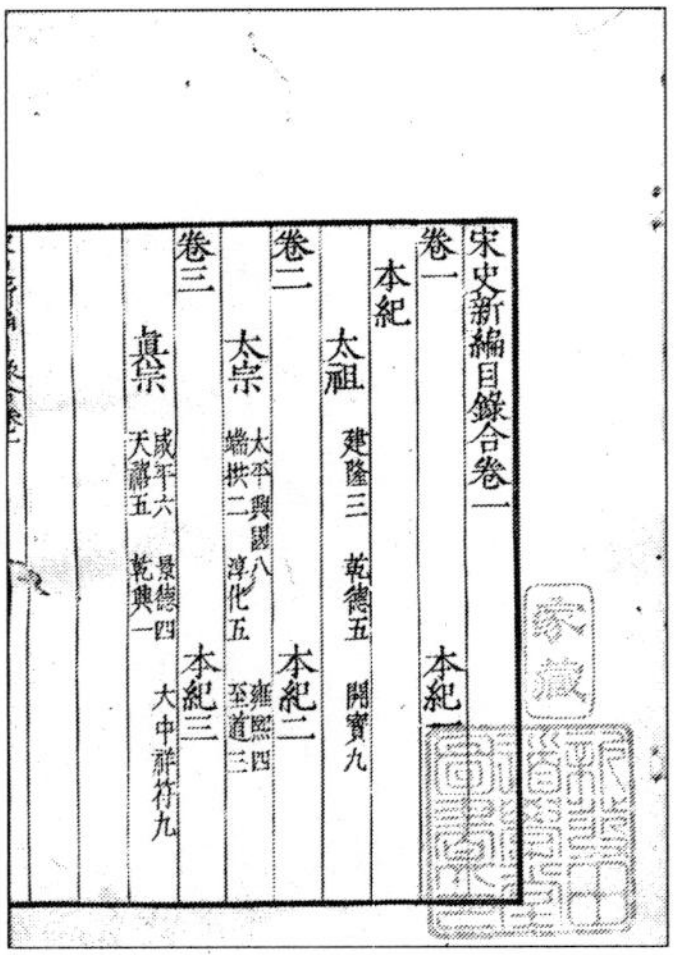
宋史新編目錄合卷一
卷一 本紀一
本紀
太祖 建隆三 乾德五 開寶九
卷二 本紀二
太宗 太平興國八 雍熙四 端拱二 淳化五 至道三
卷三 本紀三
眞宗 咸平六 景德四 大中祥符九 天禧五 乾興一

図３

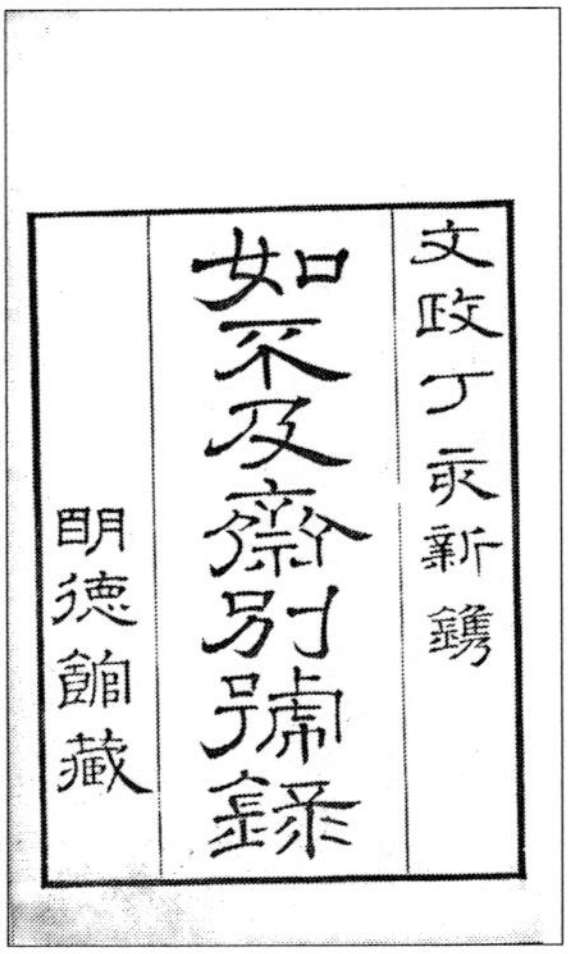
文政丁亥新鐫
如不及齋別號錄
明德館藏

図４

ものです。この本には「新発田《しばた》道学堂図書印」が捺されて、新潟新発田藩の旧蔵書であることが判りますが、同時に「家蔵」というおそらく藩主溝口家の蔵印と思われるものも捺されています。藩校と藩主の蔵書が共通になっている例です。いずれにしてもこうした蔵書は秋田藩でも数千冊、万巻を揃えていたはずです。残念ながらその全貌は今となっては復元できません。

藩内で出版された本について見てみましょう、秋田藩を例にとると、(図４) の『如不及斎別号録』は文政一〇年（一八二七）藩校の明徳館が出版したもので、藩文学・鈴木汪等が編纂した中国歴代文人学者の書斎号を索引として並べ解説を加えたもので、当時としては画期的な編纂物でありました。とにかく漢文は人名が号で記されることが多いので、中国だけでなく、江戸時代の文人も、号を知らないと誰のことなのか一向に解らないことがあります。今でも、『明人・清人室名別号索引』（上海古籍出版　二〇〇一・二〇〇二）や『漢文学者総覧』（長澤孝三編　汲古書院　昭和五四年）などが大いに役に立っています。（図5）のように、「東坡居士」といえば宋・蘇軾《そしょく》のことであると知ることができる便利な参考書で、江戸時代の藩の学問が如何に高い水準にあったかが理解されます。本書には、京都の儒者で秋田藩儒村瀬栲亭（之熙）〈一七四六～一八一八〉が序文を記し、また、寛政の改革で有名な白河、桑名藩主・松平楽翁（定信）〈一七五八～一八二九〉の序文を冠しています。政治家として著名であるが、文人・蔵書家としての楽翁は、古書籍好きならば、「桑名文庫」「立教館図書印」などの蔵書印を目にして、楽翁の学風を追慕します。

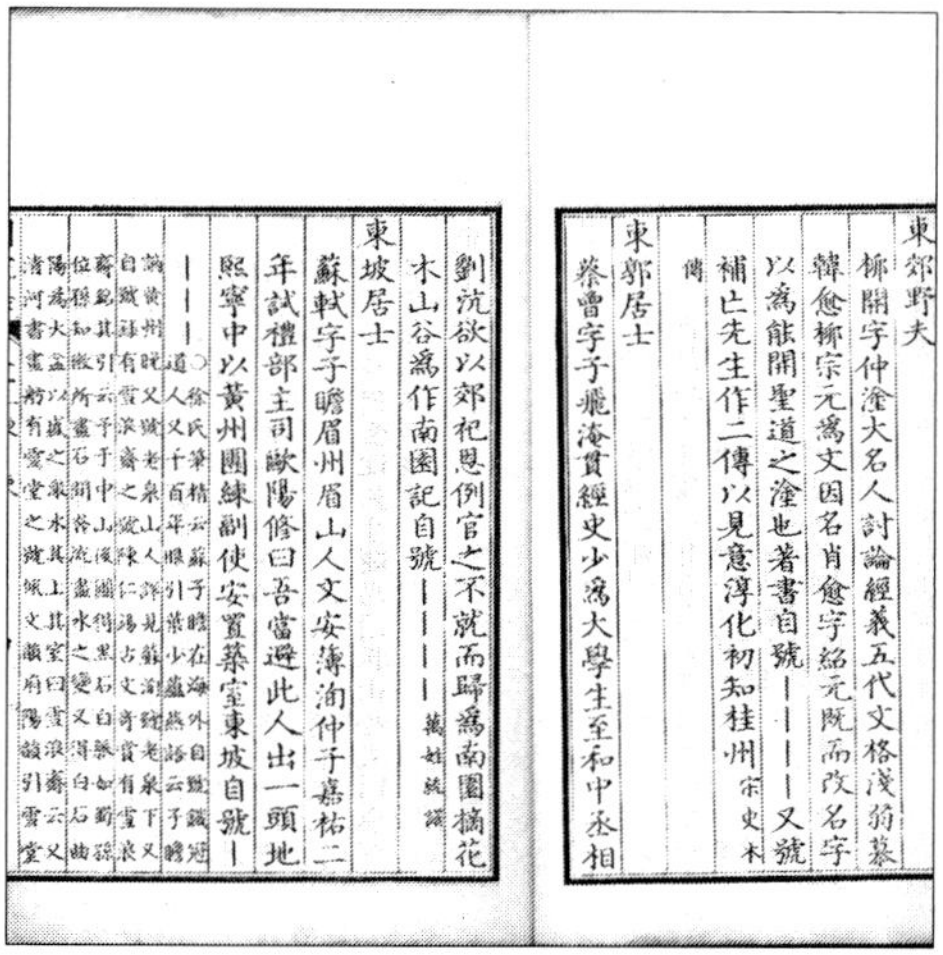
東郊野夫
柳開字仲塗大名人討論經義五代文格淺弱慕
韓愈柳宗元爲文因名肩愈字紹元既而改名字
以爲能開聖道之塗也著書自號ーーーー又號
補亡先生作二傳以見意淳化初知桂州宋史本
傳
東郭居士
蔡曾字子飛海貫經史少爲大學生至和中丞相
劉沆欲以郊祀恩例官之不就而歸爲南園橘花
木山谷爲作南園記自號ーーーー萬姓統譜
東坡居士
蘇軾字子瞻眉州眉山人文安簿洵仲子嘉祐二
年試禮部主司歐陽修曰吾當避此人出一頭地
熙寧中以黃州團練副使安置築室東坡自號ー

図5

明治に続いていく漢学

さて、先ほど、江戸時代の漢学は明治時代の漢学と連続するものであるという、ちょっと大胆な言い方をしましたが、少し実例を見てみましょう。

幕末、安政四年（一八五七）、海保漁村（一七九七～一八六六）という学者が『文章軌範《きはん》』に注釈をつけて序文を記しました。その没後、明治一〇年（一八七七）に弟子の島田篁邨（名は重礼・一八三八～一八九八）が遺稿を整理して出版しました（図6）。そして同学の奥田龍湫（遵）が同様に続編に注解をつけたものとセットで同一二年（一八七九）に、萬青堂別所平七から発売しました（図7）。

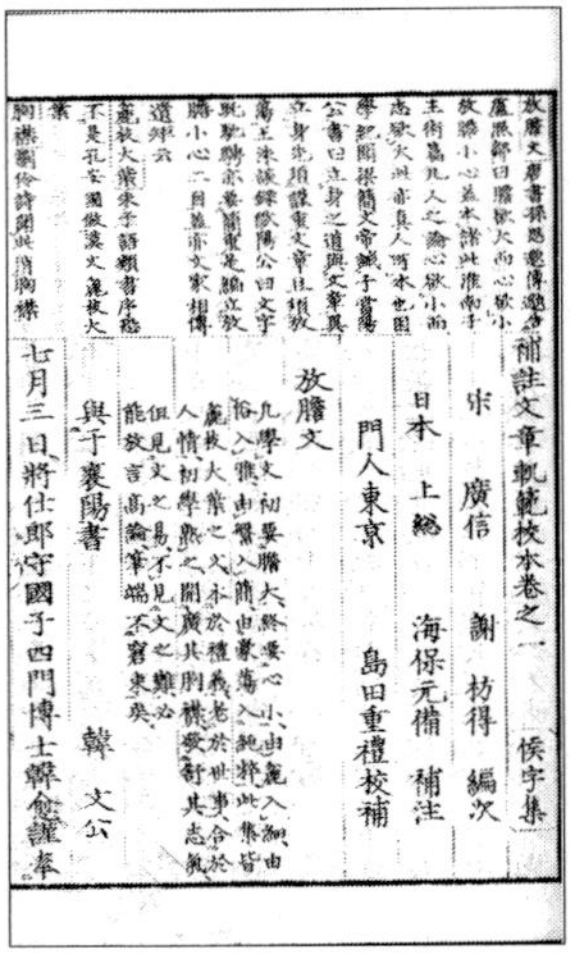
補註文章軌範校本巻之一　侯字集
宋　廣信　謝　枋得　編次
日本　上総　海保元備　補注
門人東京　島田重禮校補
放膽文
與于襄陽書　韓　文公
七月三日將仕郎守國子四門博士韓愈謹奉

図6

補註續文章軌範校本巻之一
明　安福　東郭先生鄒守益批選
北海　澹園先生焦　竑評校
晉江　九我先生李廷機註閲
日本長尾　龍湫　奥田遵補註
放膽文
進學解　韓文公
國子先生晨入太學招諸生立館下誨之曰業
精于勤荒于嬉行成于思毀于隨方今聖賢相
逢治具畢張拔去兇邪登崇畯良占小善者率

図7

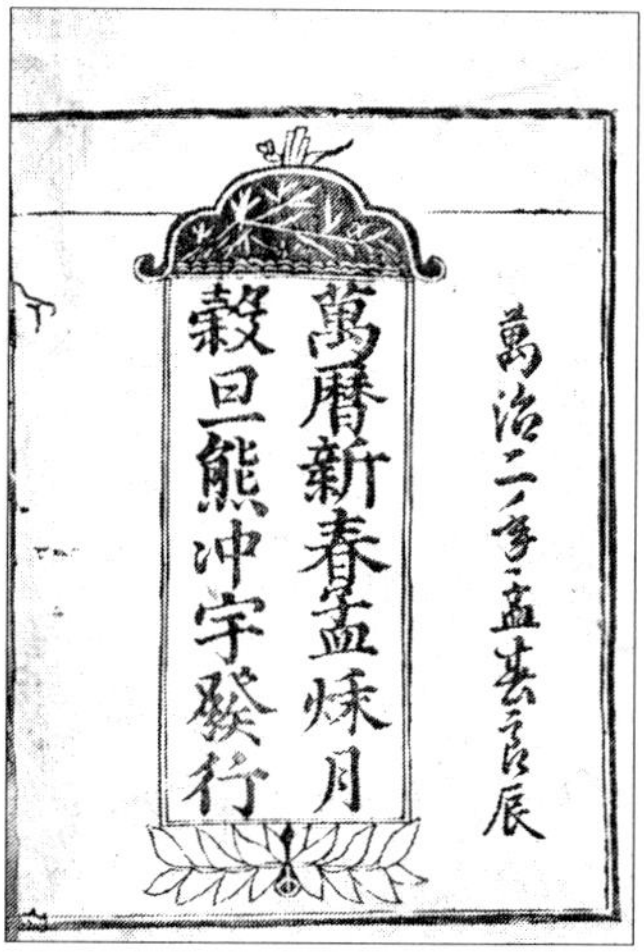

図8

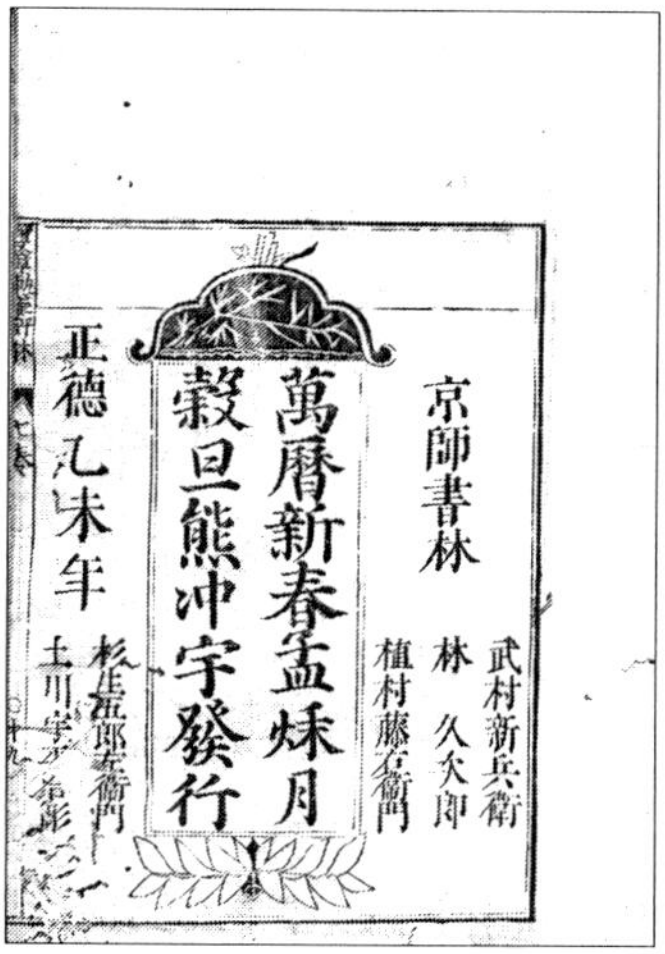

図9

『文章軌範』は宋の謝枋得《しゃぼうとく》（一二二六～一二八九）が編纂した漢・晋・唐・宋の名文を集めたものですが、その後、明の鄒守益《すうしゅえき》（一四九一～一五六二）が続編を編みました。中国では明の時代に李廷機が正編・続編ともに注釈をつけたものが流布したようですが、今となっては中国ではそれほど遺ってはいません。

日本ではその明時代の出版物を輸入して、江戸時代の前期にこれが覆刻されて読まれたようです。（図8）は、明万暦時代の『文章軌範』を万治二年（一六五九）に覆刻した時の刊記です。位牌のようなものが中国の刊記には用いられ、それ故に中国では刊記を「牌記《はいき》」と呼んでいます。

江戸時代はなんといっても『古文真宝』

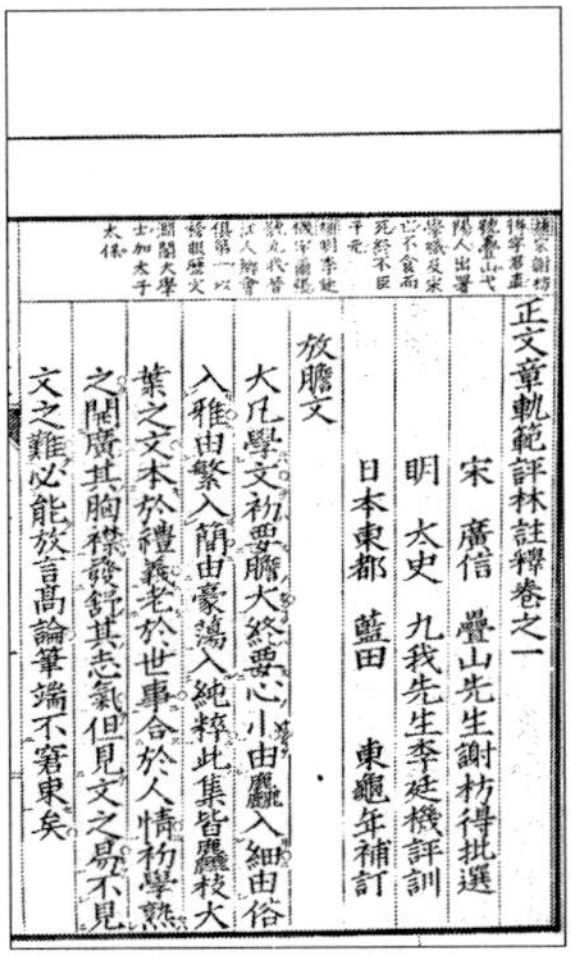
正文章軌範評林註釋卷之一
宋 廣信 疊山先生謝枋得批選
明 太史 九我先生李廷機評訓
日本東都 藍田 東龜年補訂
放膽文
大凡學文初要膽大終要心小由麤入細由俗入雅由繁入簡由豪蕩入純粹此集皆麤枝大葉之文本於禮義老於世事合於人情初學熟之開廣其胸襟發舒其志氣但見文之易不見文之難必能放言高論筆端不窘束矣

図 10

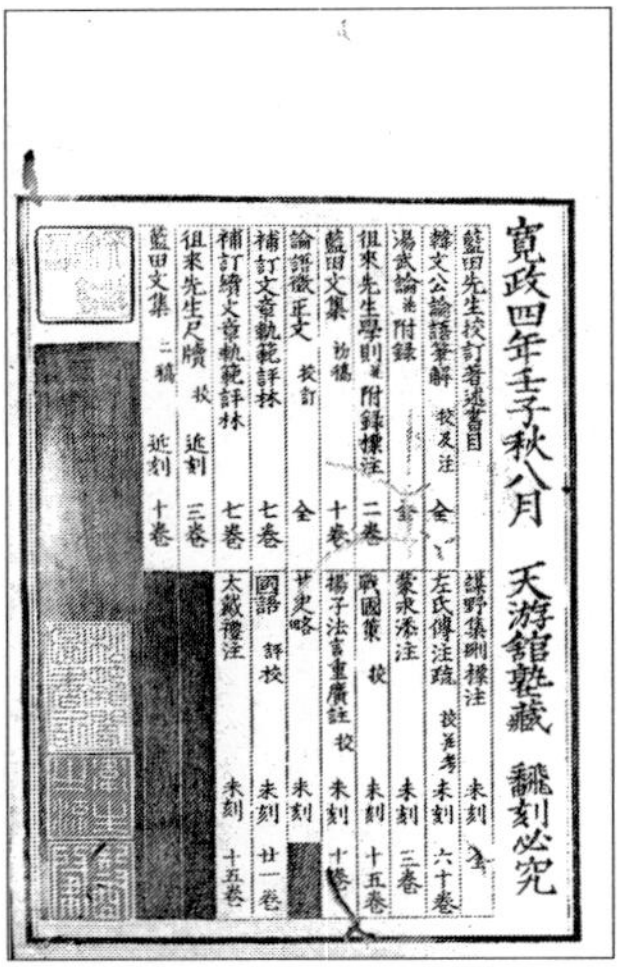
寛政四年壬子秋八月 天游館塾藏 翻刻必究
藍田先生校訂著述書目
韓文公論語筆解 校及注 全
湯武論 並附録 全
徂來先生學則 並附録標注 二卷
藍田文集 初編 十卷
論語徵正文 校訂 全
補訂文章軌範評林 七卷
補訂續文章軌範評林 七卷
徂來先生尺牘 校 近刻 三卷
藍田文集 二編 近刻 十卷
謀野集刪標注 未刻
左氏傳注疏 校箋考 未刻 六十卷
蒙求添注 未刻 三卷
戰國策 校 未刻 十五卷
揚子法言重廣註 校 未刻 十卷
十八史略 未刻
國語 評校 未刻 廿一卷
太戴禮注 未刻 十五卷

図 11

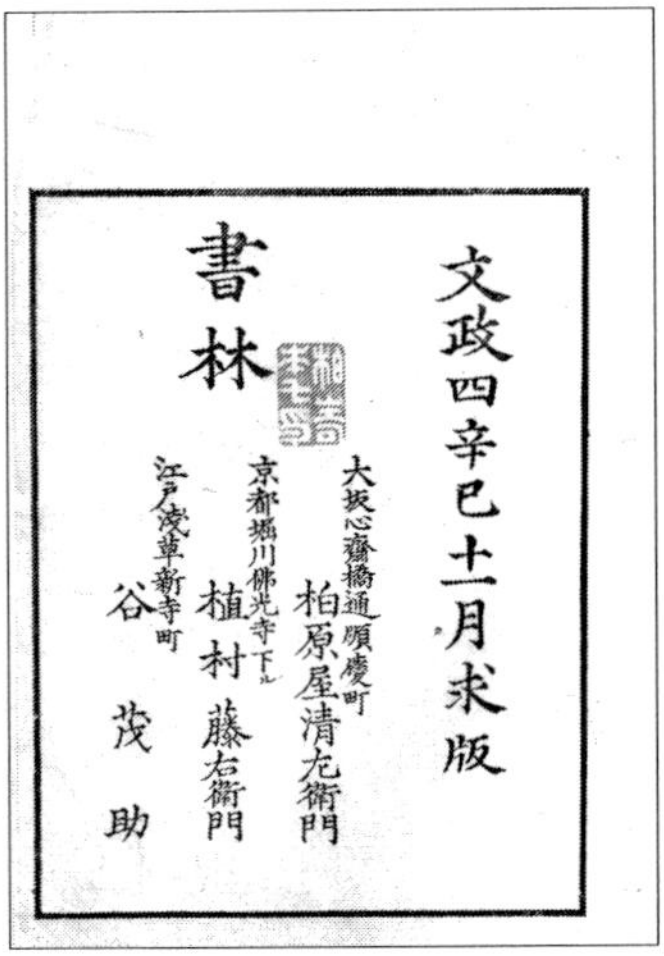
文政四辛巳十一月求版
書林
大坂心齋橋通順慶町 柏原屋清左衛門
京都堀川佛光寺下ル 植村藤右衛門
江戸淺草新寺町 谷 茂助

図 12

嘉永補刻
續文章軌範評林
五六七

図 13

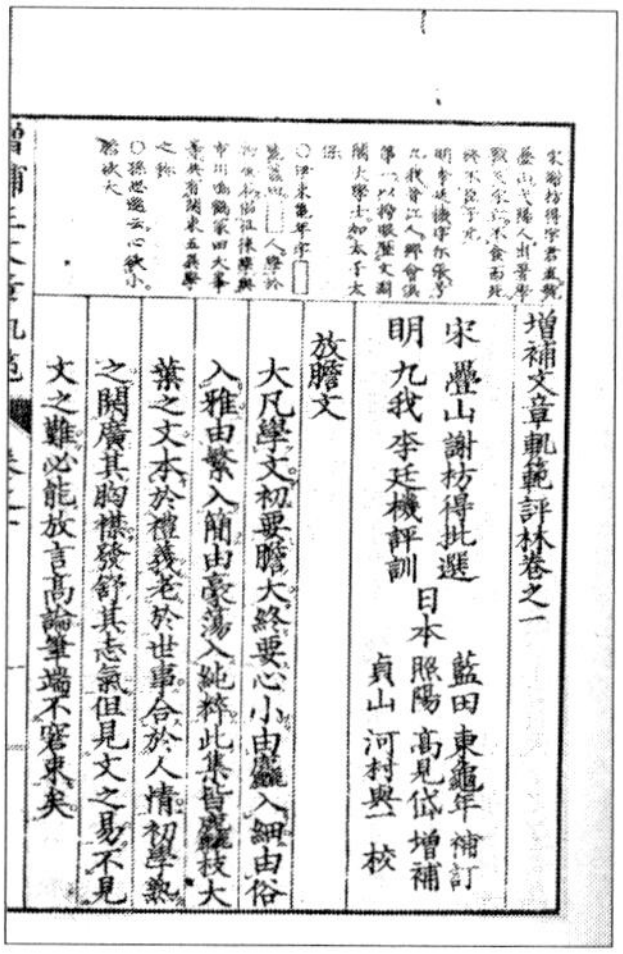
増補文章軌範評林巻之一
宋 疊山 謝枋得批選　藍田 東龜年 補訂
明 九我 李廷機評訓　日本 照陽 高見岱 増補
貞山 河村與一 校
放膽文
大凡學文初要膽大終要心小由麤入細由俗入雅由繁入簡由豪蕩入純粹此集皆麤枝大葉之文本於禮義老於世事合於人情初學熟之開廣其胸襟發舒其志氣但見文之易不見文之難必能放言高論筆端不窘束矣

図 14

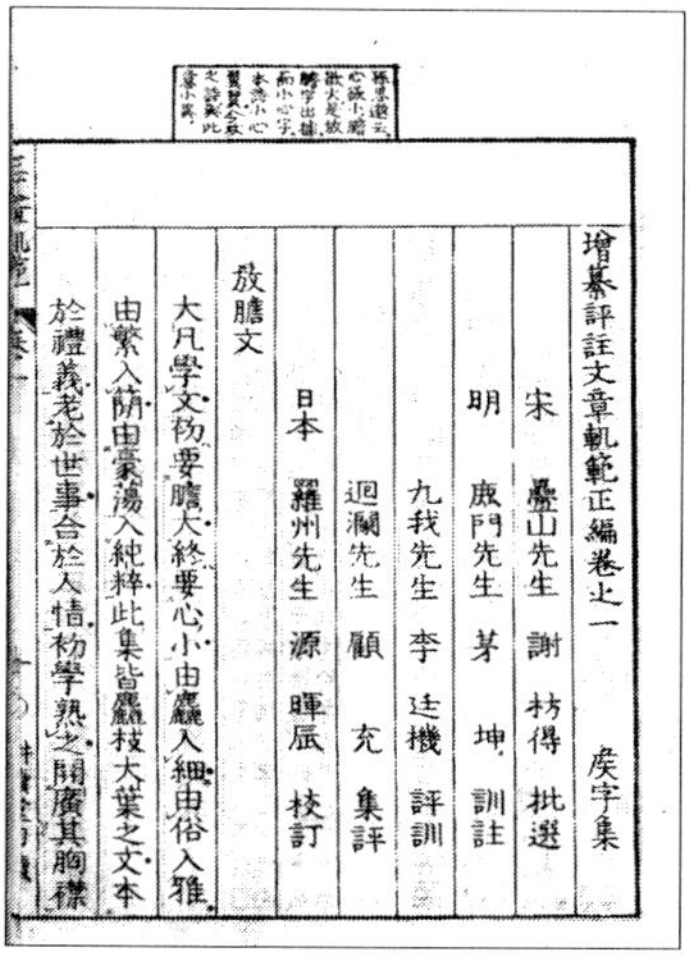
増纂評註文章軌範正編巻之一　戻字集
宋 疊山先生 謝 枋得 批選
明 鹿門先生 茅 坤 訓註
九我先生 李 廷機 評訓
迴瀾先生 顧 充 集評
日本 羅州先生 源 暉辰 校訂
放膽文
大凡學文初要膽大終要心小由麤入細由俗入雅由繁入簡由豪蕩入純粹此集皆麤枝大葉之文本於禮義老於世事合於人情初學熟之開廣其胸襟

図 15

『三体詩』『唐詩選』『聯珠《れんじゅ》詩格』といった詩文集が読まれていましたから、主流というわけではなかったようです。それでも江戸中期、正徳年間にまた覆刻が出されました。（図9）は、同じく中国万暦の『文章軌範』を正徳五年（一七一五）に覆刻した際の刊記です。さらに、江戸後期、寛政年間には、伊東藍田（一七三四〜一八〇九）が新たに注釈を附して『文章軌範評林』を再編、秋田亀田藩の助力を得て出版しました（図10・11）。そして、本書は文政（図12）・嘉永（図13）と増刷を繰り返していきますから、それなりの需要はあったわけです。明治一五年（一八八二）には高見照陽（一八二八〜一八八〇）が増補して出版しています（図14）。

ちょっと補足しますが、（図12）の「文政

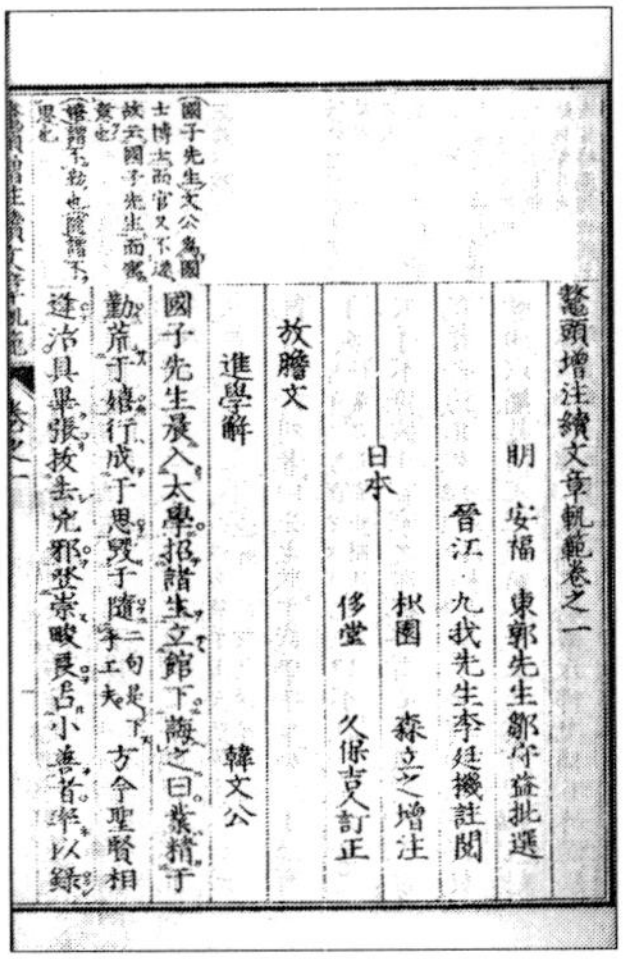
鼇頭増注續文章軌範卷之一
明 安福 東郭先生鄒守益批選
晉江 九我先生李廷機註閲
日本 秋園 森立之増注
修堂 久保吉人訂正
放膽文
進學解 韓文公
國子先生晨入太學招諸生立館下誨之曰業精于勤荒于嬉行成于思毀于隨方今聖賢相逢治具畢張拔去兇邪登崇畯良占小善者率以録

図16

文章軌範講解卷之四
宋 謝枋得選 日本 秋園 森立之著
○小心文
此集文章名得道理強以清明正大之心發其華果鋭之氣筆勢熙歛光燄燭天學者熟之作經義作策必擅大名於天下

図17

四年（一八二二）求版」というのは、寛政四年（一七九二）出版の版木を江戸・大坂・京都の三書肆が買い求めて版権を取得して印刷（後印）したという意味です。

そして、同じ寛政年間に、松井羅洲（一七五一〜一八二二）という学者も校訂を加えて出版しました（図15）。こうして江戸時代に読まれ続けてきた軌跡をたどることができるのですが、これが明治時代に、そのままつながっていくわけなのです。

もちろん、明治初期の学者は皆、江戸時代を生き抜いた人たちですから、江戸の人たちといっても過言ではありません。海保漁村の後、書誌学者森立之《たつゆき》（一八〇七〜一八八五）は、注釈を加え『鼇頭増注文章軌範』を明治一二年（一八七九）に出版（図16）、また、

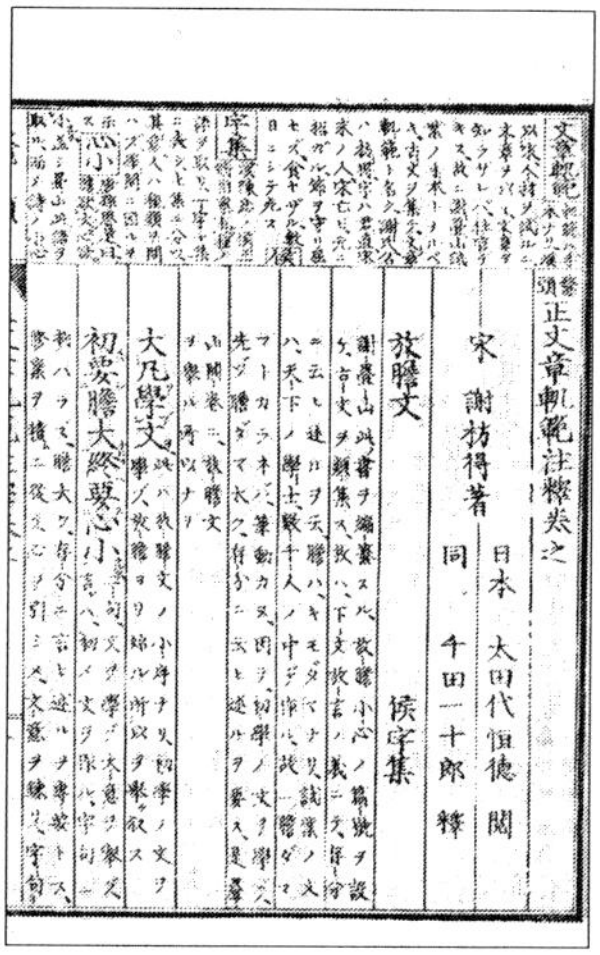
頭注正文章軌範注釋巻之一
宋 謝枋得著　日本 太田代恒徳 閲
同 千田一十郎 輯
放膽文　侯字集

図 18

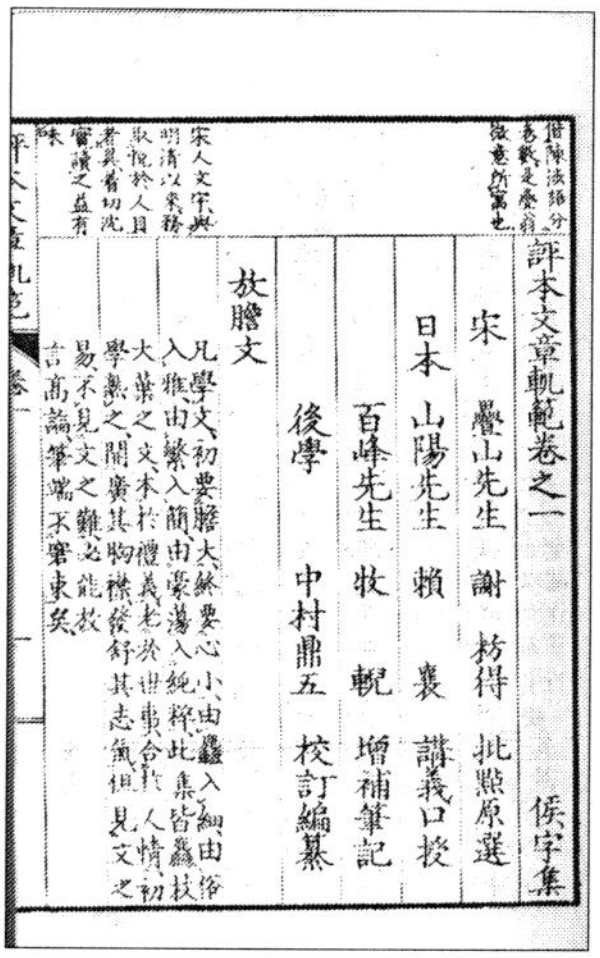
評本文章軌範巻之一　侯字集
宋 疊山先生 謝 枋得 批點原選
日本 山陽先生 頼 襄 講義口授
百峰先生 牧 輗 増補筆記
後學 中村鼎五 校訂編纂
放膽文
凡學文、初要膽大、終要心小、由麤入細、由俗入雅、由繁入簡、由豪蕩入純粹。此集皆麤枝大葉之文、本於禮義、老於世事、合於人情。初學熟之、開廣其胸襟、發舒其志氣、但見文之易、不見文之難、必能放言高論、筆端不窘束矣。

図 19

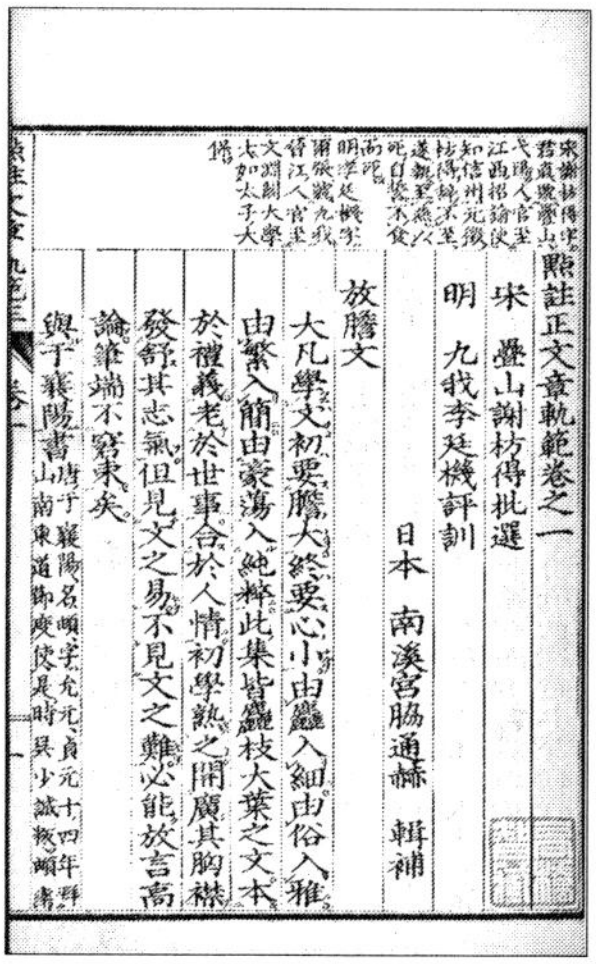
點註正文章軌範巻之一
宋 疊山謝枋得批選
明 九我李廷機評訓
日本 南溪宮脇通赫 輯補
放膽文
大凡學文、初要膽大、終要心小、由麤入細、由俗入雅、由繁入簡、由豪蕩入純粹。此集皆麤枝大葉之文、本於禮義、老於世事、合於人情。初學熟之、開廣其胸襟、發舒其志氣、但見文之易、不見文之難、必能放言高論、筆端不窘束矣。
與于襄陽書

図 20（1）

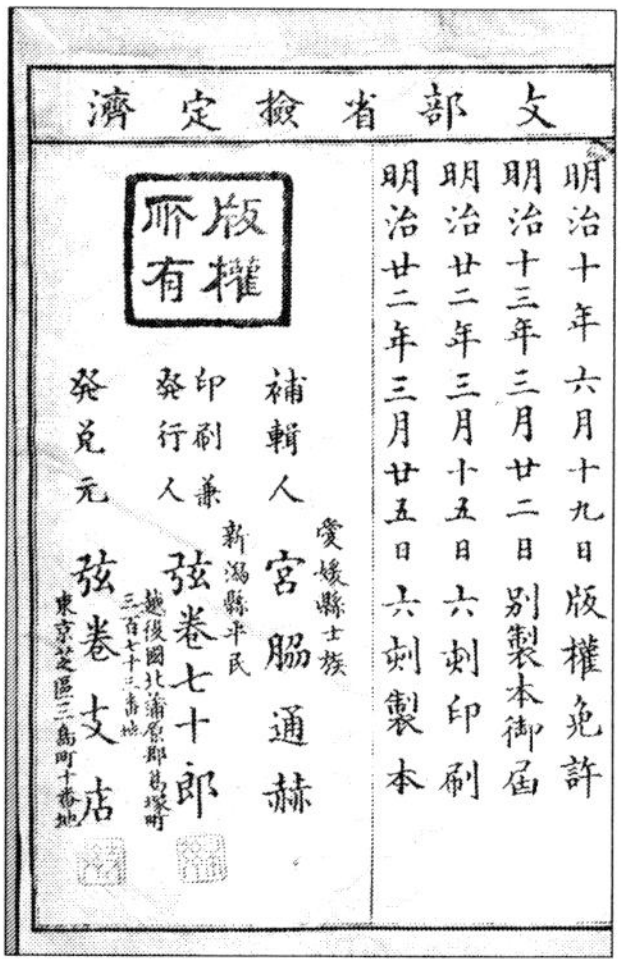
文部省検定濟
明治十年六月十九日版權免許
明治十三年三月廿二日別製本御届
明治廿二年三月十五日六刻印刷
明治廿二年三月廿五日六刻製本
版權所有
補輯人 愛媛縣士族 宮脇通赫
印刷兼発行人 新潟縣平民 弦巻七十郎 越後國北蒲原郡島塚町三百七十三番地
発兌元 弦巻文店 東京芝區三島町十番地

図 20（2）

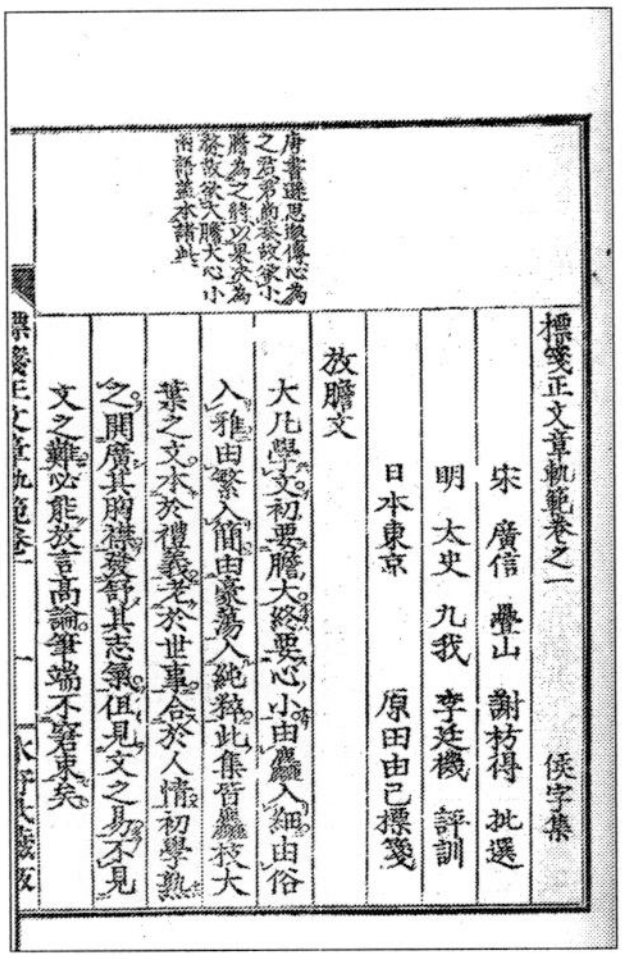
標箋正文章軌範巻之一　侯字集
宋　廣信　疊山　謝枋得　批選
明　太史　九我　李廷機　評訓
日本東京　原田由己標箋
放膽文
大凡學文初要膽大終要心小由麤入細由俗入雅由繁入簡由豪蕩入純粹此集皆麤枝大葉之文本於禮義老於世事合於人情初學熟之開廣其胸襟發舒其志氣但見文之易不見文之難必能放言高論筆端不窘束矣

図21

史記評林巻之六
呉興　凌稚隆　輯校
温陵　李光縉　増補
日本　奥田遵　校正
秦始皇本紀第六
秦始皇帝者秦莊襄王子也莊襄王為秦質子於趙見呂不韋姬悦而取之生始皇以秦昭王四十八年正月生於邯鄲及生名為政姓趙氏年十三歳莊襄王死政代立為秦王

図22

仮名交じりで翻訳した『文章軌範講解』を明治一〇年に出しています（図17）。一一年には、福岡の千田一十郎がやはり仮名交じりの解説をつけた『鼇頭《ごうとう》文章軌範注釈』を出版しました（図18）。明治一二年には中村確堂（鼎五　一八三〇〜一八九七）が江戸時代の有名な文人であった頼山陽（一七八〇〜一八三二）の講義を伝えた『評本文章軌範』を出しました（図19）。

そうして、『文章軌範』は広く教科書として流布するに至り、明治一〇年に、宮脇通赫が『点註文章軌範』を上梓、明治二二年には第六版を重ね、文部省の教科書検定を経ました（図20）。原田由己も明治一三年に『標箋文章軌範』を出版し、明治二八年には第三版を重ね、師範学校・中学校の教科書として文部省の検定を経ています（図21）。

江戸時代から、いかに明治時代につながっているかが解ると思います。こうした一つのテーマを中心とした書物の収集は、ありふれた教科書の類にはなおのこと、図書館では行われていませんので、一館の資料でつきとめるのは難しいかも知れません。しかし、この見方を覚えておけば、たとえ不揃いの端本（零本）であっても、大切に保存しようという気が涌いてくるのではないでしょうか。

海保漁村が『文章軌範』を重んじた勢いは、そのまま明治に引き継がれたわけですが、その志を受け継いだ奥田遵は、同じ頃、明治一二年にやはり別所平七から『史記評林』を校訂出版します（図22）。図の右下に「日本奥田遵校正」と見えます。

テキスト『史記評林』に見る出版の系譜

『史記評林』は歴史書の王様、漢の司馬遷（BC一四五頃～BC八六頃）の『史記』に、明時代の凌稚隆《りょうちりゅう》が注釈をつけたもので、江戸時代に最も読まれた『史記』のテキストです。先述の林羅山がこの『史記評林』を重んじてからは、『史記』は専ら『史記評林』を指すものとなり、所謂、「八尾版」と「紅屋版《べにやばん》」という二つの出版元のテキストが天下を分けました。明治になってからは安房の鶴牧藩が出版したものが一世を風靡したようです。

かえって奥田遵の校訂本はそれほど流布しなかったようですが、それは『校字史記評林』と題している如く、文字の誤りを正す校訂に於いて高い水準を示しています。その奥田氏の凡例に、

史記は世に善本に乏しく、索隠・正義等の文字はすこぶる誤謬多し。今、皆川淇園先生の「捩柁《れつだ》」、中井履軒先生の「雕題」に拠り、以てその訛を訂し、鄙見をその間に附し、併せて之を欄上に掲ぐ。

というように、皆川淇園《きえん》（一七三四〜一八〇七）や中井履軒《りけん》（一七三二〜一八一七）の著作・考証をもとにして校訂したのでした。これらの人は、漢文を読むのに先ず本文のテキストクリティークが必要だとする考えを持つ人たちでした。奥田氏もその流れに乗っていることを示しています。索隠・正義はそれぞれ唐の司馬貞『史記索隠』、唐の張守節『史記正義』という注釈書を指します。これらの注釈書も時の流れとともに誤字が増えてきたというわけです。皆川淇園・中井履軒はともに京都・大阪の家塾で数多の門人を育てた儒学者でした。

江戸時代、最も読まれた古典である『史記評林』を見ても、初期の訓読にこだわったテキストから、後期の文字校訂にこだわったテキストへと趣向が変化していることは、江戸時代の漢文を知る上でとても大切なことです。

さて、この奥田遵の『校字史記評林』に序文を書いているのが、『文章軌範』と同じ島田篁

郁でした。島田氏は東京大学の漢文科を主宰し、明治の漢文教育の中心となる漢学者で、服部宇之吉、安井小太郎（朴堂）、島田鈞一などを輩出する源流ともいうべき人です。明治時代以降の漢文はここから始まったといっても過言ではないでしょう。そしてその師が海保漁村であったということは、これもまた一つの起点としてとらえられるでしょう。

昭和の初めに東洋図書刊行会の関儀一郎が『日本名家四書注釈全書』というものを発行しました。これは江戸時代の著名な学者の『四書（論語・孟子・大学・中庸）』に対する注釈書で、当時、世に現れず、原稿で埋もれていたものを整理したもので、江戸時代の儒学者の学問を再評価した優れた編纂物ですが、その服部・安井・島田の三者による企画でした。そこに海保漁村の『大学鄭氏義』『中庸鄭氏義』が載録されますが、鄭氏とは漢の鄭玄（一二七～二〇〇）を指します。

儒学は大きく分けて、漢・唐の時代のものと、宋・明のものとに分かれますが、前者を訓詁学（古注学）、後者を朱子学・性理学（新注学）などと称します。要するに、経典の、文字の意義を重んじるか、哲学的な解釈を重んじるか、古典を読む際の心構えのような違いがあるわけですが、江戸時代は専ら後者を主としたものであったのです。ですから、海保漁村のような学者は、漢代の注釈に重きを置きながら、そこに終始するだけではないように、少し色合いを異にしていたと考えられるわけです。こうした学問を後に、考証学と称するようになりました。『論語漢注考』ように、専ら漢代の古注学の論考を著していました。『論語漢注考』稿本の題簽に「随軒《ずいけん》題」とあるのは、服部宇之吉です。これらは皆、未刊のもので、弟子筋の人が整理するのが慣例でした。

後述いたしますが、江戸時代の学者は、原稿を物しても、容易に出版はしませんでした。経済的な問題もありますが、けしてそれだけではなかったと思われます。海保漁村は、名を元備といい、南総の人。大田錦城（一七六五～一八二五）という考証学の大家に師事します。知友に、幕府医官多紀柳沜《りゅうはん》（一七八〇～一八二七）、多紀茝庭《さいてい》（一七九四～一八五七）、小嶋宝素（一七九七～一八四八）、福山の小島成斎（一七九六～一八六二）、巻菱湖《まきりょうこ》（一七七七～一八四三）などがあり、松崎慊堂《こうどう》（一七七〇～一八四四）、安井息軒（一七九九～一八七六）といった名人とも交流があったのです。皆、同じような学問を志していた人々でした。昭和一三年、浜野知三郎《ともさぶろう》が編纂した『海保漁村先生年譜』があります。

さて、その大田錦城は加賀の人で、文化一年（一八〇四）出版の『九経談』（図23）で著名な学者です。錦城は神童と呼ばれ、一三才で古典の講義をしていたという天才でした。『九経談』は、儒学の基本図書である『孝経』『大学』『中庸』『論語』『孟子』『尚書』『詩経』『春秋左氏伝』『周易』について解説したもので、とてもよく読まれたようです。というのも、こうした内容の難しい本の図書解説というものは、それまで流布することがなかったからでしょう。

さらに遡ると、この『九経談』に引かれた説には、片山兼山（一七三〇～一七八二）という学者の説が含まれるといわれました。片山兼山というのは、どんな学者なのでしょうか。上野（こうずけ）の人ですから、上州、今の群馬県の出身です。熊本藩・松江藩・名古屋藩などに仕えた学者です。荻生徂徠の学問を学び、その弟子の宇佐美灊水《しんすい》（一七〇一～一七七六）に養子入りし、また片山姓に復帰しました。江戸時代の学者は、いろいろな師弟関係をもち、複雑ですが、兼山はその後一家をなし、先に述べた、古注学と新注学を柔軟に受け入れる、所謂、折衷学という学問を形成したのです。どうもこのあたりに考証学といわれた人たちの起源の一端があるのかも知れません。兼山の伝記は、『漢学者伝記集成』（前述35頁参照）に詳しく載せられています。

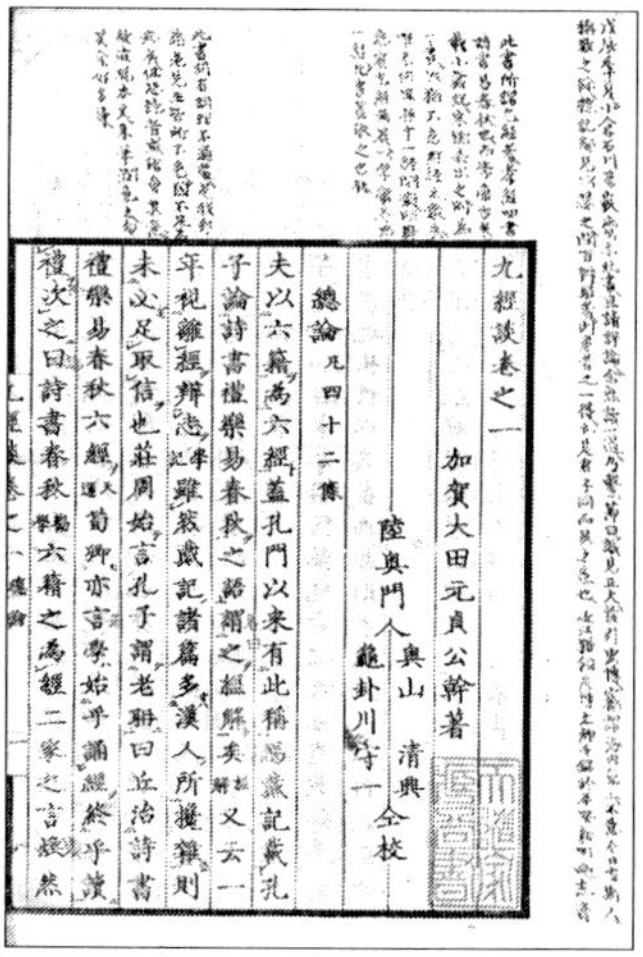
九經談卷之一　加賀大田元貞公幹著

陸奥門人　奥山清典　龜井川守一　仝校

總論　凡四十二條

図 23

例えば、『論語』とともに日本でよく読まれた『孟子』という本があります。それぞれ三国時代・魏の何晏（一九〇～二四九）、後

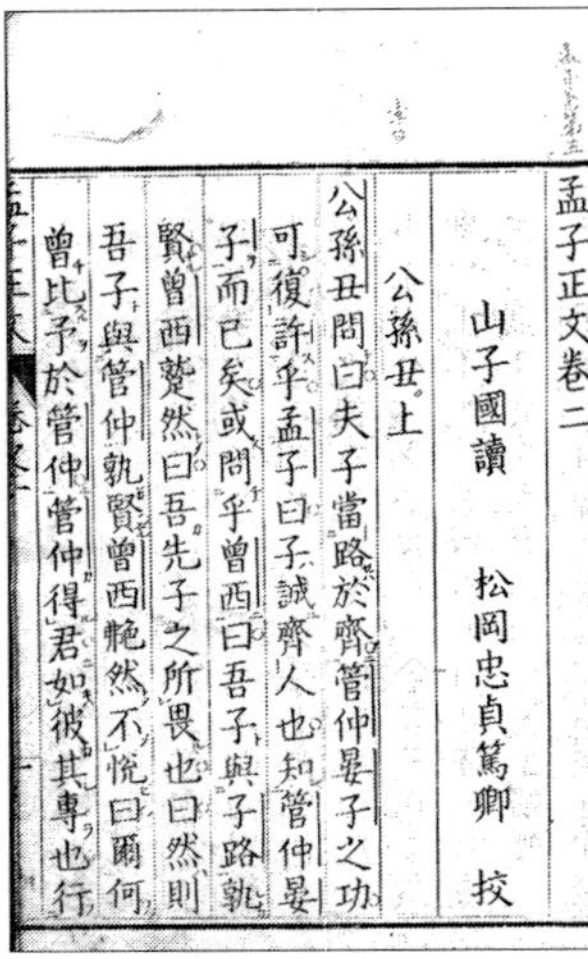
孟子正文巻二
山子國讀　松岡忠貞篤卿　挍
公孫丑上
公孫丑問曰夫子當路於齊管仲晏子之功可復許乎孟子曰子誠齊人也知管仲晏子而已矣或問乎曾西曰吾子與子路孰賢曾西蹵然曰吾先子之所畏也曰然則吾子與管仲孰賢曾西艴然不悦曰爾何曾比予於管仲管仲得君如彼其專也行

図24

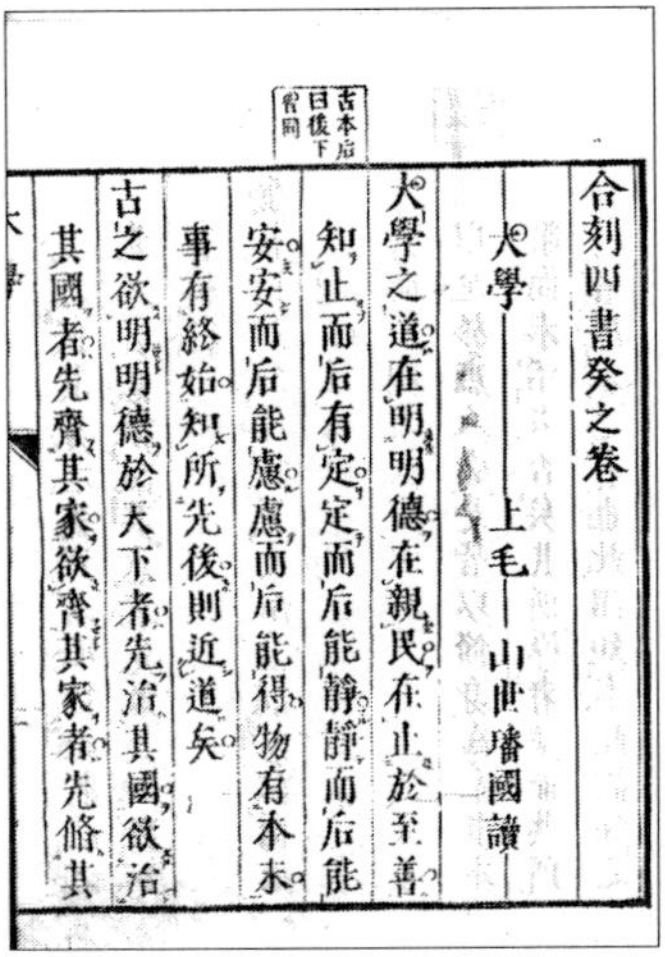
古本后曰後下皆同
合刻四書癸之巻
大學　上毛　山世璠國讀
大學之道在明明德在親民在止於至善知止而后有定定而后能靜靜而后能安安而后能慮慮而后能得物有本末事有終始知所先後則近道矣
古之欲明明德於天下者先治其國欲治其國者先齊其家欲齊其家者先脩其

図25

漢の趙岐《ちょうき》（?～二〇一）が注釈を編纂したテキストが一千年近く主流となっていました。それが、宋の時代、一二世紀に朱熹は新しく注釈を編纂し、『大学』『中庸』と併せて『四書』として世に送りました。それ以後、この注釈が数百年間、中心となりました。漢代の古い注釈を古注、宋代の新しい注釈を新注と呼んでいるのです。

日本でも、中世から近世初頭にかけては、古注本が隆盛でしたが、江戸時代はこの新注が幕府の定めた学問となり、皆、それを勉強しなければならなかったのですが、中には異を唱える学者もおりました。兼山はまさにその一人で、弟子たちに古注本の出版を奨励し、『孟子』についても古注本を百年ぶりに出版いたしました（図24）。それだけでなく、『四書』を独自に定め、『孝経』『学記』『大学』『中庸』として出版流布せしめたのでした（図25）。

兼山は、今の時代にはあまり知られていませんけれども当時としては著名な学者をたくさん生み出しました。例えば、『五経』の訓点本を企画、『易経』だけで終わりましたが（図26）、寛政四年（一七九二）に出版された『易経』の訓点者、轂山先生は、小田轂山（名は煥章一七四〇～一八〇四）、そこに跋を記した村惟時は、村杉卜総（天明頃七〇歳で没す）という儒者です（図27）。

『周礼』の訓点を完成した重野保光（葆光とも　号は櫟軒）、その監修を行った葛山葵岡（松下葵岡とも　名は寿　一七四八～一八二三）（図28）、葛山とともに『礼記』の訓点を為した萩原大麓（名は万世　一七五二～一八一一）（図29）、兼山訓読の『文選《もんぜん》』を校訂出版した久保筑水（久保田とも　名は愛　一七六三～一八三五）（図30）など、兼山の訓点を伝えた所謂「山子点《さんし》」を世に流布せしめた儒者が活躍し、その他にもたくさん彼らに連なる人が出ました。

結局、「山子点」の知られている漢籍には、前述『四書』の他に、『周易』『古文尚書（書経）』『毛詩（詩経）』（図31）『周礼』『礼記』『文選』などがありました。

こうして、学術界の中心であった朱子学（宋学）とは異なった、独自の古典学を展開して、地道に、多くの人々の支持を得ていたのでした。

穀山先生訓點
五經　易經
江都書林　千鍾房　青藜閣

図 26

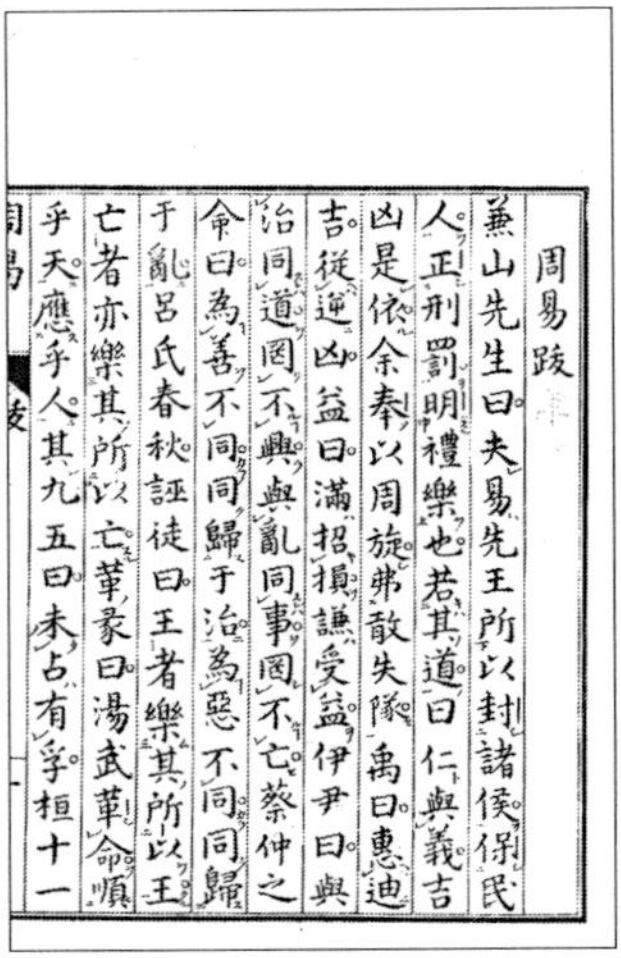
周易跋
蕙山先生曰夫易先王所以封諸侯保民
人正刑罰明禮樂也若其道曰仁與義吉
凶是依余奉以周旋弗敢失隊禹曰惠迪
吉從逆凶益曰滿招損謙受益伊尹曰與
治同道罔不興與亂同事罔不亡蔡仲之
命曰為善不同同歸于治為惡不同同歸
于亂呂氏春秋誣徒曰王者樂其所以王
亡者亦樂其所以亡革彖曰湯武革命順
乎天應乎人其九五曰未占有孚恒十一

図 27

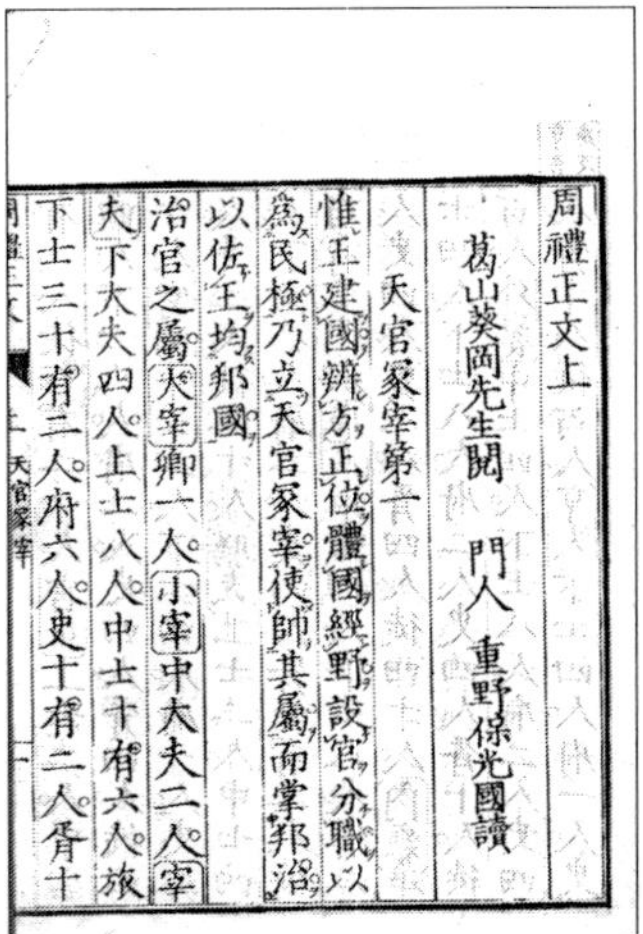
周禮正文上
葛山葵岡先生閲　門人　重野保光國讀
天官冢宰第一
惟王建國辨方正位體國經野設官分職以
為民極乃立天官冢宰使帥其屬而掌邦治
以佐王均邦國
治官之屬大宰卿一人小宰中大夫二人宰
夫下大夫四人上士八人中士十有六人旅
下士三十有二人府六人史十有二人胥十

図 28

葛山先生閲
葛山　青國讀
荻原萬山
禮記正文　全五册
青蘿館

図 29

蕉山先生訓點
筑水先生挍閲　再刻
文選正文
京師書賈　風月堂

図30

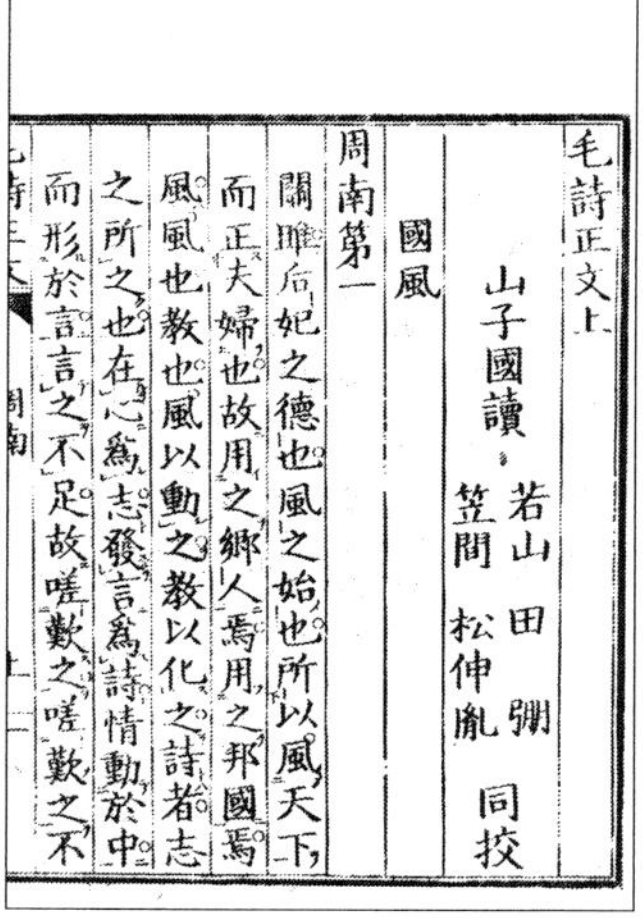
毛詩正文上
山子國讀　若山　田𣴑
笠間　松仲胤　同挍
國風
周南第一
關雎后妃之德也風之始也所以風天下
而正夫婦也故用之鄉人焉用之邦國焉
風風也教也風以動之教以化之詩者志
之所之也在心爲志發言爲詩情動於中
而形於言言之不足故嗟歎之嗟歎之不

図31

兼山は、五〇余歳で病により没します。遺された妻は、幼い四人の子の行く末を案じて、医者の朝川黙翁という人のもとに再嫁します。黙翁はよくこれを育てます。末子は名を鼎といい、黙翁は彼に片山姓に復することを薦めますが、鼎は撫育の恩を肝に銘じて終生朝川姓を名乗ります。これが、著名な朝川善庵（一七八一～一八四九）です。

善庵は先に述べました山本北山（一七五二～一八一二）に学び、神童と呼ばれました。平戸藩の松浦家に仕えました。その主宰した学古塾には、門人一千人ともいわれますが、渡辺崋山（一七九三～一八四一）などもいたようです。蔵書家としても際だっていましたが、それも散逸し、畢生の大著『論語講義』も未刊に終わりました。子に格があり、片山姓に復します。格は述堂と号し、天保一一年（一八四〇）、三一歳で没します。天保一〇年病を得て、先君の教えを書き遺した『述聞偶語』という随筆がありますが、著述としては、こうした断片しか今は見ることができません。また、稿本『孟子集説稿本』も兼山・善庵先生の教えを著したものですが、脱稿には至りませんでした。

しかし、述堂の子に修堂（尚絅）が出て、先祖の著作を編成しようと試みます。『善庵先生論語欄外書』などの稿本もそうした一貫であったと思います。これらの稿本には「修堂蔵書」の印記が捺されています。その修堂も明治四五年（一九一二）七六歳で没します。かくして、兼山の学問を継ぐ血縁の学統も、善庵・述堂・修堂で終わりを告げましたが、先述のように、海保漁村のような学者によって、その学問の系統が受け継がれていったと考えられます。まさに、江戸から明治にかけて橋渡しをする重要な役割を果たす一つの流れを形成したのでした。

清朝考証学の出版

その学統の背景となっているのが、大陸の清朝考証学でした。したがって、兼山の子弟にも、また善庵たちにも共通して遺された業績の一つに、この清朝考証学の成果を日本に紹介出版することが挙げられます。清朝中後期（一八〜一九世紀）に全盛を迎えたこの学問は、儒学の経典（経書）や古代思想書を、文字の精密な考証を基盤として読み解く学問で、その元となるテキストに由緒ある最善のテキストを探し校訂することが求められました。学者は競って珍しい善本を蒐集し、それを翻刻出版していくのです。その成果は瞬く間に大陸から日本に輸出され、兼山一統の学者たちの目に触れ、日本でも出版されていくのです。今の時代は、写真によって複製が流布しますが、江戸時代は、原本とそっくりに版木におこして複製します（覆刻、かぶせぼり、と言います）。その学者たちの選定眼もさることながら、瓜二つに版木に刻む彫り師の腕も端倪すべからざるものがあります。

とりわけ、兼山や善庵は、諸子百家や歴史書で、なかなか日本によいテキストが伝わってないものに注目し、清朝考証学のすぐれた成果で出版されたものを覆刻しているのです。いくつか例を挙げてみましょう。

中国古代の歴史書は、『史記』などの勅撰形式の正史と、民間で編纂された別史や雑史といったものに分類されますが、正史はよく読まれますから良いテキストが伝わりますが、雑史などはなかなかそういきません。なかでも『国語』『戦国策』は江戸時代に受容が多かった雑史です。『国語』は、明時代の人が校訂したものや、尾張の学者・秦鼎《はたかなえ》（滄浪一七五九～一八三一）が校訂したものが流布しましたが、文化一年（一八〇四）兼山門下の松下葵岡（葛山葵岡）は、清の嘉慶五年（一八〇〇）に出版された新刊本をただちに輸入覆刻しました（図32）。この本は、清の著名な蔵書家黄丕烈《こうひれつ》（一七六三～一八二五）が、自身で探し当てた最古のテキスト、即ち

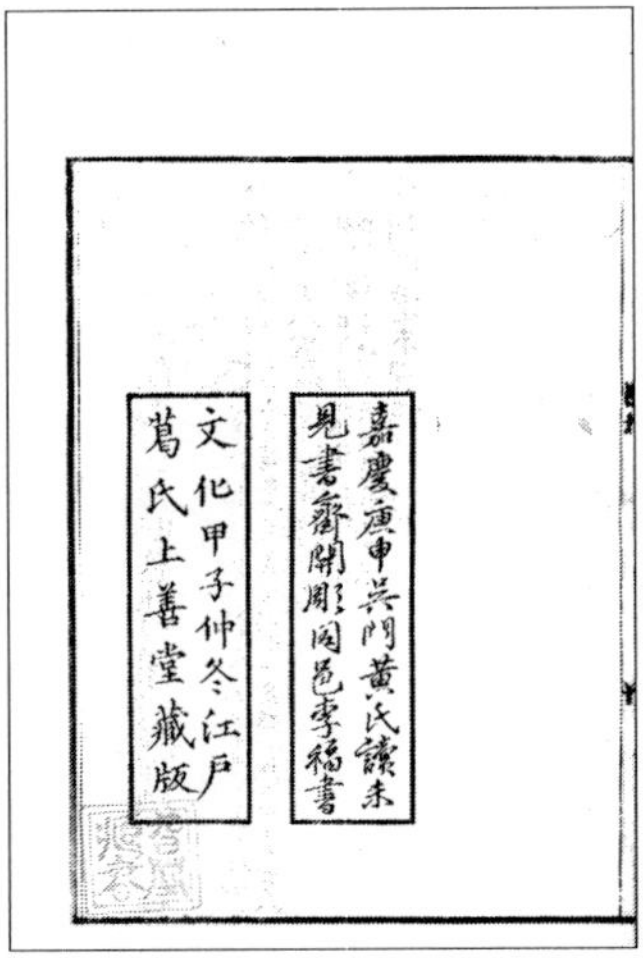

図 32

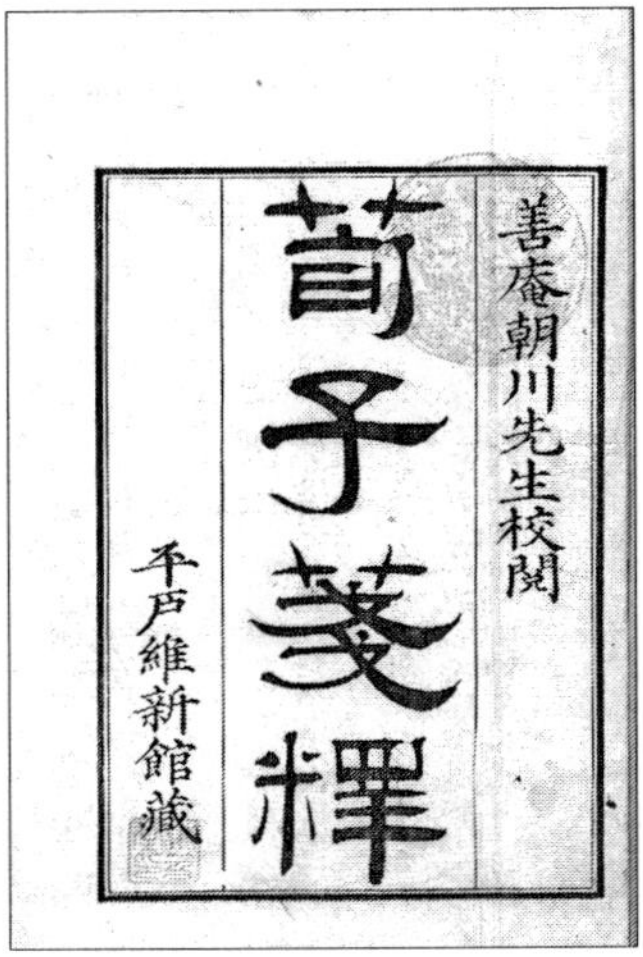

図 33

一一世紀に出版された天聖・明道（北宋の年号一〇二三～一〇三三）本『国語』を、忠実に覆刻したもので、学界を驚かせたものです。残念ながら、その原本（一一世紀のもの）は伝わりませんが、逆に、伝わらないだけに、この黄丕烈の複製本は貴重なものとなりました。この価値を兼山門下は即座に見いだして、これほど早くに江戸で再び覆刻した、その見識は見事というほかはありません。

また、諸子百家では、『韓非子《かんぴし》』『荀子』を善庵が、清朝考証学の成果を取り上げて最善本を覆刻しました。弘化二年（一八四五）に乾道（南宋の年号一一六五～一一七三）本『韓非子』、天保一年（一八三〇）に清の謝墉《よう》校訂『荀子箋釈』を覆刻したのです（図33）。『韓非子』は、前述『国語』の黄丕烈の親友、顧広圻《ここうき》（一七六六〜一八三五）が最古の一二世紀のテキストを、嘉慶二一年（一八一六）に覆刻したもので、これも原本は遺らず、貴重な成果となっています。そこに目をつけた善庵の見識も知る人ぞ知る畏るべきものです。

その『韓非子』の善庵の序にこのようにあります。（括弧内は補注）

「先君山子（兼山）は、儒学の経典以外に、諸子百家にも力を注いだ。それはテキストを校訂し、誤脱を訂正することである。当時、諸子百家の書は、明の学者の校訂を経たテキストばかりで、明の学者は自分の意思で文字を変えるので、元々のテキストの姿が変わってしまう。我が国の学者もその習慣を受け継ぎ、恣意的にテキストを変えて、古いテキストを顧みない。宋版（宋時代の出版物で、テキスト上、最も良いとされる）こそ重んじられるべきなのに、注目されない。『群書治要』（中国で亡んで日本に伝わった唐時代の編纂物・日本に古く伝わった写本を校訂して、尾張藩が出版した。父兼山はこの校訂に与り程なくして没した）にしてしかりである。先君は、この『群書治要』を研究して『古文互證』三巻を著したが、これは清朝考証学の大家・王引之の名著『経伝釈詞《せきし》』に先んずること四〇年である。『韓非子』には、今、江戸にあって、蒲阪青荘『増読韓非子』、太田全斎『韓非子翼毳《よくぜい》』が有名であるが、これらもみな、先君の説に拠っているのである。ここに乾道本を覆刻するが、子の片山格（述堂）はその校訂に当たって、中途、三一歳で病没した。四児襛《しん》（同斎）がその遺志を継いで完成させた。云々」（図34）

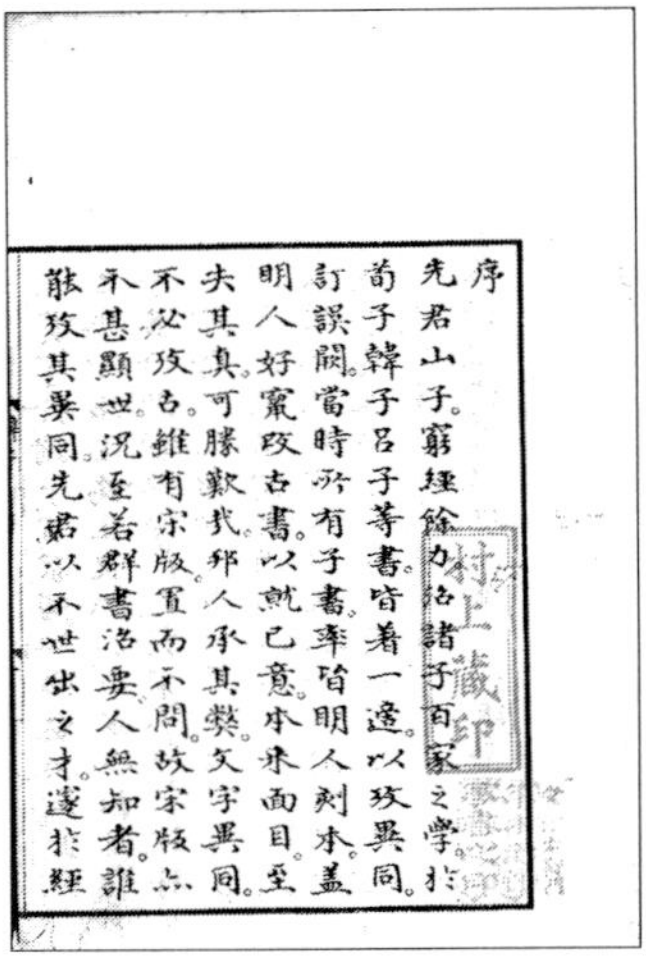
序
先君山子。窮經餘力治諸子百家之學。於
荀子韓子呂子等書。皆著一遍。以攷異同。
訂誤闕。當時所有子書。率皆明人刻本。蓋
明人好竄改古書。以就己意。本來面目。至
失其真。可勝歎哉。邦人承其弊。文字異同。
不必攷古。雖有宋版。置而不問。故宋版亦
不甚顯世。況至若群書治要。人無知者。誰
能攷其異同。先君以不世出之才。邃於經

図34

ここに兼山・善庵らの目指すところがよく記されているでしょう。良いテキストを得ること、それを校訂すること、そしてその成果を世に問うこと。これは、朱子学を奉じた江戸時代の学問の主流に大きな転換をもたらした考え方で、やがて安井息軒らにつながっていくのです。書誌学者・狩谷棭斎《かりやえきさい》（一七七四〜一八三五）や、考証学者・松崎慊堂らの活躍が顕著になり、ここに影響を受けた海保漁村や森立之が登場し、先述の江戸から明治につながる漢学が受け継がれていったのです。

こうした、本のテキストにこだわる人たちの仲間は、考証学とか、思想史面からいうと折衷学とか呼ばれることがありますが、意外と知る人ぞ知るすごい学者が存在したことがわかります。

本のテキストにこだわる人たち

『呂氏春秋《りょし》』という難しい思想書がありました。諸子百家、そのうちの雑家に含まれる書物ですが、中国でも古いテキストが伝わっていないため、日本でも江戸時代になってようやく本格的に読まれるようになりました。中国の古典籍は、伝統的に四種類の分類を行いますが、経部（儒教書）史部（歴史）子部（諸子百家）集部（文学）と分かれますが、日本では、室町時代以前は、仏教書を除いた子部の読書が他に較べて内容上偏りがみられ、兵書・医書がほとんどでした。そこで、江戸時代に入ると、考証学を得意とする学者たちが、あまり読まれることのなかった思想書の読書に力を入れ始めます。そして清朝の学者の成果を汲み、良質のテキストを出版していくのです。『呂氏春秋』はそんな書物の一つなのです。

秦の始皇帝（在位ＢＣ二四六〜ＢＣ二一〇）の父ともいわれる呂不韋（?〜ＢＣ二三五）が、食客といわれる人々を三千人も集め、彼らの知識を聞き書きして作った智恵の宝庫というべき書物でした。漢時代の高誘という学者が注釈をつけましたが、文章は難解です。その最もすぐれたテキストが、清の畢沅《ひつげん》（経訓堂　一七三〇〜一七九七）が校訂し清の乾隆五三年（一七八八）に出版されたものでした。そして、それを目敏く判断して江戸時代に翻刻出版、紹介したのが、

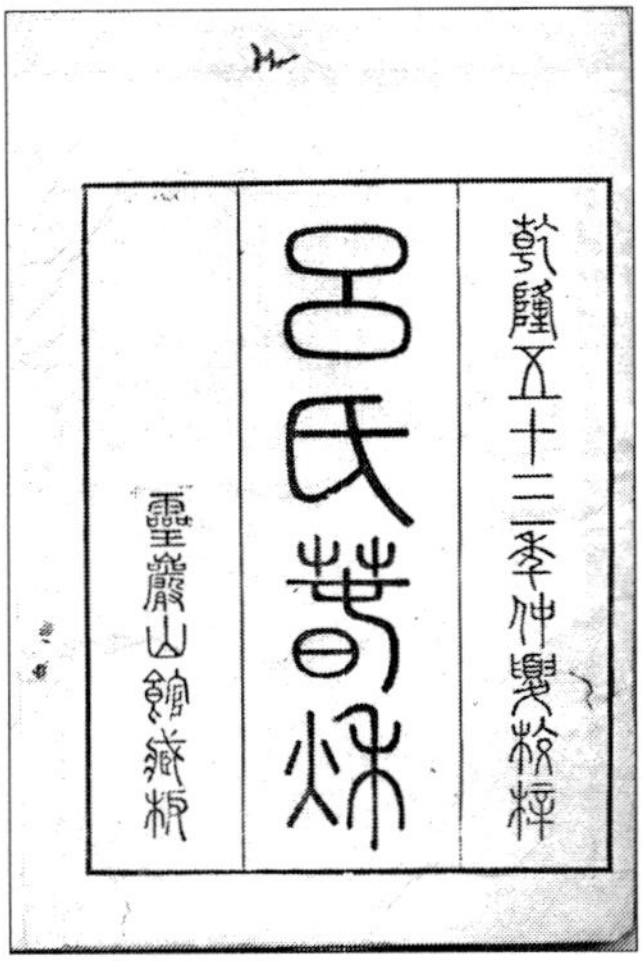
乾隆五十三年仲夏校梓
呂氏春秋
靈巖山館藏板

図35

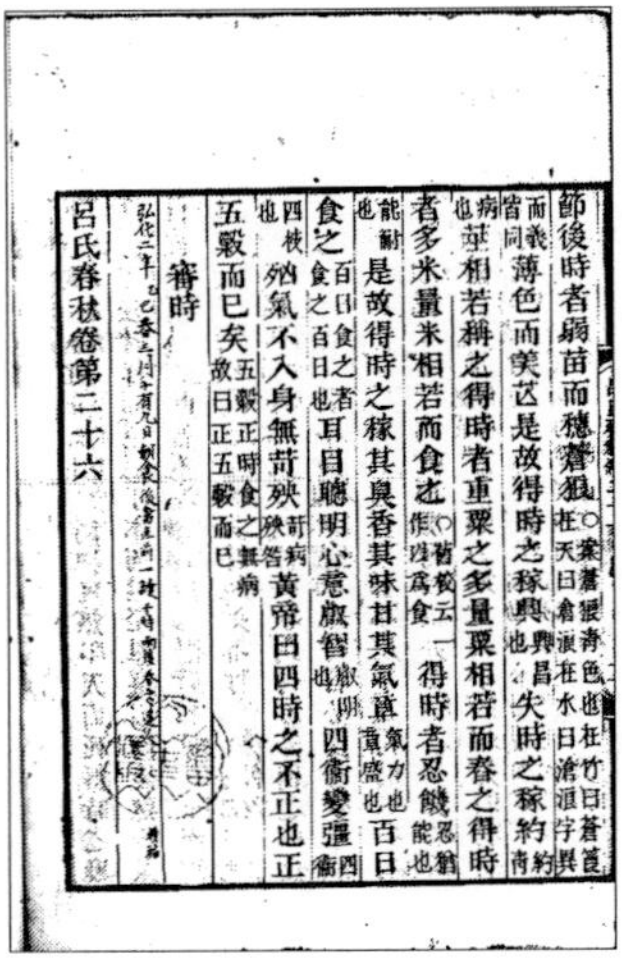
呂氏春秋卷第二十六

図36

福山の塩田屯という学者でした（図35）。本書のどこにも塩田氏が出版したという事実は記してありませんが、塩田屯の蔵書印が捺された校正本が存在することや、「塩田屯蔵版」（版権取得の意）という丸い朱色の印記が捺されている（図36）ことによって、確かに塩田氏の出版に係ることがわかるのです。

むろん、そこには福山藩の力も与っていたでしょう。塩田屯という学者は、あまり知られない人ですが、江戸時代の同じような趣向を持つ学者の列を理解する上で重要な人であることには間違いがありません。福山藩といえば、先述の森立之や森鷗外の小説で有名な北条霞亭も仕えた藩です。五代藩主阿部正精《まさきよ》（一七七五〜一八二六）は学問好きの殿様でした。この時、藩校誠之館《せいしかん》や歳寒堂で価値ある出版が行われていました。

いずれにしても、学者の志向を単純に類別することはできませんが、実際の出版物（和刻本）を辿っていくと、それが人の分類にたどり着くことに気がつきます。ここに江戸時代の漢文資料を整理してゆく面白さが感じられてくるのです。実物・実査から感得していく文化の流れ、これは、図書を扱う人にして始めて把握できるものなのです。

第三章

読書と執筆 ―原稿から成本

精魂尽き果て死して後に上梓

今度は、一人一人の学者に目を向けていくことも、その時代の特徴をとらえる手だてとなる例を挙げてみましょう。

江戸時代の学者は本当に筆まめであったように思います。それはもちろん、自分の著作の原稿があるでしょうが、現在の複写という意味での底本を写し取る写本、自分の読書のための、あるいは覚え書きとしてのメモ書き、さらには、読書に用いた本への直接の書き入れ批入など、さまざまな形があります。

（図1）に見える『周易集解《しゅうえきしっかい》』のように、中国からやってくる原本がなかなか手に入らないので、臨写（底本を脇に置いて写し取ること）して写本の複本を作製し、読書の材料とする。これが日本における写本成立の一般的な形であったろうと思いますが、江戸時代にあっても複本のための写本は相当数に上ります。しかし、やはり学者が自らの勉学向上のために為した営為としての産物である書写本や筆跡が、江戸時代の特徴といえるのではないでしょうか。

原稿でいえば、まさに精魂尽き果てるまで成稿に力を入れる学者文人は、死して後に上梓の機を得ることが多かったようです。確かに江戸時代は出版の時代でした。かといって写本が少ないわけではなく、こうした知識人の稿本が、上梓の機を得ず未整理のまま夥しく、全国に散在しているのもまた事実です。

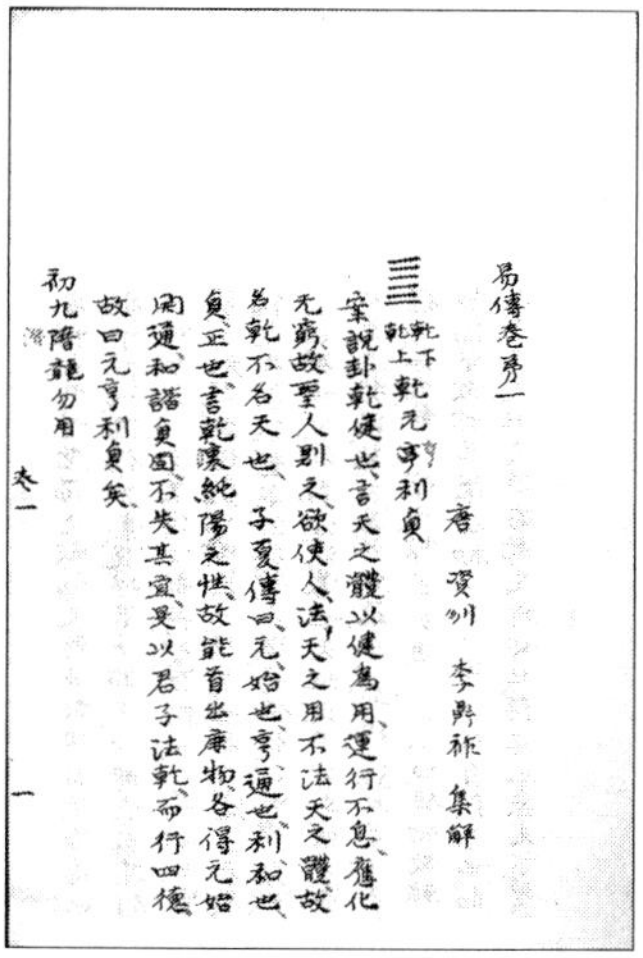
易傳卷第一
唐　資州　李鼎祚　集解
乾下乾上　乾元亨利貞
案說卦乾健也、言天之體以健爲用、運行不息、應化
无窮、故聖人則之、欲使人法天之用不法天之體、故
名乾不名天也、　子夏傳曰、元始也、亨通也、利和也、
貞正也、言乾稟純陽之性、故能首出庶物、各得元始
開通、和諧貞固、不失其宜、是以君子法乾而行四德、
故曰元亨利貞矣、
初九潛龍勿用
卷一　一

図１

幕末の儒学者・安井息軒の原稿・手沢本は、この時代の学者のものとしては珍しく、一括して遺されていますが、その実態は、自筆稿本が七〇冊、稿本は七六冊、抜き書きなどの写本が三六冊、そして夥しい書き入れのある手沢本が一二六四冊もあるのです。これほど完全に遺ったのは、著名な学者であったこと、その孫・漢学者の安井小太郎が受け継いでいたことによるものですが、無名の、或いは継

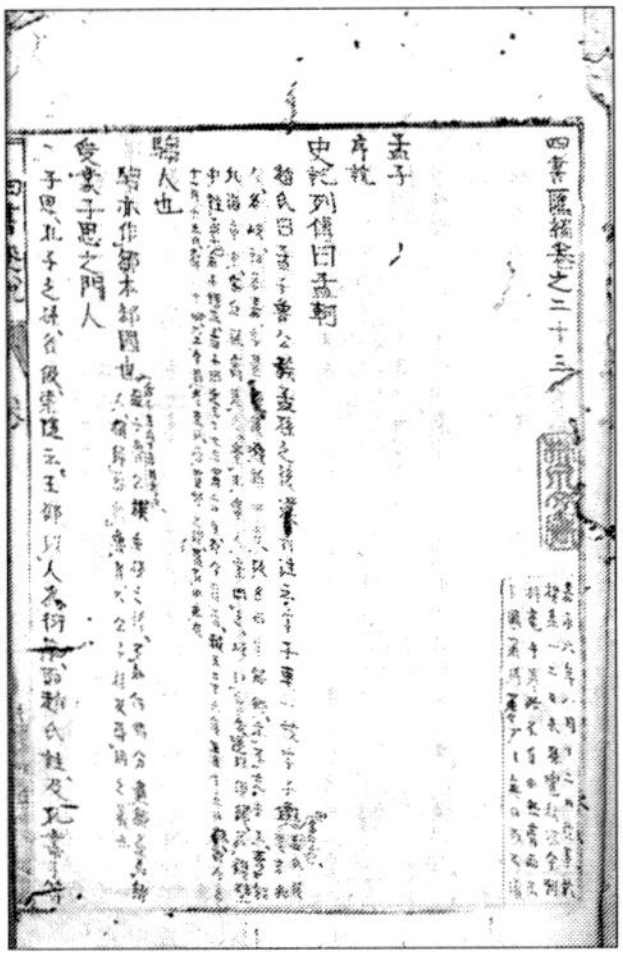

図２

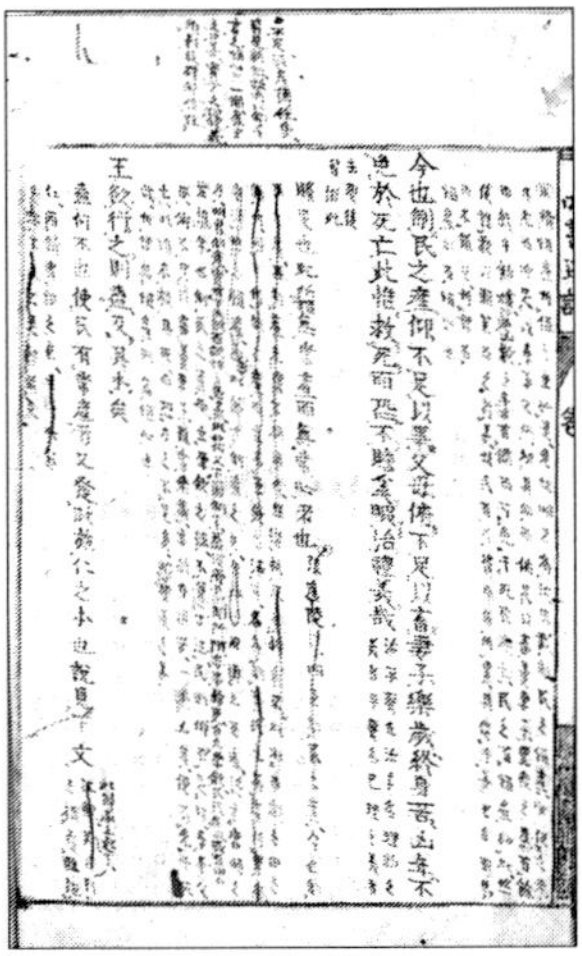

図３

承者が無い人々の読書と執筆の軌跡は、想像を絶する量に達するものと思われます。

江戸時代の原稿は何度も校正や清書を繰り返し、第一稿、再稿、三稿と存在する場合も少なくありません。（図２）に見える稿本は『四書匯編《わいへん》』と題するもので、印刷された罫紙（罫だけは印刷してあります）に、自筆で書き連ねた原稿です。版心の部分には「四書還説」と印刷されてあるように、内題とも違っていて、書名も未だに決まってはいないようです。『大学』から『孟子』までの四書について編者がさまざまな過去の注釈をまとめ、自説を加えたものですが、（図３）は、大文字が『孟子』の本文で、小字が注釈です。縦線で訂正削除したり、白で塗り、その上から書きなおしたり、欄外に加えたり、その校正の跡はすごいものです。こうして訂正したものを再度清書して稿本を作り直すわけです。したがって、これが何次目の稿本かは、定かではありません。ところが、山形県米沢市の市立図書館に、この原稿の全体を示す清書本が遺されていることがわかり、両者を比較すると、この図に見える部分はこちらの方が訂正が多く、この稿本はかなり早い時期の稿本であることがわかります。

著者は曽根魯庵（一八一四〜一八六八）で米沢の学者でした。本書は嘉永六年（一八五三）に書かれたもので、没後、明治一二年（一八七九、清光緒五）に清朝の中日大使何如璋《かじょしょう》が序文を記して、出版の準備がなされたようです。しかし、終に出版はされなかったようです。こうしたものは未刊の稿本と称しますが、ちょっと汚く見えるので廃棄してしまいそうですが、よく調べるとどこかの地で活躍した学者であることがしばしばです。このような写本は、古書店の店先や図書館の未整理本のなかに埋まっているかも知れません。

重要な抜き書きメモ

また、読書の便にと、知識を整理してメモ書きしておくことや、覚え書きのために意に叶った箇所を抜き書きにするなどの類は、散らばってしまうと誰が書いたものかが解らなくなるものです。それだけに、未整理や廃棄処分になりがちですが、実はとても大切なものなのです。

（図4）に見える『慥慥斎《ぞうぞうさい》小小牘《とく》』写本一冊は、松岡怡顔斎《いがんさい》（一六六八～一七四六）という本草学者・医者の自筆の写本であります。これは、師の伊藤東涯（一六七〇～一七三六、慥慥斎）が、おそらく読書の備忘録としていろいろな知識を書き備えていたものを弟子の松岡怡顔斎が写し置いたものと思われます。このような抜き書きメモの類は、著作ではありませんから重んじられませんが、実は江戸時代の読書の産物として大変重要な資料なのです。古書を整理するに当たっては特に注意してかからねばなりません。

読書に用いた本への書き入れ批入に至っては、なお注意深く調査しておかねばなりません。

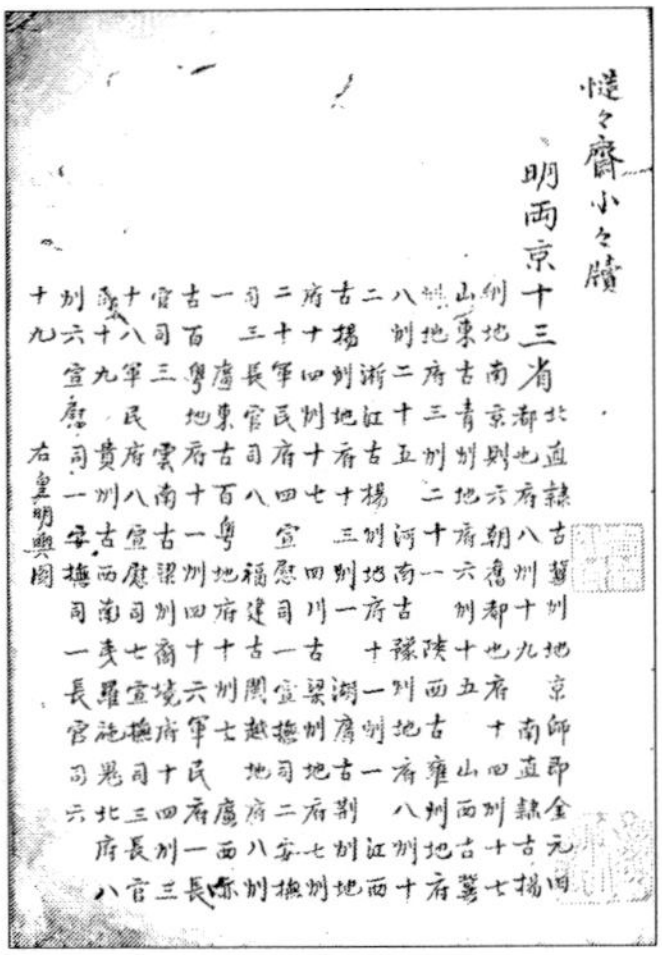
慥々齋小々牘
明両京十三省

図4

頼山陽（一七八〇～一八三二）は、『日本外史』『日本政記』で著名な江戸時代の文人ですが、その詩や書幅など抜群の人気を誇る漢詩人です。もちろん原稿の類はほとんど遺りませんが、読書の痕跡としての書き入れ批入は、それ以上に遺りにくく、探しにくいものです。漢籍だけではなく古典籍の目録では、某某批点とか某某書き入れとか、記してあれ

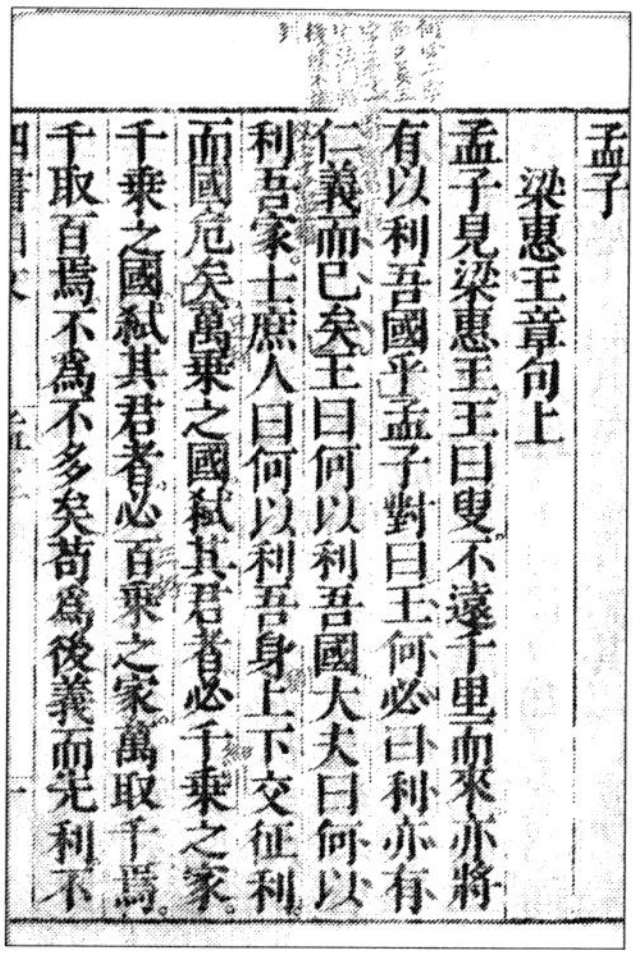
孟子
梁惠王章句上
孟子見梁惠王王曰叟不遠千里而來亦將
有以利吾國乎孟子對曰王何必曰利亦有
仁義而已矣王曰何以利吾國大夫曰何以
利吾家士庶人曰何以利吾身上下交征利
而國危矣萬乘之國弑其君者必千乘之家
千乘之國弑其君者必百乘之家萬取千焉
千取百焉不爲不多矣苟爲後義而先利不

図5

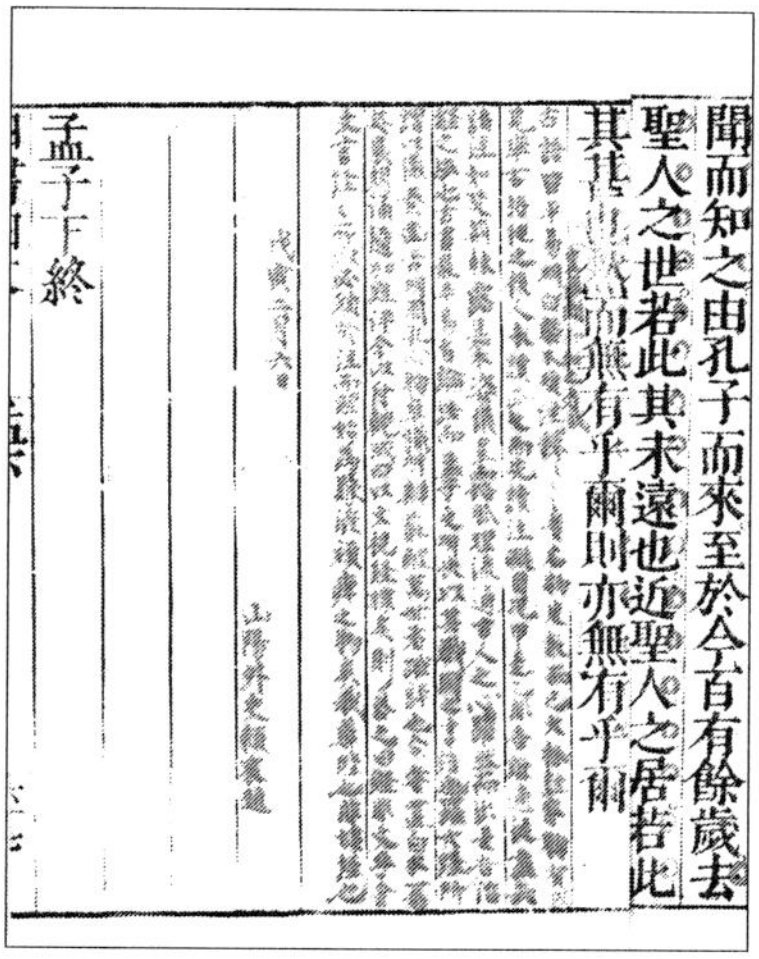
聞而知之由孔子而來至於今百有餘歲去
聖人之世若此其未遠也近聖人之居若此
其甚也然而無有乎爾則亦無有乎爾
孟子十終

図6

ば判りますが、ほとんどの場合それは記されないので、思いがけず貴重な読書の痕跡―書き入れ―を発見することがよくあります。まして、書き入れはないけれども、蔵書印や署名だけが遺る場合などは、目録には記されず、某某の読書本であることは一般には判らなくなってしまいます。

（図5）に見える書き入れは、山陽の自筆ではありませんが、山陽が『孟子』を読んで「○」「、」などの記号とともに評語や注釈を朱色で加えた評点本です。最後に文政一年（一八一八）の山陽の識語が記されています（図6）。『孟子』の文は非常に明快であり、毎朝朗誦し、そのついでに加えた評語であるといいます。このような評語を加えたテキストは、そのまま出版に及ぶことができるもの

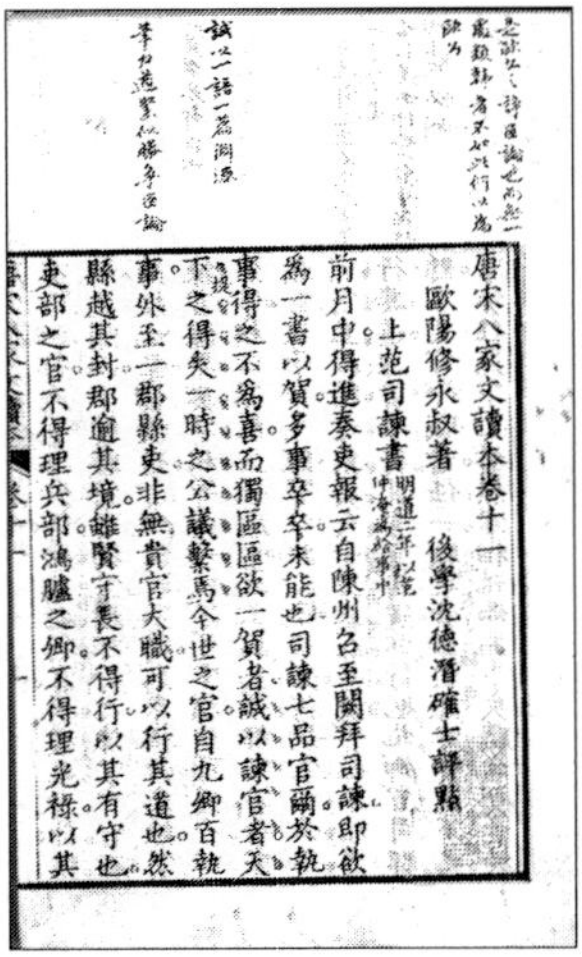
唐宋八家文讀本巻十一
歐陽修永叔著　後學沈德潛確士評點
上范司諫書
前月中得進奏吏報云自陳州召至闕拜司諫即欲
爲一書以賀多事卒卒未能也司諫七品官爾於執
事得之不爲喜而獨區區欲一賀者誠以諫官者天
下之得失一時之公議繫焉今世之官自九卿百執
事外至一郡縣吏非無貴官大職可以行其道也然
縣越其封郡逾其境雖賢守長不得行以其有守也
吏部之官不得理兵部鴻臚之卿不得理光祿以其

図７

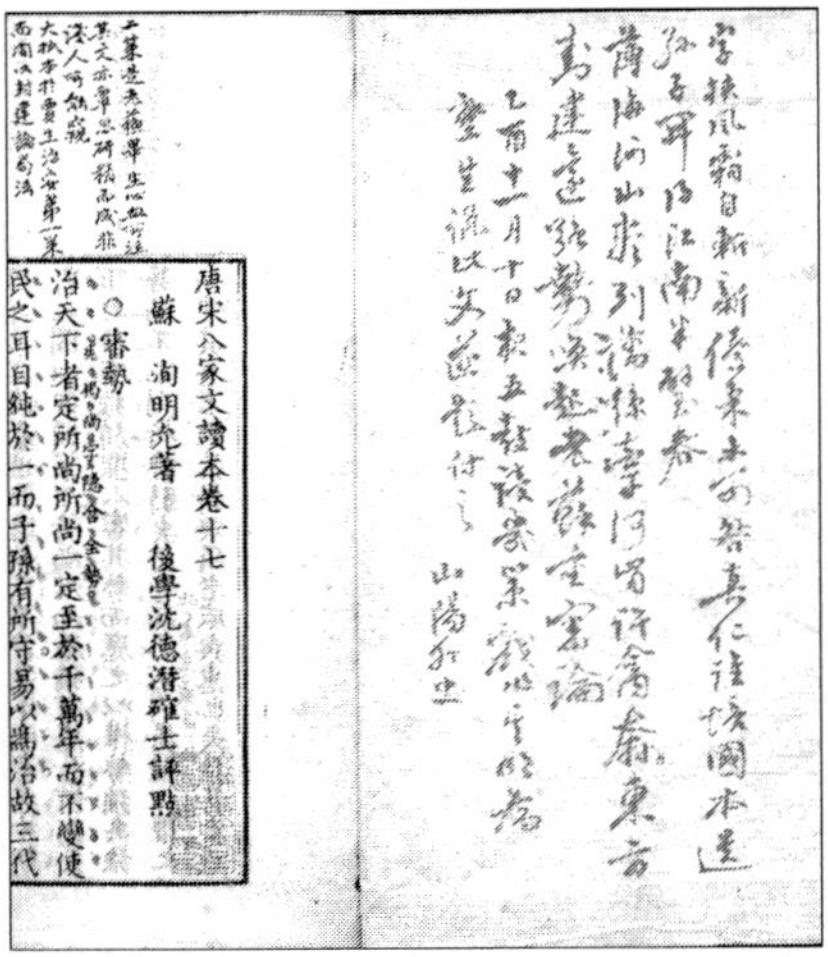
唐宋八家文讀本巻十七
蘇　洵明允著　後學沈德潛確士評點
審勢
治天下者定所尚所尚一定至於千萬年而不變使
民之耳目純於一而子孫有所守易以爲治故三代

図８

で、江戸時代、読書が原稿・著作に結びつく所以をあらわしたものといえるでしょう。山陽が最も好んだ『唐宋八家文読本』にも（図7・8）のようにたくさんの批入と識語が加えられています。山陽の詩文を理解する上で貴重な資料となるわけです。

書き入れ・抜抄・稿本、この三拍子が江戸時代の漢籍・漢字文献整理にとっての鍵であるというわけです。

さらにそれだけではありません。出版に際しての校正にも力を込めております。中国の場合、刷り上がった試印本は友人などに配り、訂正したり意見を加えたりしてもらいます。そのため墨書が目立つように、試印本（初印本）は朱色や藍色で刷ります。したがって逆にそうした色のものは初印本であること

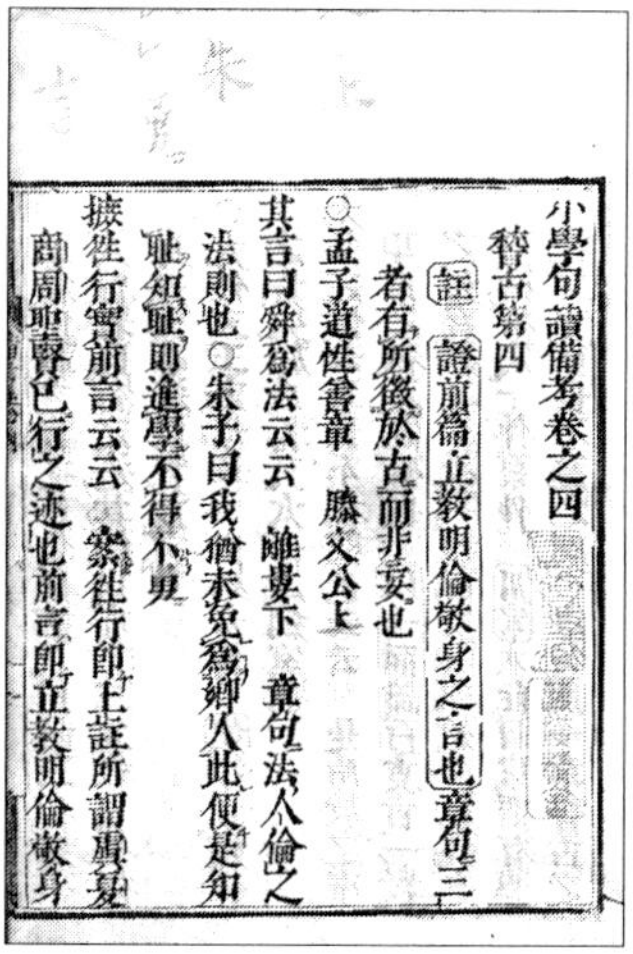

小學句讀備考卷之四
稽古第四
註　證前言立教明倫敬身之言也章句三
者有所徵於古而非妄也
○孟子道性善章　滕文公上
其言曰舜爲法云云　離婁下　章句法人倫之
法則也○朱子曰我猶未免爲鄉人此便是知
恥知恥即進學不得不勇
撼往行實前言云云　察往行即上註所謂實見
商周聖賢已行之迹也前言即立教明倫敬身

図9

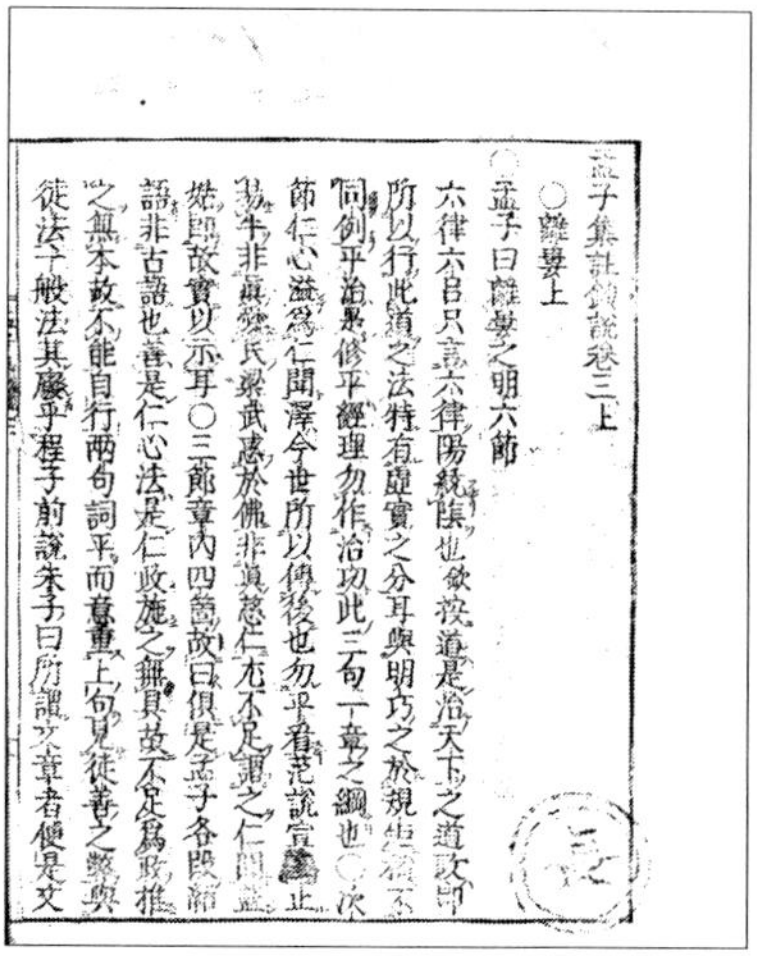

孟子集註鈔說卷三上
○離婁上
○孟子曰離婁之明六節
六律六呂只言六律陽統陰也欲按道是治天下之道政即
所以行此道之法特有虛實之分耳與明巧之於規矩[illegible]
同例平治是修平經理勿作治功此三句一章之綱也○次
節仁心猶爲仁聞澤今世所以傳後也勿乎看范說宜爲止
勢牛非眞發氏梁武惑於佛非眞慈仁尤不足謂之仁[illegible]
然則故實以示耳○三節章內四箇故曰俱是孟子各段節
語非古語也善是仁心法是仁政施之無貝故不足爲政推
之無本故不能自行兩句詞平而意重上句見徒善之弊與
徒法乎般法其廢乎程子前說朱子曰所謂文章者便是文

図10

がわかります。しかし、日本の江戸時代の場合は全て墨色の印で、友人に配ってという例はみかけません。自分の詩文などに友人の評語を加えてもらう場合などはまた、別の意味がありますが、出版物の校正は、やはり著者か或いはそれに近い人が親しく行うもののようです。この際の試印本は、薄い紙を用い、墨のりもまだあまり鮮明でなく、すぐにそれとわかります。

（図9）に見えるのは、貝原益軒（一六三〇～一七一四）の『小学備考』という本です。宋の朱熹編纂の『小学』についての解説書ですが、寛文九年（一六六九）書肆村上平楽寺の刊行ですが、その六月に益軒自らの跋文が記され、その六月に刊行していますから、本当の初印です。朱による校正は、主に訓点の訂正や墨訂（版木を削らずに残しておいた黒い部分）に加えたもののようです。

また、益軒の弟子である徳島藩儒中村惕斎《てきさい》（一六二九～一七〇二）の『四書集注鈔説』にも同じように試印の校正が見られます（図10）。

このように、江戸時代、出版の工程として、版木を彫り、印刷し、製本し、と分業の実情を説明することは、ままありますが、実際の本を調べると、そうした工程には現れない学者の営みが見えてくる気がいたします。江戸時代を知る一つの入り口といえるでしょう。

第四章

活字と整版

次に、江戸時代が始まるごく初期の頃に、つまり、中世、写本の時代から、江戸時代、即ち印刷流布の時代に移る直前に、朝鮮の活字印刷術の影響を受けて、古活字版といわれる時代があったことを知っておくと良いでしょう。図書館では、古活字版は貴重本の中に入りますが、江戸時代につながっていく意義を述べておきましょう。

木版印刷と活字印刷

中国で印刷技術が生まれたのは唐時代（六一八〜九〇七）の頃ともいわれますから、日本でいえば奈良・平安時代にも遡ります。唐の時代は手書きの写本まっただ中の時代です。仏画や暦などは刷り物として印刷の技術を利用していたようですが、一般には印刷本は流布していなかったようです。唐時代以前の写本は、敦煌の洞窟から二〇世紀になって大量に発見されました。敦煌本といわれますが、その価値は言い尽くせぬものがあり、専門家の研究により世界に散らばった敦煌本のほとんど全てについて所在が明らかになっています。印刷本は唐の咸通九年（八六八）の刊記がある『金剛般若波羅蜜経』（大英博物館蔵）が年代の確かな最古のものといわれます。宋時代になると徐々に印刷本が増えてきます。現在一二巻遺り、もと五〇〇〇巻あったとされる『開宝大蔵経』は四川（蜀）で九〇〇年代後半に出版された最も古い宋刊本の代表的なものです。早く遣唐使として唐代に日本から大陸に渡り帰国した学僧の将来目録に、印刷本の書名が見られることや、この『開宝大蔵経』を実際に持ち帰ったことなど、わずかな資料によって、当時の印刷本の状況を知ることができるのです。

日本では、天平宝字八年（七六四）、恵美押勝《えみのおしかつ》の乱が平定され、称徳天皇が国家鎮護を祈念して、七七〇年に完成された『百万塔陀羅尼《だらに》』がわずかに遺るこの時代の印刷品です。日本では、寛治二年（一〇八八）の刊記を有する『成唯識論《じょうゆいしきろん》』（正倉院蔵）が同じように年代の定かな最古の印刷品とされています。

その他にも、種々の根拠から、これより時代を遡ると考えられるものや、また、文献の上から存在したであろうと想像される遺品の現存しないものも複数知られています。

そして、大切なことは、中国から渡り日本でも成功をおさめた印刷技術による出版は、木片に字を刻んで紙をかぶせる木版印刷の方法であったということなのです。そもそも、古代中国で石や金属に字を刻んで文字を遺そうとしていた時に、石が壊れても文字が遺るようにと拓本をとる技術が生まれましたが、それが印刷の始まりであったとも考えられています。そしてその原板が木片を材料とし、木版と呼ばれる版木に変化して流通していったのでしょう。版木に墨を塗り、そこに紙をのせて「ばれん」でこすり、紙に写った文字や絵が複数部誕生することになるのでした。これが木版印刷術（整版とも言います）と呼ばれるもので、最古の印刷品もこの技術に依っていたであろうと推測されています。その技術は現在ほとんど行われていませんが、日本では書物文化を受容して千数百年の間、書物と切っても切れない関係を築いて参りました。

ところで、その木版印刷術と平行して行われてきたもう一つの印刷技術が、活字による印刷術、即ち活版印刷術といわれるものです。版木による印刷だと、仮に一頁一枚の版木で刷ると、一〇頁で一〇枚の版木が必要になります。版木は何遍でも刷り増すことができる半面、その厖大な枚数の蓄積には大変な場所と保管能力が求められます。火災・虫損などに遭えば大変です。したがって、中国を中心とするアジア諸国で流行した版木はそのほとんどが消滅して遺らないのです。そこで発明されたのが、版木ではなく、個々の文字を保管しその文字を一字一字、台に並べて一頁を作る方法でした。

中国北宋の慶暦年間（一〇四一～一〇四八）頃に畢昇《ひっしょう》という人が粘土を固めて文字を彫り、火で焼いて堅くして泥活字を作製、その活字を並べて印刷したと文献に記されています。しかし、その時代の活字も印刷品も遺ってはおりません。（浙江省温州の仏塔から発見された宋時代の文書が活字印刷と推定されていますが、断定はできません）ただ、北宋時代に北方で勢力を放った西夏国（一〇三八～一二二七）が独自の文字（西夏文字）をもって多くの典籍を出版し、なかに活字（泥活字・木活字）をもって印刷されたものが伝存していることから、宋時代に確かに技術を成功させたものが周辺民族に伝播していったと考えられています。

活字は組み替えれば何度でも頁を作り替えることができるのです。これは版木に較べると保存場所も効率的で、版木をおこすたびごとに刻字をするという手間が省ける利点がありました。中国ではその後、明時代の一五世紀から一六世紀にかけて、盛んにこの活字印刷を行い、活字の材料も、木・金属・泥などさまざまでした。

もちろん、活字印刷が発明されても、版木による木版印刷は途切れること無く行われてきました。活字印刷の難点は、一頁組み上げて印刷を終えると、その版は分解してしまうことです。再印するにはもう一度組み直さなければなりません。その点、版木は保存してある倉庫から出してくれれば何遍でも刷り増しができます。一長一短です。

清朝の一八世紀、雍正皇帝は百科事典『古今図書集成』五〇〇〇冊を銅製の活字で数十部も印刷しました。また、続く乾隆皇帝は、活字版を「聚珍版《しゅうちんばん》」という雅名に変えて珍重したこともありました。いずれにせよ、次第に活字印刷は、便利な印刷法というよりは、贅沢な、一種の嗜好品のように発展したのでした。日本では、中世期以来、木版印刷は行われましたが、活字印刷の技法は一六世紀末、朝鮮から伝来した技術に影響されたと考えられています。そして、文禄・慶長・元和・寛永（一五九二〜一六四三）の間に一〇〇点を超える漢籍、国書も多数活字を用いて出版活動が行われました。これを、江戸時代の中・後期に行われた近世活字版と区別して古活字版と呼びます。しかし、江戸時代に入るとやはり木版印刷が主流となります。江戸時代は大量出版と重版を求められました。それには木版印刷が適していたのでしょう。

しかし、一世を風靡して数十年の後には行われなくなって行く古活字版は、江戸時代への橋渡しとして重要な意味を持ちます。貴重古典籍として形態・流伝のみならず、内容的に高い価値を有しているのです。古活字版は江戸時代の貴重な産物の一つととらえることもできるでしょう。

中世博士家の学問、そして朝鮮版の影響

さて、日本に朝鮮から活字印刷術が伝わったのは、文禄・慶長の役（一五九二・一五九七）頃であろうといわれます。それ以前の中世期は、仏教の各宗派が経典を出版し、京都・鎌倉の五山を中心とする大寺院が、学力を増していた禅宗の学僧の勉学に寄与する漢文典籍の出版を行ったりしていましたが、それらはどれも木版印刷によるもので、活字印刷ではありませんで

した。そこに朝鮮から活字の技術が伝わって来たのを機にして、一つの気運が勃興したのです。

そもそも日本が受容した漢文典籍（仏典を内典、儒学や歴史・文学は外典といいます）は三種類に分けられます。一つは中国から輸入した印刷本（唐本）をそのまま利用するもの、輸入した唐本を覆刻して使用したもの（旧刊本）、輸入した唐本を校訂して写し取ったりするもの（古写本）が挙げられます。

一切経などの大部のものはそのまま使用しますが、部分的には写し取った古写本も使います。禅宗の語録など多くの学徒が用いるものは旧刊本として印刷し、より多く読まれるようにします。そして、仏徒であっても学ぶべきであったのが儒教の経典（四書五経の類）でありました。しかし、その経典を読み伝えていたのが博士家といわれる貴族階級の家でした。室町時代には清原家が絶大な力を持ち、そのテキストは家に伝わる古写本であり、秘して公開するものではありませんでした。家に伝わるテキストをけして外部の人に伝えてはならないという厳しい掟がありました。

それが、中世も終わり近くなると、学僧や武家の抬頭が目覚ましくなり、博士家の威力も次第に衰落して参ります。それまで秘していた家の古写本を有力な武家に貸し与えたり、読み方を伝授したり、いよいよ伝家の秘本が世に現れざるを得ない時代となっていたのです。とはいえ家の権威は守らねばならない。そこに遭遇した活字印刷術は、時の文芸学術界に寄与する有志の動向と相まって、権威を保とうとする博士家の学問を優雅な形で世に遺すことを可能にしたのであります。ここに博士家は中世の学問とともに華々しい最後の花道をかざることとなったのでした。

古活字版はこうした意味合いをもって誕生しました。したがって古活字版は、斬新な技術と博士家の由緒あるテキストに基づいていることとをあわせ、貴重な古典籍資料となっているのです。印刷部数も少なかったでしょうし、繰り返しますが、慶長・元和・寛永の頃、といった数十年間の短い期間のみに行われた稀少な出版であったことも、その価値を高める要因となっています。

古活字版は、活字の字体が優雅で美しいことが大きな特徴です。その源流は、朝鮮活字を模倣したことにあります。古活字版の時代に西洋の活字印刷も流入していますが、活字の様式に朝鮮活字の影響が大きかったことは否めないでしょう。

朝鮮では、印刷文化の進展とともに、活字印刷の技術が高度に発展しました。中国の技術を学んだのですが、それを越えたまさに出藍の誉れでありました。高麗王朝（九三六〜一三九一）の後期には金属を素材とした活字を発明、印刷していたことが知られています。高麗活字といわれるものなどです。その後、朝鮮時代（一三九二〜一九一〇）になると一四〇三年の癸未字といわれるものから始まって、数十回にもわたって活字製造が行われ、木・鉄・銅・

陶などの材料で鋳字、印刷が繰り返されてきた歴史があります。

日本の古活字版に影響を与えた朝鮮活字は、豊臣秀吉（一五三七～一五九八）の治世ですから、一六世紀末までに作られた活字が相当します。すなわち、朝鮮世宗二年（一四二〇）の庚子字、その一八年（一四三六）の丙辰字といわれる活字がそれに相当するといわれます。それらの朝鮮活字は中国の宋・元・明時代の由緒ある漢字の字体に基づいていますから、とても美しく、権威ある字体となっています。

戦国武将たちと古活字版

古活字版が勢いを馳せた時代は、まさに元和偃武《えんぶ》（元和一年・一六一五）を迎えるまっただ中にありました。そしてこの頃は、前述の如く、戦国時代の末期、武士が、博士家や学僧から積極的に漢学を学ぼうとしていた時代です。そこに、立派な活字で威風堂々と仕立てられた書物・古活字版が登場し、注文することができたのですから、当時の武士たちの経済力・学欲・権威などを見事に満たしてくれたといえるでしょう。買い集めるだけではありません。それらを読むにあたって、訓読が必要です。その訓読こそ、博士家の得意とするところで、その読みを然るべき人に伝授し、その読み方が古活字版のなかに訓読としてきれいに書き入れられているのです。見るにも、読むにも、権威を保つにも、それは理想的な書物であったのです。書物は刀と同様に必需品となったのが、この戦国末期、武家と古活字版の関係であったといえるでしょう。

先年、大河ドラマに登場した竹中半兵衛重治（一五四四〜一五七九）は、黒田勘兵衛（一五四六〜一六〇四）とともに軍師として豊臣秀吉に仕えた戦国武士でした。子の竹中重門《しげかど》（一五七三〜一六三一）もまた、勘兵衛の子長政（一五六八〜一六二三）とともに戦国の一時代を画した武将でありました。

重門は秀吉の伝記である『豊鑑《とよかがみ》』の作者でもあり、文武両道でしたが、古活字版の旧蔵書が幾つも現存することや、その書き入れによって読書の痕跡も伺えることは、戦国武将のもう一つの姿を伝える貴重な資料となっています。

徳川家康は晩年、蒐書につとめ、朝鮮本・古活字版、そして、鎌倉時代以来の古学・金沢文庫の所蔵本など多数の貴重文献を集めました。文禄・慶長の役以来、将来された貴重な朝鮮活字版は家康の好学心を高め、後述の出版事業に結ばれていきます。家康の没後、蔵書は御三家に分配されますが、特に尾張の徳川義直（一六〇一〜一六五〇）は若くしてこの頃の古活字版を多数買い集めていました。元和二年（一六一六）家康から分与されたもの、さらに自ら蒐集したもの、「御本」の印記で知られるこれら尾張公の蔵書のなかで、新刊で威厳のある古活字版は当時の武家の趣向をよくあらわしているのです。

最初にも述べましたが、家康のもとに多くの学僧や儒家が集ったことも、この当時、武家の力がどれほど学問に及んでいたかを知る証左となりましょう。林羅山が家康に登用されて新たな漢学の時代を作ったのですが、その羅山を推薦したのは藤原惺窩《せいか》（一五六一～一六一九）でした。公家の出から相国寺の学僧となり、数多の門弟を世に送った儒学の祖師は、それまでの古い儒学から朱子学を中心とする新しい時代を築いていきますが、この戦国時代から江戸時代にいたる時期、古活字版とも大いに関わっていたようで、『五経』の出版にも関わっていたようです。藤原惺窩の訓点『五経』を羅山が整理出版したものが、江戸時代を通じて、『五経』の訓点の基礎となっていくのです。また、後に古活字版の出版に関わる角倉《すみのくら》素庵（一五七一～一六三二）もその弟子でした。貴族文化の花道を見届けて、新たな大衆文化の道を切り開いた人といえましょう。古活字版に刺激されて、江戸時代の漢籍文化は大衆化だけでなく、こうした中世以来の貴族から武家へとたどる書物文化も包含していると考えられるのです。戦国時代と古活字版、そこから江戸時代へと、その関わりの意義を見いだすことができるのです。

皇室・武家・寺院・有志家—活字出版の主体

さて、その古活字版印刷の主体といいますと、皇室・幕府・公家・武家・寺院・私人（医師や商人）と幅広い層に歓迎され、勢い藝林の活況を呼んだのでした。天正一九年（一五九一）

肥前の国加津佐でローマ字活字による印刷が初めて行われ、『サントスの御作業の内抜書』が出版されて、いわゆるキリシタン版が登場し、ここに日本における活字印刷が始まりを告げたのですが、これとは様相を異にします。朝鮮から渡来した活字印刷術は、出版人・出版母体から見た活版印刷品を見るとその流れがまさに一世を風靡していた様子がうかがえます。

古活字版事業の先駆をなしたのは、朝廷でした。後陽成天皇（在位一五八六～一六一一）は、文禄二年（一五九三）『古文孝経』を活字印刷しましたが、それは現存しません。続いて慶長二年（一五九七）『錦繍段《きんしゅうだん》』、同四年『四書（大学・中庸・論語・孟子）』『古文孝経』などを立派な木活字で印刷しました。これを「慶長勅版」と呼びます。文字は大きく本文のみの、注釈がない正文本で、権威を象徴するかのようです。次の後水尾天皇（在位一六一一～一六二九）は、先帝の偉業を継いで、元和七年（一六二一）に銅活字（木活字ともいわれます）を用いて『皇朝類苑』一五冊を印刷しました。百科全書の出版はさすがに皇室の事業といえます。もちろんこうした出版には博士家や公卿らが深く関わっていたものと思われます。

武家の抬頭は徳川家康に代表されます。家康は前述の蒐書事業から出版事業に拡大、慶長四年（一五九九）から一一年（一六〇六）まで京洛伏見で活字出版を行いました。関ヶ原の合戦のころ、既に文化事業に力を注いでいた家康は足利学校の庠主（校長）三要（閑室元佶、一五四八～一六一二）に一〇万個の活字を与え、円光寺を建立して与えました。ここで慶長四年の『孔子家語』から一一年の『七書』の出版を遂げたのでした。出版には慈眼久徳という僧が関わっていました。これを「伏見版」と呼びます。

さらに家康は慶長一二年（一六〇七）駿府に退隠後、新たに銅活字を鋳造させ、中国で亡んだ天子の為政書『群書治要』、仏典の総目『大蔵一覧集』を出版しました（駿河版）。ここに監督したのは林羅山と金地院崇伝（以心崇伝、一五六九〜一六三三）でした。他に、武家では、豊臣秀頼（一五九三〜一六一五）が僧・西笑承兌《せいしょうしょうだ》（一五四八〜一六〇八）の力を得て活字出版した『帝鑑図説《ていかんずせつ》』は有名です。また、これも先年大河ドラマに登場した上杉家臣直江兼続《なおえかねつぐ》（一五六〇〜一六一九）が京都要法寺で慶長一二年に『文選』を活字印刷したことはあまり一般には知られていません。

こうした武家・公家の活躍も京洛の寺院による古活字出版活動と大いに関わる性格のもので、互いに密接な交流があったと想像されます。要法寺（『法華経伝記』など）、本国寺（『仏祖歴代通載』など）、本能寺（『法華経伝記』など）、また、北野経王堂において大蔵経の刊刻を立願した伊勢常明寺の宗存、宝珠院（『教誡新学比丘行護律義』など）、心蓮院（仁和寺の塔頭、『倭玉篇』など）といった寺院も知られています。そして、要法寺版に出てくる「正運」（今関正運か）、宝珠院版に見える「下村生蔵」などの出版人の活躍がこうした寺院と関係するのかもしれません。今関・下村は価値ある古活字出版人ですが、その詳細は分かっておりません。

京洛以外でも、比叡山（東塔月蔵坊『法華玄義科文』など叡山版と呼ばれる）、高野山（『秘密曼荼羅十住心論』など）、やや降って寛永時代、天海（一五三六～一六四三）が発願した『天海版一切経』などがあります。もちろん、こうした寺院の出版事業が書肆坊間の営利事業と表裏をなすこともあったと思われますが、総じて、前者が後者に席を譲っていくことになったのでした。

また、那波活所のような学者がよく校訂を完遂し、良質の印刷を行った『白氏文集《はくしもんじゅう》』は那波本として一定の価値を獲得しています。小瀬甫庵《おぜほあん》（一五六四～一六四〇）のような医者の医書出版の活躍、角倉素庵のような篤志家の業績も古活字版にこそ見られる特色を持っています。そして、駿河版や宗存版といった活字の現物は今も伝わっています。

古活字版の版種

活字版は一頁を組み、刷り終わったらその一頁の活字の組み合わせは解体してしまうので、同じものは二度と刷れません。そして印刷部数各頁五〇枚と決めたら五〇部の本ができあがります。そこで幾つかの複雑な状況が生じていきます。最初一～二頁、試し刷りをしたら、誤植が見つかったので、まだ組版は解体していないから、活字を植え直して刷り直そう。あるいは一〇枚刷っているうちに誤植を見つけることもあるでしょう。印刷途中で部分的に字の植え替えを行うのです。すると製本時には、直す前の刷り頁も節約で使いますから、同じ版なのに部分的に字が違う伝本が存在することになります。これを「修」「修本」といいます。時には直す前の刷り頁の誤植の字を切り取って、正しい字を刷った小紙を貼りつけているものもあります。まさに手工業です。

一度刷り終えて全て完了して注文に応じたところ、さらに需要があったので、同じ工房で同じ職人が、同じ枠組・同じ活字群を使ってもう一度、全頁を組み直し同じ本を印刷することがあります。版木であれば、すぐ増刷できますが、活字はそういきません。すると同種類の活字を使った異版ができあがります。今となって較べてみると、どちらが先に組んだものか、見極めるのは大変です。こうした異版を「異植字版」と呼んで「修本」と区別します。

この「修」と「異植字版」は、原本を丁寧に較べないと見誤ることがあります。また、最初の一頁は、試し刷りの余乗分を使用したりすることが多いので、全く同版の二本が最初の一頁だけ異版となっていることもあります。初頁だけ較べて「異植字版」と判断してしまうことは危険なのです。「異植字版」があるとないとでは、それだけ需要の多寡が推し量られる証左となりますから、軽んじることはできません。

そして、さらに需要があるものについては、幾つかの工房が異なった種類の活字を用いて出版を繰り返します。すると版種が生じてきます。その時にいろんな工房の活字が混ざったりすることも考えられますから、こうなってくると古活字版の出版元を突きとめるのは困難な問題となっています。

例えば、『五経』の一として古くから読まれた『春秋左氏伝』は、二種類の版が知られ、その組版の版式から、版心を見て区別すると粗黒口双花魚尾本と大黒口双花魚尾本に分かれます。つまり版心の部分の上下が全て黒（大黒口）か部分的に黒（粗黒口）か、という違いです。二つにしつらえた魚の尾に似た魚尾は花模様をそなえています（双花魚尾）。これについては一二五頁を参照。さらに大黒口本は、前記のような異植字版が存在し、三種類に分かれます。川瀬一馬『古活字版之研究』はこれを第一種本・第二種本と名付け、第二種本のなかに三種の異植字版ありとしています。

『史記』には、半頁の行数が八行のものと九行のものがあり、同じ八行本にも行間の罫線があるもの（有界）と無いもの（無界）が伝わります。

こうした判別をしていくとおおよその古活字版の実態が鮮明になっていきますが、漢籍をみても仏典を含めると書名の数だけでも百種を越え、そこに版種・異植字版の数を加えると数百にも及ぶ出版が行われていたわけです。仮名文字（国書）も含めれば、それは厖大です。近世初期の僅かな期間にこれだけの校訂・組版・印刷・製本・書き入れが行われたことを考えると、慶長時代の古活字版文化が如何に中世と近世を繋ぐ役割を果たしたかがうかがわれます。そして、古活字版は華々しく登場し、読者層の拡大とともに姿を消し、江戸時代の、大量生産に便利な木版印刷（整版）へと回帰していくこととなるのです。

第五章

時代の様相

―文字の変化

「和刻本」の目録

江戸時代は歴史的に見ると、関ヶ原の合戦、慶長五年（一六〇〇）、または家康の征夷大将軍、同八年（一六〇三）に始まるとされますが、書物の歴史、漢籍の流通という観点からすると、その頃、慶長・元和（一五九六～一六二三）の時代は、前述の如く、古活字版の時代とされて、それ以後の、活字印刷から一枚板の整版印刷に変化する時代とを区別しなければなりません。この、整版印刷、本格的な出版文化の到来に際して、出された漢籍の出版物を「和刻本」と称することとなっています。さらに厳密に言うと、中国からやってきた漢籍をそのまま覆刻や翻刻したものを指します。その際に日本人が編纂したり、解釈を加えたりしたものは「準漢籍」として「和刻本」と区別しています。

このような区別を目録学上必要なものとして最初に提案したのが中国文学・図書学の大家で

郘亭知見傳本書目　卷十六　　獨山莫友芝子偲

集部八

總集類

文選注六十卷

図1

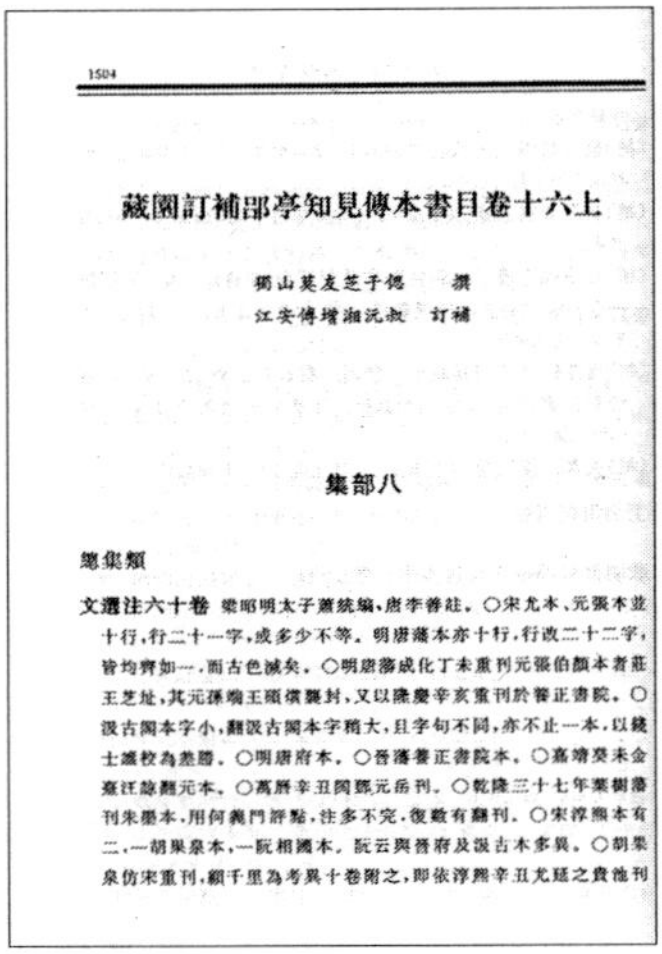
1504

藏園訂補郘亭知見傳本書目卷十六上

獨山莫友芝子偲　撰
江安傅增湘沅叔　訂補

集部八

總集類

文選注六十卷　梁昭明太子蕭統編、唐李善注。○宋尤本、元張本並十行,行二十一字,或多少不等。明唐藩本亦十行,行改二十二字,皆均齊如一,而古色減矣。○明唐藩成化丁未重刊元張伯顏本者莊王芝址,其元孫嗣王碩熿襲封,又以隆慶辛亥重刊於養正書院。○汲古閣本字小,翻汲古閣本字稍大,且字句不同,亦不止一本,以錢士謐校為差勝。○明唐府本。○晉藩養正書院本。○嘉靖癸未金臺汪諒翻元本。○萬曆辛丑閩鄧元岳刊。○乾隆三十七年葉樹藩刊朱墨本,用何義門評點,注多不完,復數有翻刊。○宋淳熙本有二,一胡果泉本,一阮相國本。阮云與晉府及汲古本多異。○胡果泉仿宋重刊,顧千里為考異十卷附之,即依淳熙辛丑尤延之貴池刊

図2

あった長澤規矩也（一九〇二〜一九八〇）でした。もともと中国で出版された漢籍（唐本）の研究をされていましたが、晩年は江戸時代の「和刻本」に随分力を注ぎました。写本はそれほどお好きではなかったようで、感覚としては中国人の書物感に近い先生だと思われます。中国の文献学（版本学・校勘学・目録学）は日本で行われる書誌学と一体であると考えておられたようで、中国の書物の学問、特に印刷本の歴史と鑑定法を日本で行い、また日本出生の漢籍にも応用されたのだと思われます。

その長澤規矩也の編纂になる『和刻本漢籍分類目録』（汲古書院　一九七六、二〇〇六長澤孝三増補補正）は、中国の『郘《りょ》亭知見伝本書目』（図1・図2は訂補版）を日本に応

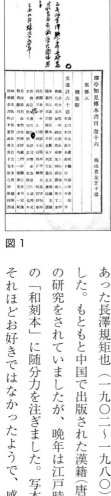

用した、所謂版本目録で、それぞれの本にはどのような版種があるのかを和刻本についてまとめたものです。余人にはできない成果であります。図を見ていただくとお分かりのように、『邵亭知見伝本書目』は、清朝の蔵書家である莫友芝《ばくゆうし》（一八一一～一八七一）莫縄孫が作った目録ですが、これは中国古典籍の書名ごとに、伝来のテキストを年代順に列挙したもので、書誌学（版本学）にとっては大変便利なものです。清朝の同じ時代、邵懿辰《しょういしん》（一八一〇～一八六一）・邵章（一八七四～一九五三）という蔵書家が同じ目的で作った『四庫全書簡明目録標注』とともにこの方面では他に類を見ません。

図３

長澤規矩也はこの方法に学びました。仏典を除いた日本の漢籍、それは中世期の「五山版」や「古活字版」が古いものですが、これらは数に限りがありますが、「和刻本」は夥しい数の版種が存在し、全体的な版本目録（テキスト目録）の典型を作っておく必要性がありました。

しかし、その「和刻本」の版種の異同を較べるには、原本が手元にないとできません。

そこで、数十年来の蒐集からなる長澤規矩也の和刻本コレクションから、この目録製作はスタートしたのです。その蔵書の書斎を「学書言志軒」と言いました（図3）。そして、「江戸時代翻刻漢籍目録の研究」とする研究テーマで、公に行動を起こしたのでした。

「和刻本」の言葉で、長澤規矩也が示した意味はここにあったのです。日本で出版された漢籍とする意味ではなく、江戸時代に翻刻された漢籍、の意味であったと思われます。

実際に江戸時代に出版された版の種類を識別するのは大変なことです。特に『孝経』『四書』『古文真宝』など数知れず出ているものは困難をきわめます。『孝経』は長澤規矩也も相当蒐集しましたが、集めきれず、最後の整理は次代に譲られたといいます。

それを承けた大沼晴暉は、『江戸時代刊行成立孝経類簡明目録』（『斯道文庫論集』第一四輯、一九七六）をまとめ、『孝経』の版種を完璧に整理しました。驚くべき目録です。こうした一つ一つについて初版、再版、三版…と識別していく作業、それがこの『和刻本漢籍分類目録』に詰まっているのです。

そこで、問題になってくるのが、「刊」「印」「修」という概念の区別、さらに「刊記」と「奥付《おくづけ》」の区別、「翻刻」と「覆刻」の区別なのです。

「翻刻」と「覆刻」の区別

先ず「翻刻」と「覆刻」について述べておきましょう。

「翻刻」とは、江戸時代では中国からやってきた唐本を日本で出版した、というくらいの意味で用いていたようです。「清本翻刻」、当時の中国つまり清朝のテキストを再版したと（図４）。図の見返しの上部分に「清本翻刻」と見えます。清本は清時代の本、の意味です。

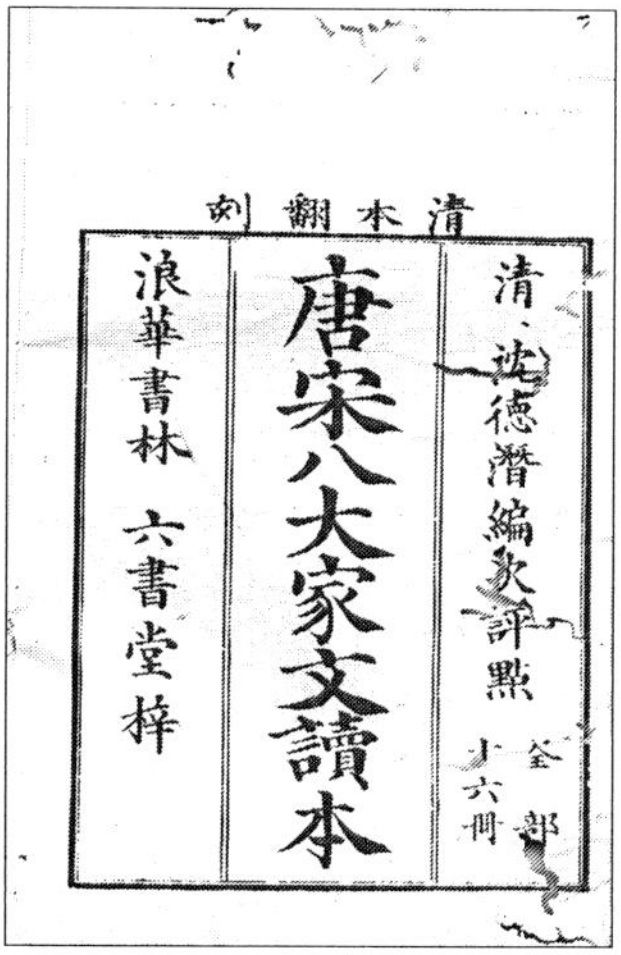

図４

さて、これがどのくらい忠実に再版したのかということが問題になります。図のように『唐宋八大家文読本』「清本翻刻」とあれば、ほぼ原本通りに再版したと思ってよいでしょう。実はこの本は、幕府の学校である昌平坂学問所が出版した所謂「官版」ですが、後に本屋が売りさばいたものです。また、『春秋左氏伝』は『左伝』といわれ、中国古代の歴史書で、江戸時代最も読まれた漢籍の一つですが、そのテキストの一種『左繡《さしゅう》』は、清の緑蔭堂本を嘉永七年（一八五四）に京都の須

図 5a

図 5b

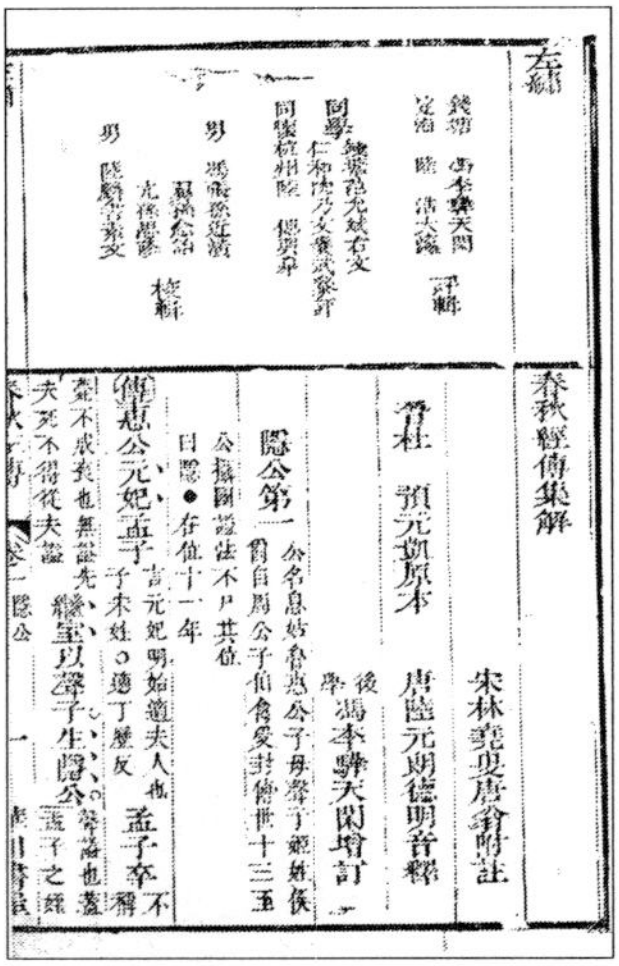

図 6a

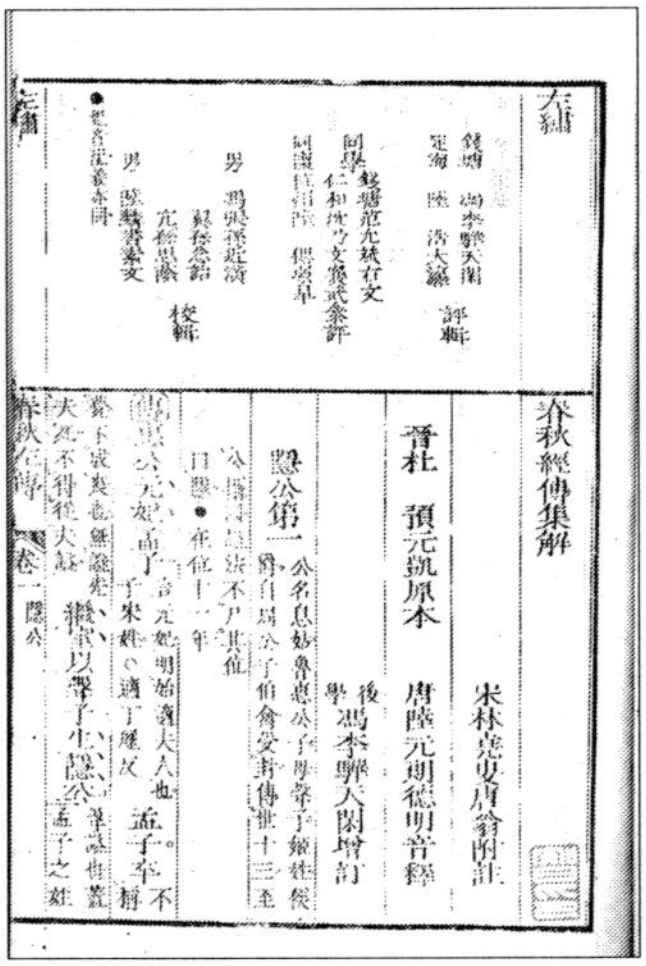

図 6b

静堂貫名海屋《ぬきなかいおく》（一七七八〜一八六三）が「翻刻」したとあります。緑蔭堂本・須静堂本それぞれの封面（見返し）を見るとよくわかります（図5）。もちろん、緑蔭堂が中国で、須静堂本は日本です。

さてその本文を両者見比べると、全く瓜二つです（図6）。ページの左下（版心下部）に「□□書屋」とあるのが（図6a）、緑蔭堂本です。これを今は「翻刻」と言わず「覆刻」と表現します。もとの原本を敷き写しにしたものを（或いは原本そのものを）版下にしてそのまま版木に貼り付けて、字を彫りますから、コピーと同じようになります。現在の書誌学では、忠実な版下による原本複製を「覆刻」とし、形式的にゆるやかな複製を「翻刻」として区別します。しかし、江戸時代は（中国でも）複製は全て「翻刻」として大きく括ります。こうした江戸と現在、日本と中国の意識の違いは、ややもすると大きな誤解を生みがちですから、気をつけるべきでしょう。

「刊記」と「奥付（おくづけ）（おくづけ）」の区別

「刊記」と「奥付」は、もっと重大な意味を持ちます。先ほどと同じ『春秋左氏伝』に徳島藩儒の那波魯堂（一七二七〜一七八九）が校訂訓点を加えたテキスト（図7）を見てみましょう。この本は宝暦五年（一七五四）に京都の中江久四郎が初版を出しました（図8）。しかし、相当売れたと見えて、安永六年（一七七七）には再版したと書かれています。再版は中江と越後屋の合同でした（図9）。後にこの再版は、本屋が楠見甚左衛門に変わります（図10）。さらに、しばらくして、またまた売れて版木が磨滅、寛政一二年（一八〇〇）には弟子の西三伯が三版をおこしました（図11）。このように、本文や跋文に連続して出版事項が記されているものを「刊記」と言います。

ところが、文政六年（一八二三）に大書店の江戸須原屋茂兵衛、大坂の岡田茂兵衛・田中太右衛門が寛政一二年の版木を「求版」して印刷販売します（図12）。この際に本文とは別丁で一枚出版事項を記します。これを「奥付」と言って、そもそもの出版に関わった本屋とは別に版木の売り買いをしていることを示しています。要は、あたかもその本の出版に関わっているかのように記すことがあるので、別丁の「奥付」は、本の刊年を定めるときには注意しなければならないということなのです。本書はあくまで寛政一二年刊本であるわけです。

しかしながら実際に、寛政の版にも、安永の版にも、図のように同じ奥付がついている本が存在します（図12と13）。安永・文政・寛政・文政、頭が混乱してきます。奥付にだまされてはいけないということでしょう。おそらく、須原屋は寛政の版木を取得し、既に版木は無いが、印刷流通している安永版を仕入れて、本書の全ての版を自らが版元として扱うこととなったのでしょう。いずれにしても、奥付は信じられることも多いです

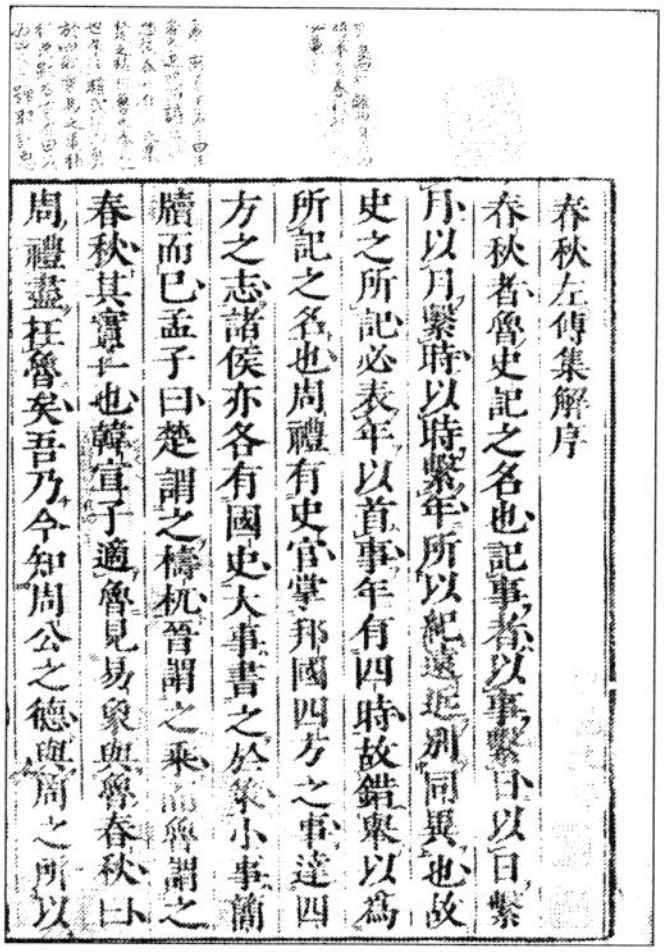
春秋左傳集解序
春秋者魯史記之名也記事者以事繫日以日繫月以月繫時以時繫年所以紀遠近別同異也故史之所記必表年以首事年有四時故錯舉以爲所記之名也周禮有史官掌邦國四方之事達四方之志諸侯亦各有國史大事書之於策小事簡牘而已孟子曰楚謂之檮杌晉謂之乘而魯謂之春秋其實一也韓宣子適魯見易象與魯春秋曰周禮盡在魯矣吾乃今知周公之德與周之所以

図7

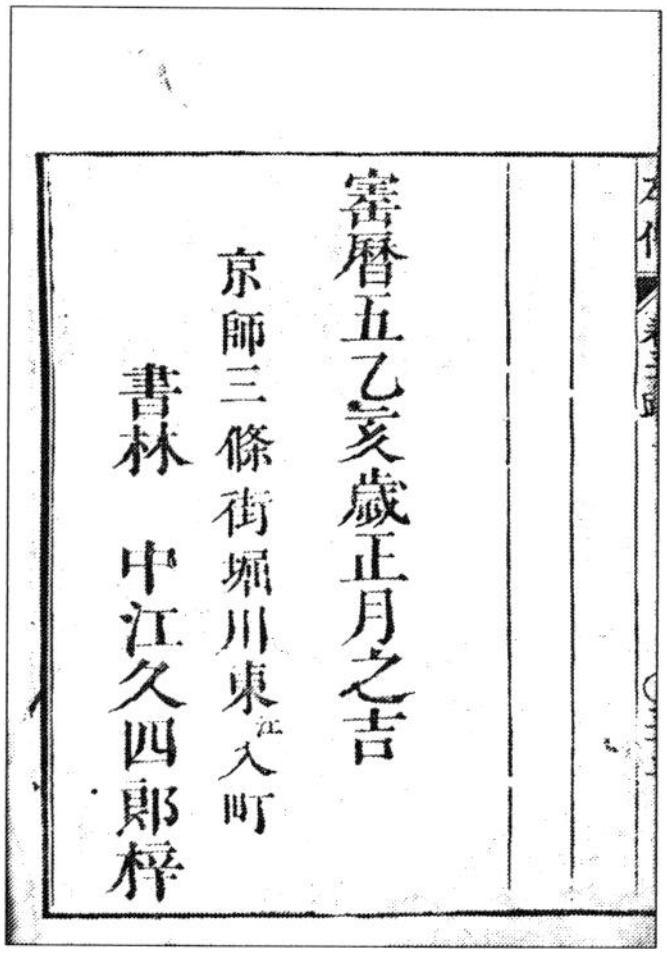
寳暦五乙亥歳正月之吉
京師三條街堀川東江入町
書林　中江久四郎梓

図8

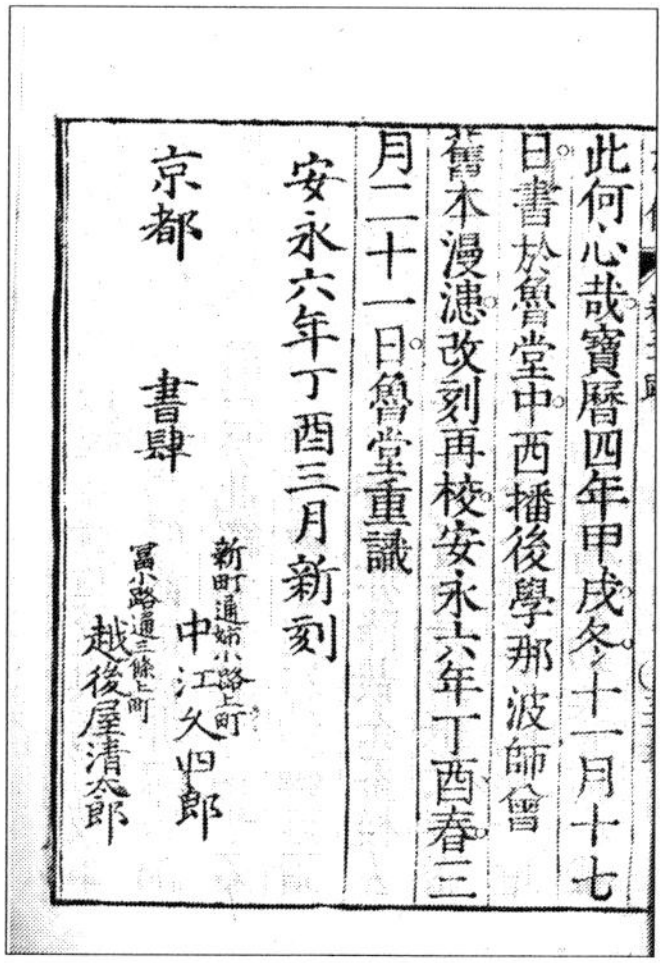
此何心哉寳暦四年甲戌冬十一月十七日書於魯堂中西播後學那波師曾
舊本漫漶改刻再校安永六年丁酉春三月二十一日魯堂重識
安永六年丁酉三月新刻
京都　書肆　新町通姉小路上町　中江久四郎
冨小路通三條上町　越後屋清兵衛

図9

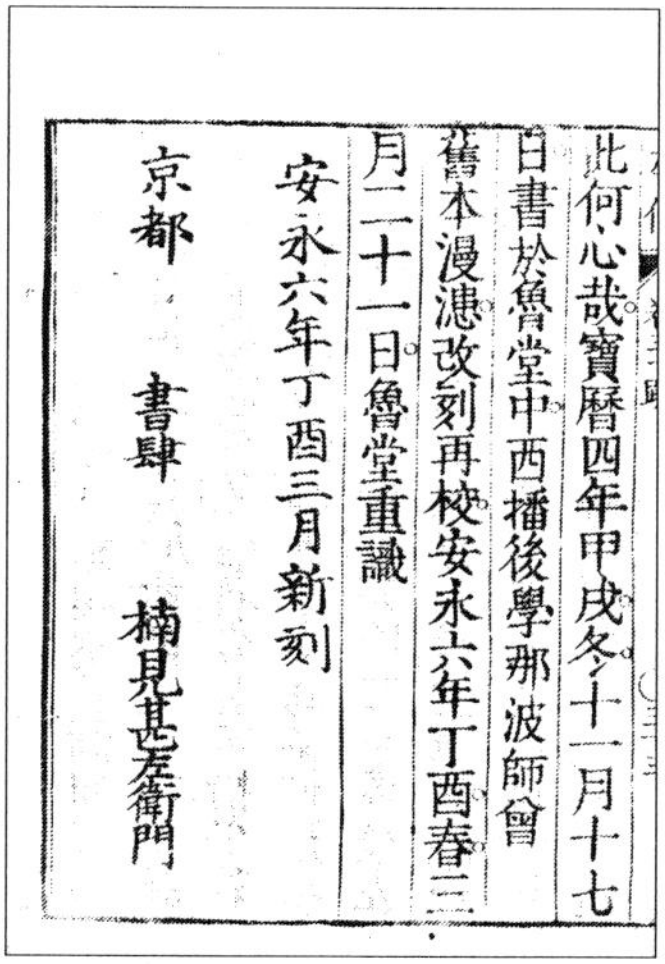
此何心哉寳暦四年甲戌冬十一月十七日書於魯堂中西播後學那波師曾
舊本漫漶改刻再校安永六年丁酉春三月二十一日魯堂重識
安永六年丁酉三月新刻
京都　書肆　楠見甚左衛門

図10

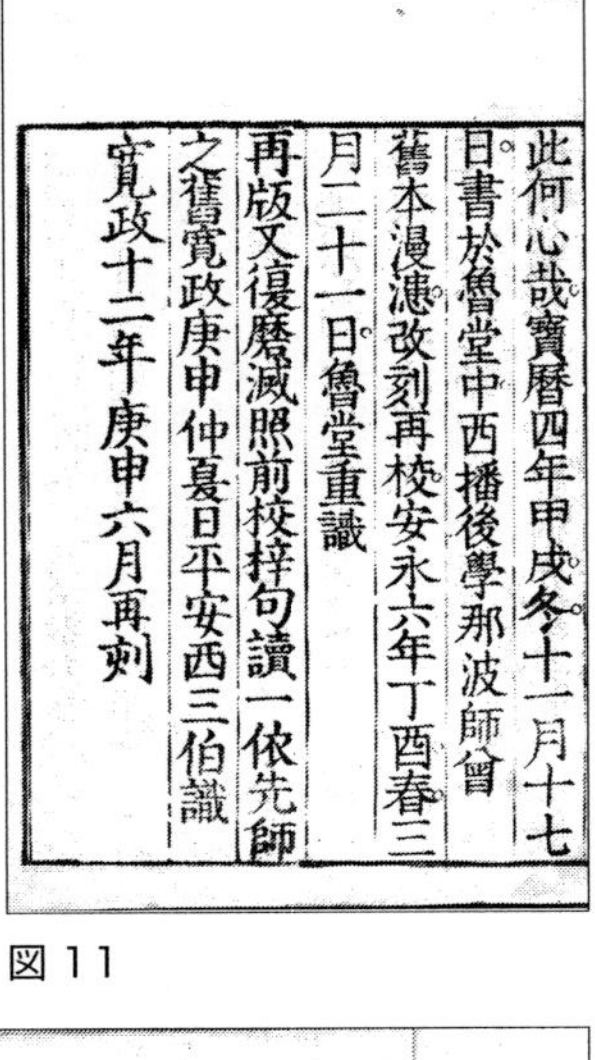
此何心哉寶暦四年甲戌冬十一月十七
日書於魯堂中西播後學那波師曾
舊本漫漶改刻再校安永六年丁酉春三
月二十一日魯堂重識
再版文復磨滅照前校梓句讀一依先師
之舊寛政庚申仲夏日平安西三伯識
寛政十二年庚申六月再刻

図 11

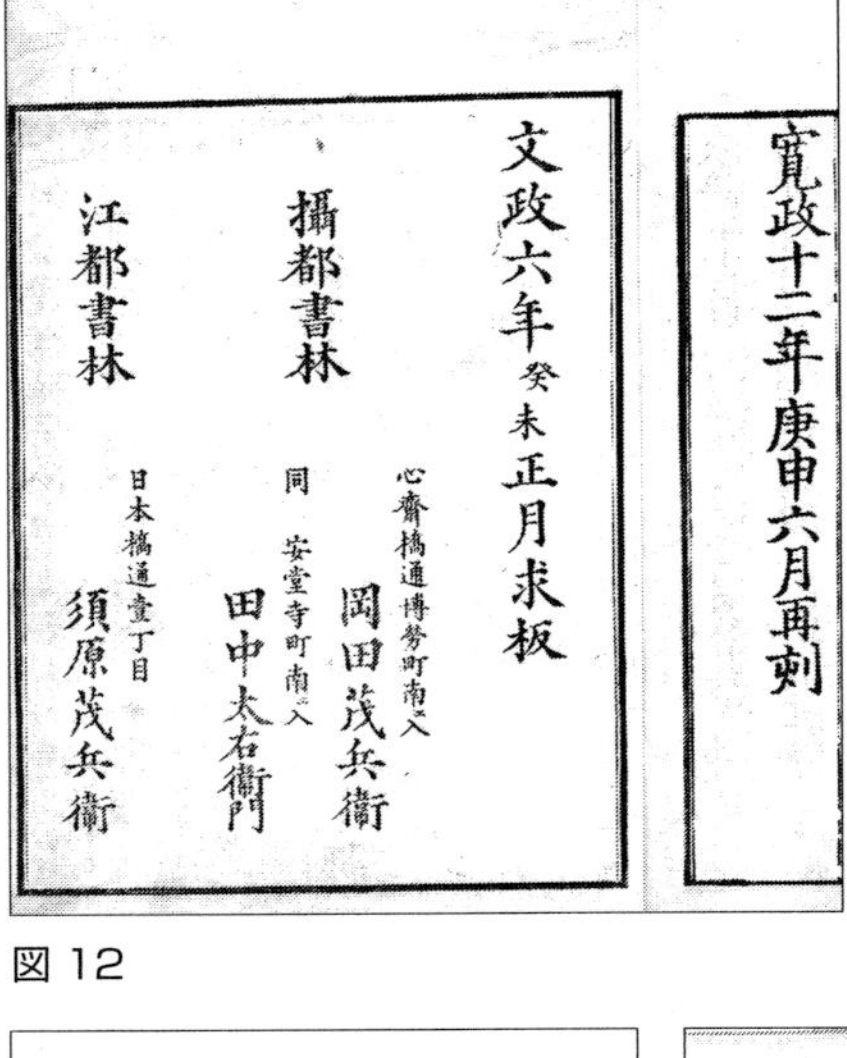
寛政十二年庚申六月再刻
文政六年癸未正月求板
心齋橋通博勞町南へ入
岡田茂兵衛
攝都書林
同　安堂寺町南へ入
田中太右衛門
江都書林
日本橋通壹丁目
須原茂兵衛

図 12

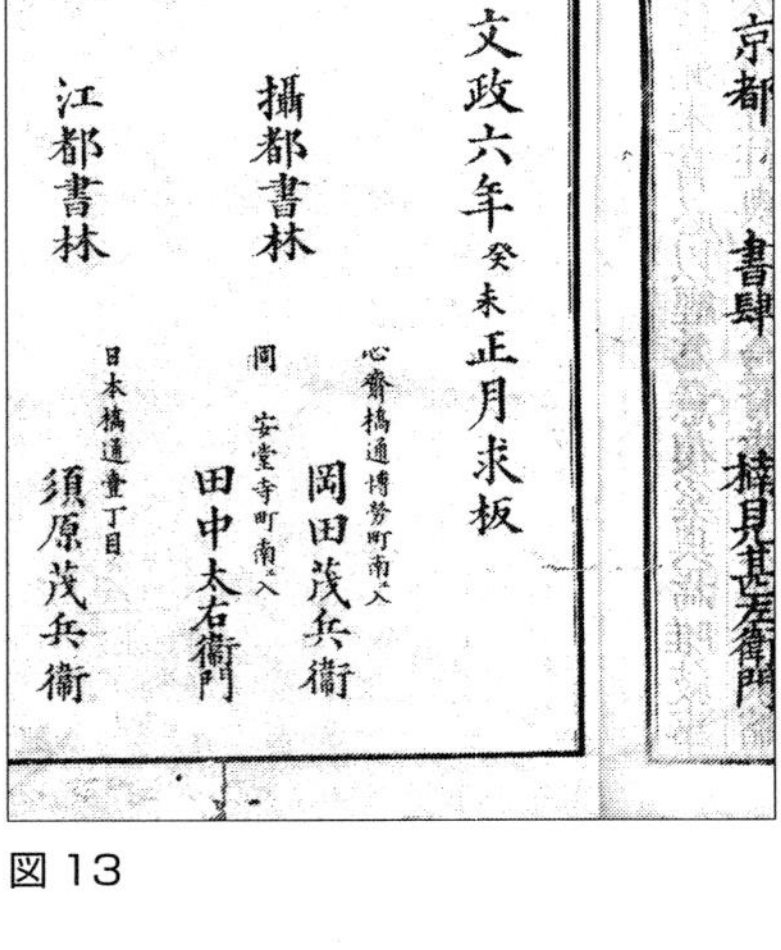
京都　書肆
文政六年癸未正月求板
心齋橋通博勞町南へ入
岡田茂兵衛
攝都書林
同　安堂寺町南へ入
田中太右衛門
江都書林
日本橋通壹丁目
須原茂兵衛

図 13

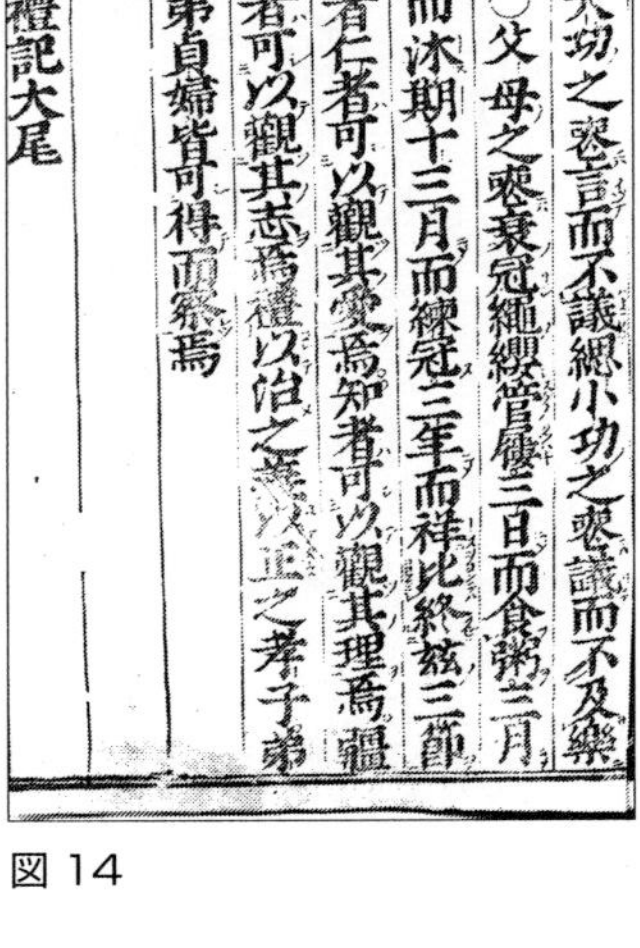
大功之喪言而不議緦小功之喪議而不及樂
○父母之喪衰冠繩纓菅屨三日而食粥三月
而沐期十三月而練冠三年而祥比終茲三節
者仁者可以觀其愛焉知者可以觀其理焉彊
者可以觀其志焉禮以治之義以正之孝子弟
弟貞婦皆可得而察焉
禮記大尾

図 14

が、そのまま信じると江戸時代の漢籍は、審定を誤ることが少なくありません。

「刊」「印」「修」の区別

「刊」「印」「修」の問題はこれと密接に関わってまいります。

元禄四年（一六九一）に林羅山の訓点本『五経』が出版されます（図14）。刊記に見えるように、本書は元禄四年「刊」です（図15ａ）。その同じ版木を用いて、元禄一〇年（一六九七）に川勝五郎右衛門が刊記の部分を替えて（これを入木《いれき》、埋木《うめき》、と言います）自分の名を刻み、印刷販売します（図15ｂ）。これを後印、つまり元禄一〇年印本と言います。「元禄四年刊一〇年

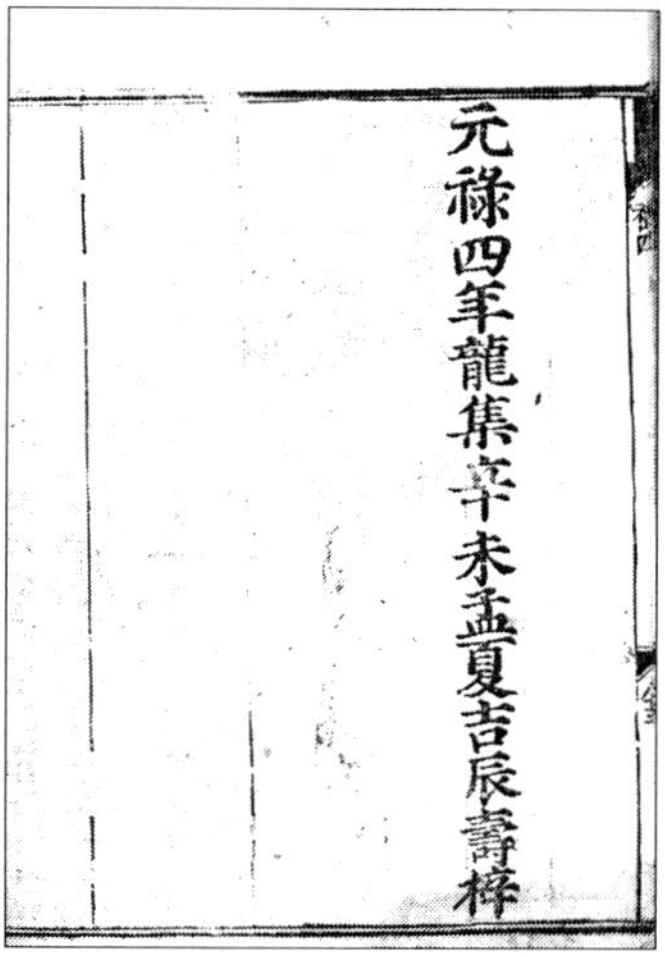

図 15a

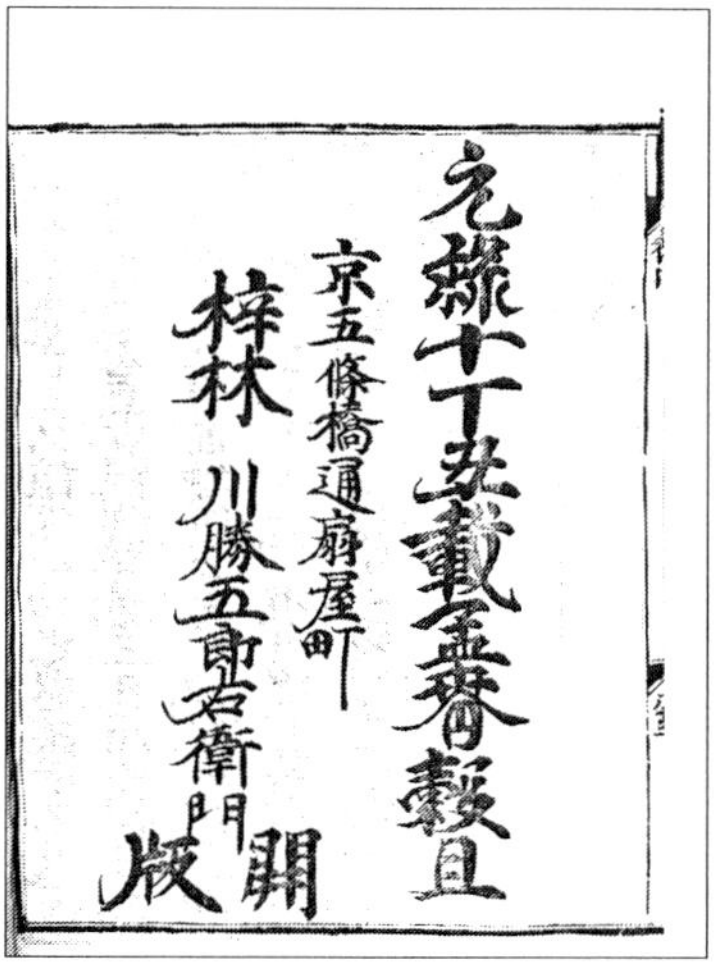

図 15b

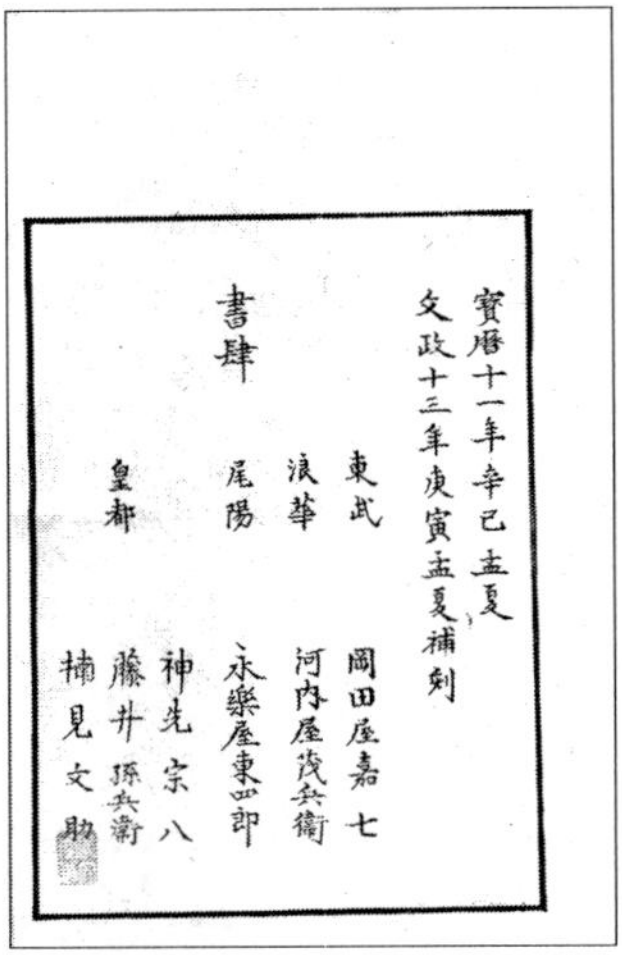

図16

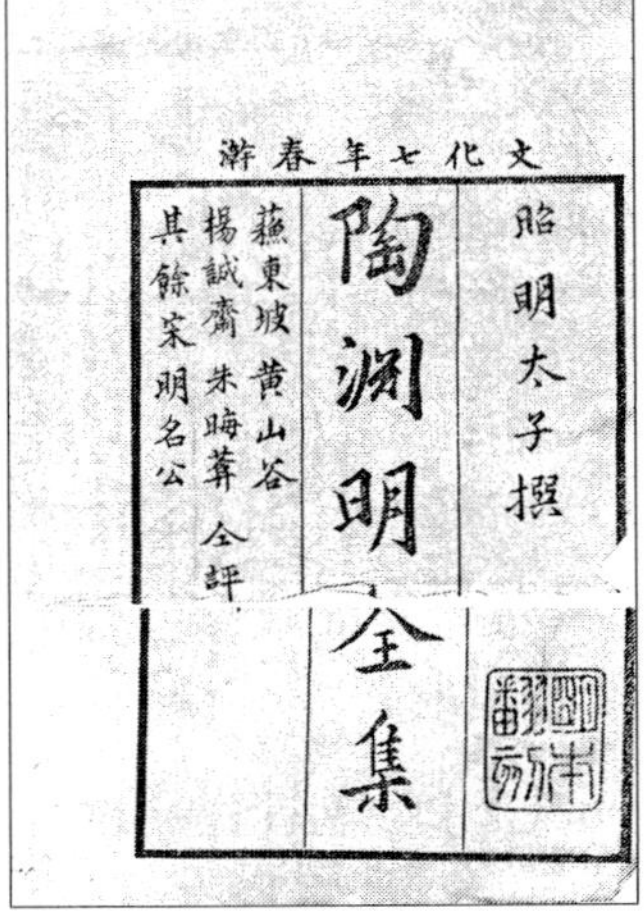

図17

印」となるわけです。

息の長い本ほど後印が行われます。その際に版木の部分的彫り直しも行われるようになり、それが「修」「補刻」と言われるものです。江戸時代、『陶淵明集』は専ら菊池耕斎（一六一八〜一六八二）の訓点本で読まれたようです。それは明暦三年（一六五七）に出され、江戸時代後期まで同じ版木で刷られます。二〇〇年も保ったものですから、当然版木の修刻は何度も行なわれます。図の奥付は宝暦一一年（一七六一）、文政一三年（一八三〇）の「修」であることを示し（図16）、封面（見返）は文化七年（一八一〇）の「修」であることを示します（図17）。すごいことです。明暦三年刊文政一三年修という目録条項になるわけですから。あくまで文政一三年刊ではないということです。こうした場合、初印本を探すことが急務となります。初印本と比べれば一目瞭然ですから。しかし、なかなかそれも叶わないとなると、奥付や封面を頼りに推測するしかありません。

何度も版木がおこされること、一種の版木が息長く持ちこたえること、こうした区別をはっきり把握することが、いろいろな文化史を解く鍵になることもあるのです。「刊」「印」「修」を十把一絡げにとらえてしまうことは禁物なのです。

書肆の営利出版

もう一つ、江戸時代の和刻本は、書肆の活躍による営利出版という観点から「刊」「印」「修」等の事情が大切である一方で、お役所、つまり幕府や大名・藩による出版という観点から区別整理することも大切です。これは、「官版」「藩版」などと言われるものです。

狭義では幕府・昌平坂学問所が出版した寛政一一年から慶応三年の六九年間中の二百余種を官版と言います。後に『昌平叢書』としてまとめてあります。広義では医学館など幕府関係の機関が出版したものも含むのですが、地方の藩校が出版した教科書等は、藩版とよばれ、『近世藩校に於ける出版書の研究』（笠井助治・吉川弘文館・一九六二）に詳しく解説されています。

各藩では、主に唐本の覆刻や翻刻というよりは、独自に編纂した『孝経』などの教科

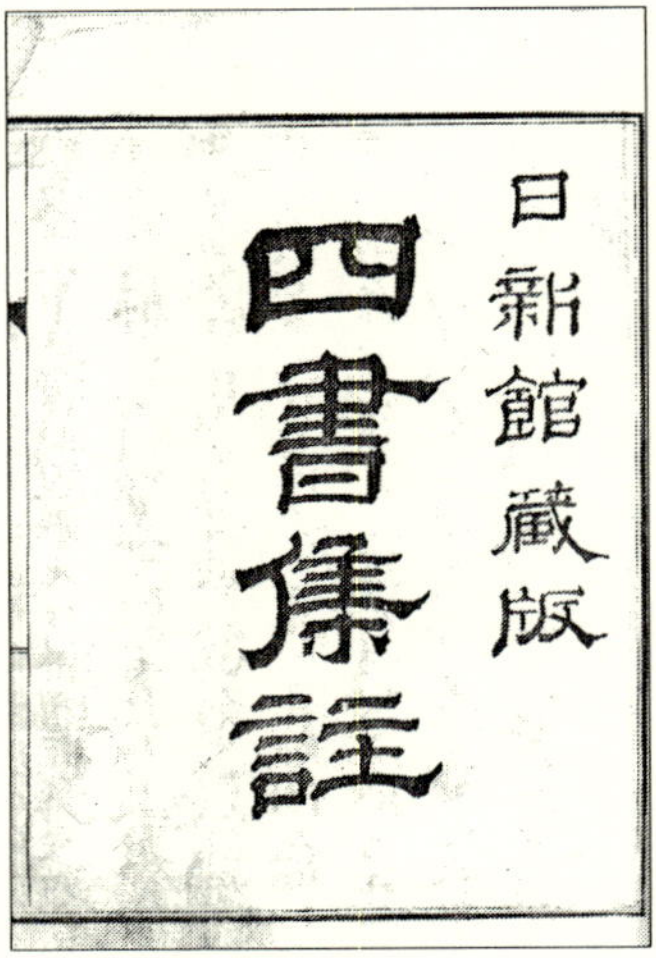
日新館藏版

四書集註

図 18

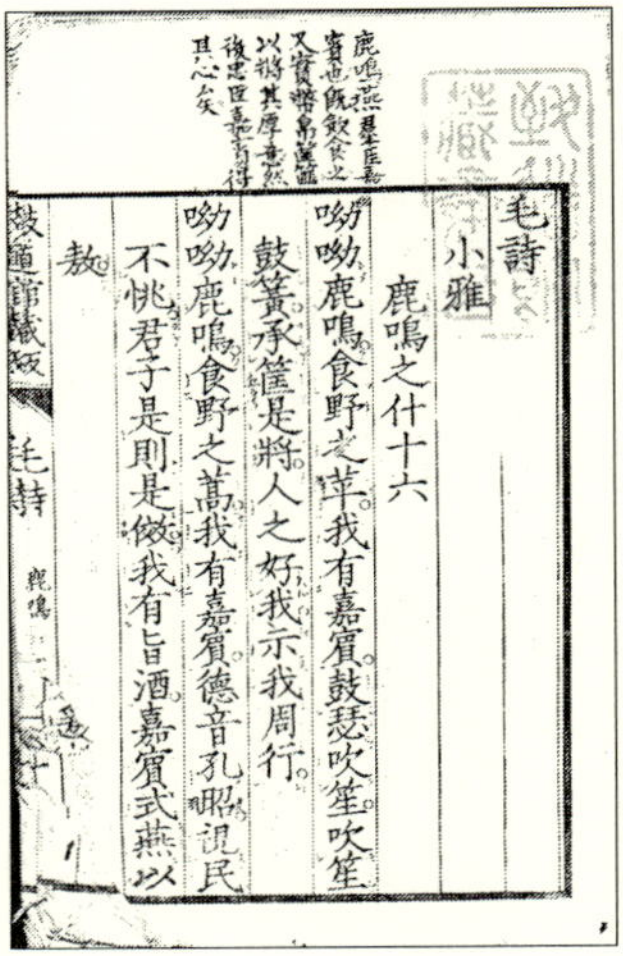
毛詩 小雅

鹿鳴之什十六

呦呦鹿鳴食野之苹我有嘉賓鼓瑟吹笙吹笙

鼓簧承筐是將人之好我示我周行

呦呦鹿鳴食野之蒿我有嘉賓德音孔昭視民

不恌君子是則是傚我有旨酒嘉賓式燕以

敖

図 19

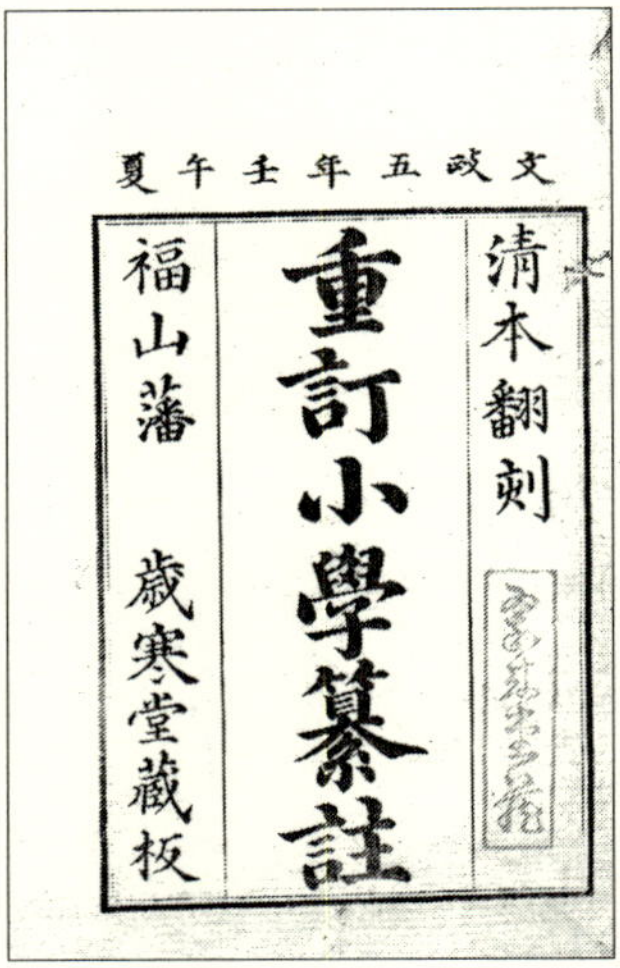
文政五年壬午夏

清本翻刻

重訂小學纂註

福山藩 歳寒堂藏板

図 20

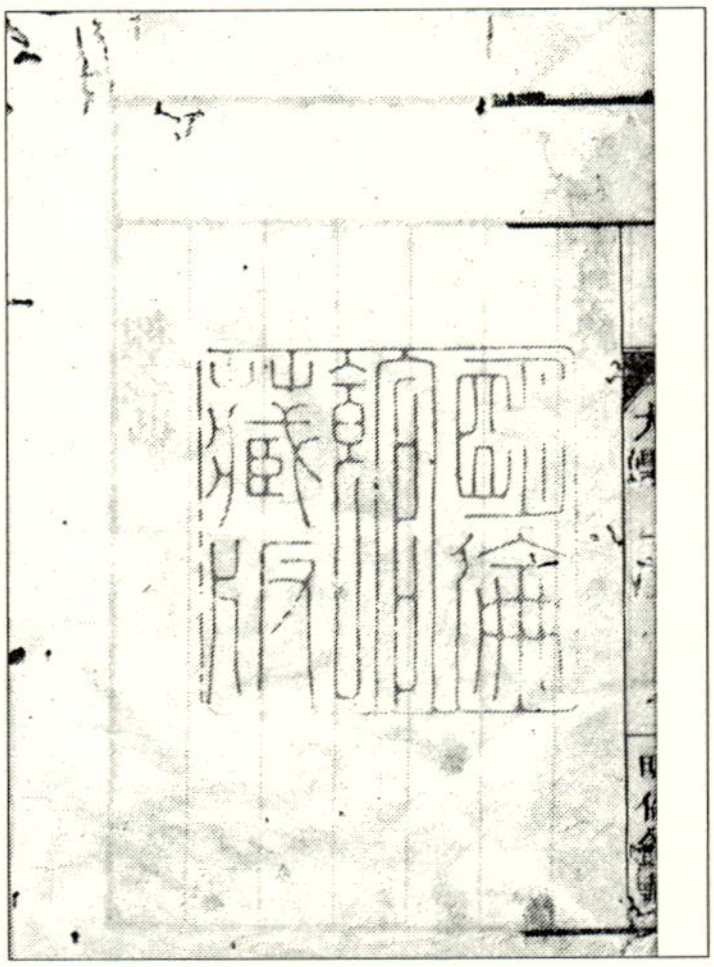

図 21

刻廣徳館校本四書五經序
廣徳館校正
四書
鶴棲堂蔵版

図 22

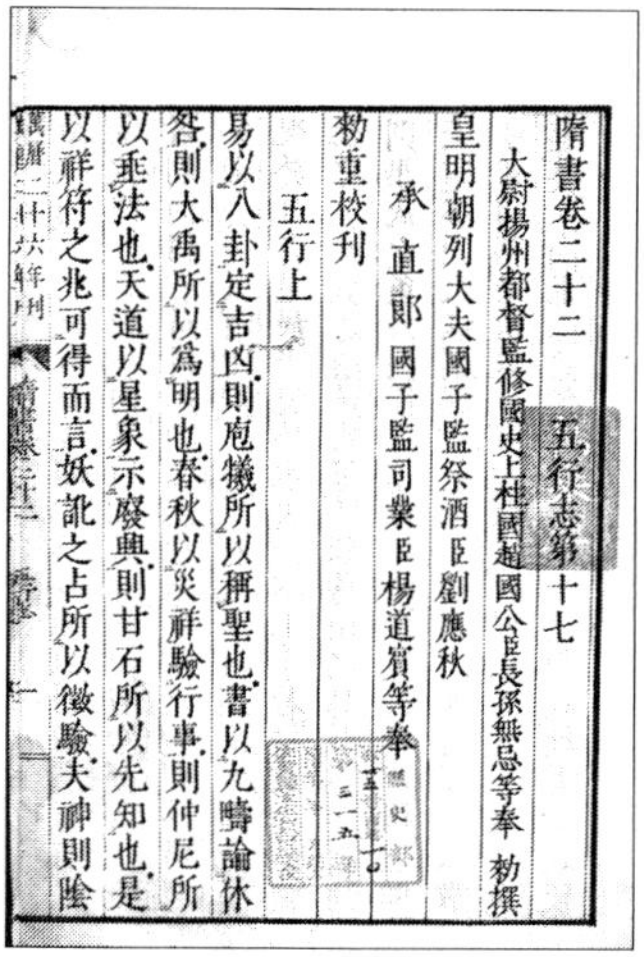
隋書卷二十二　五行志第十七
大尉揚州都督監修國史上柱國趙國公臣長孫無忌等奉　勅撰
皇明朝列大夫國子監祭酒臣劉應秋
承直郎國子監司業臣楊道賓等奉
勅重校刊
五行上
易以八卦定吉凶則庖犧所以稱聖也書以九疇論休咎則大禹所以爲明也春秋以災祥驗行事則仲尼所以垂法也天道以星象示廢興則甘石所以先知也是以祥符之兆可得而言妖訛之占所以徵驗夫神則陰

図 23

書、朱子学関係の儒者の著作などが多く見られます。（図18）に見る会津日新館の『四書』、鶴岡致道館の『詩経（毛詩）』（図19）、福山藩の『小学』（図20）、長州明倫館『四書』（図21）、富山広徳館『四書』（図22）など、自藩以外で流行したものもあります。また、天保年間頃に、幕府の命令で一〇万石以上の大藩に大部の漢籍を出版させたこともあります。

（図23）は高松藩で明万暦二六年（一五九八）刊本の歴史書『隋書』を翻刻出版した藩版です。これら歴史書の翻刻は、昭和四〇年代に汲古書院から、『和刻本正史』として影印本が出されています。鶴岡藩の致道館などでは活字版による出版も行われました。もちろん、こうした官の出版が書肆と結びついていたと思われます。

書肆といえば、江戸時代は、江戸・京都・大阪の三都の書肆がほとんどですが、江戸時代の初期や前期は京都書肆の活躍が圧倒的に多く、質も高いといえましょう。中期以降は大阪・江戸が多く、後期は江戸が主となります。初期や前期には書肆名を出さない場合もあります。中期以降、特に後期は、封面（見返）の堂号と奥付の書肆名の同定を慎重に行わねばなりません。

そして、その書肆と結びつくのは藩校主体の藩儒でもありましたが、学者の個人的なつながりも強かったと思われます。その学者は自著を出版するよりは、訓点校訂を行って出版を手助けする人々が多かったようです。これが和刻本の重要な価値の一つで、要するに、中世から脱却して新しい中国の学問や新刊書をもとに、訓点付きの流布本を世に送り、発展・展開したもので、明・清版の覆刻翻刻本に訓点を附すことが多いのは特徴的で、儒者の校勘に優れるテキストも江戸時代後期には見られます。

大雑把にいえば、江戸時代前期は訓読に見るべきものがあり、後期は本文に価値あるものが存する、との見方もできます。長澤規矩也は、したがって和刻本の目録の索引に、訓読校訂者索引を作っていますが、ここからも文化史が見えてまいります。

例えば、漢籍の基礎である『四書集注』の訓点は、林羅山、山崎闇斎（一六一八〜一六八二）（嘉点と称します、図24）、佐藤一斎（一七七二〜一八五九）、後藤芝山（一七二一〜一七八二）、

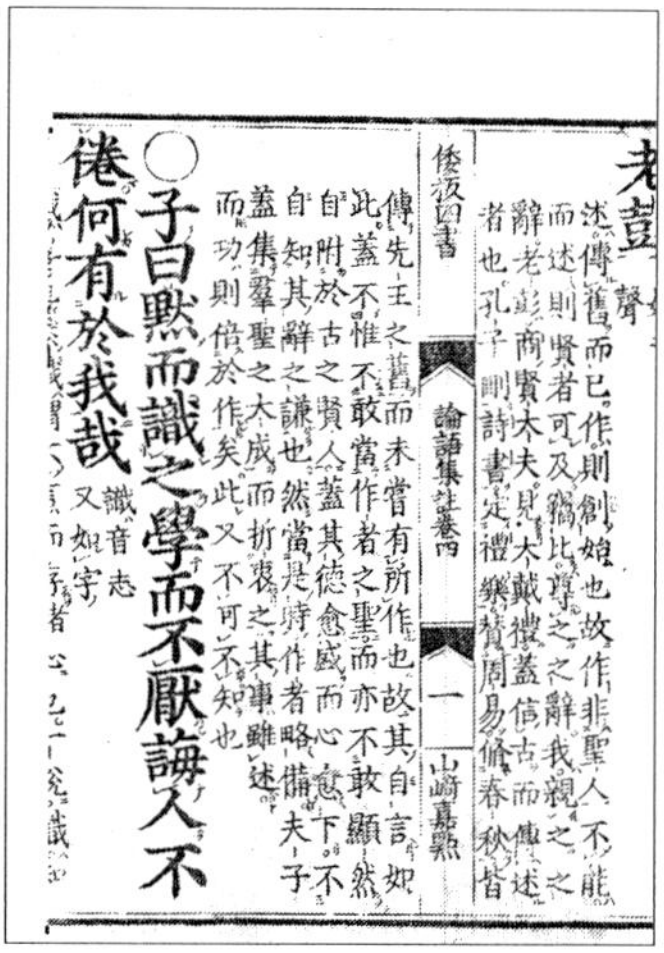
老彭
述傳舊而已作則創始也故作非聖人不能
而述則賢者可及竊比尊之之辭我親之之
辭老彭商賢大夫見大戴禮蓋信古而傳述
者也孔子刪詩書定禮樂贊周易脩春秋皆
倭版四書　論語集註卷四　一　山崎嘉點
傳先王之舊而未嘗有所作也故其自言如
此蓋不惟不敢當作者之聖而亦不敢顯然
自附於古之賢人蓋其德愈盛而心愈下不
自知其辭之謙也然當是時作者略備夫子
蓋集羣聖之大成而折衷之其事雖述
而功則倍於作矣此又不可不知也
○子曰默而識之學而不厭誨人不
倦何有於我哉
識音志　又如字

図24

荊山日尾先生訓點
慶應新刻
四書
全十冊
東京書林　文苑閣鈴木氏發兌

図25

日尾荊山（一七八九～一八五九）（図25）など色々な儒者の手にかかりますが、訓点の違いだけではなく、どのくらいの量がいつの時代に受け入れられたかを知らなければなりません。各藩の藩校が師事する学派とも関連があります。

こうした観点から分類整理してあるのが長澤規矩也・長澤孝三による『和刻本漢籍分類目録（増補訂正版）』『図書学参考図録』、そして正史だけでなく、文集等にも及んだ『和刻本漢籍影印シリーズ』（ともに汲古書院刊）なのです。医書においては、『日本漢方典籍辞典』（小曽戸洋・大修館書店・一九九九）が参考になります。

和刻本の時代区分

さて、こうした全体の観点を整理したうえで、和刻本も長い江戸時代のいつ頃に位置するものなのか鑑定しなければなりません。それにはやはり、経験もさることながら、ある程度の知識を持っておくのが良いとおもわれます。

そこで、その和刻本の整版本の時代をその特徴から、大雑把に時代わけすると江戸時代初期から江戸時代末期と分けることができます。これは和刻本の特徴からいえるもので、厳密なものではありません。

初期は寛永から慶安時代頃（一六二四〜一六五一）、前期は重複しますが、慶安から元禄時代頃（一六四八〜一七〇三）、中期としてこれも重なりますが、元禄から安永時代頃（一六八八〜一七八〇）、後期は天明から天保時代頃（一七八一〜一八四三）、末期は弘化から慶応時代頃（一八四四〜一八六七）と分けて見ます。

では、なぜこのような分類ができるのか、必要なのかを説明いたしましょう。それは時代とともに、版面に様相の変化がうかがわれることがあるのです。そして逆に、それが版本の出版時代判定に使われる材料ともなるということなのです。時代や地域によって印刷の形態に差が生じることは、中国のように広い国ではよくいわれることです。日本では地域差を説明するのは難しいですが、中国では例えば、宋の時代（九六〇〜一二七九）、四川省では顔真卿《がんしんけい》（七〇九〜七八五）の字体を用いて出版を行い、浙江省では歐陽詢《おうようじゅん》（五五七〜六四一）、福建省では柳公権《りゅうこうけん》（七七八〜八六五）、とそれぞれの特徴を持つ字体を用いて出版いたしました。時代ではどうでしょう。明の時代（一三六八〜一六四四）を見てみると、初期は柔らかい軟体字で、中期には方形の堅い字で、後期にはやや縦長の字体となります。

こうした特徴は字体というよりは字様と呼んだほうが適切かもしれません。この特徴をよく記憶に染み込ませておくと、印刷本の出版年代を定めるのに効力を発揮いたします。ただ、注意しなければならないのは、後の時代に前の時代のものと同じように見せかけて覆刻することがあるのです。それが覆刻本かどうかは元の本と比較しないとわかりませんが、経験を重ねると、何となく覆刻の臭いを感じることはできるようになります。

このような営為は日本も中国も同じであろうから、少しでもその中国の原理を日本に応用できないだろうか、と考えたわけです。すると次のようなことがいえるのです。

江戸時代初期の和刻本

江戸時代初期の和刻本は、寛永・正保・慶安（だいたい一七世紀前半）くらいの年代に出版されたもの。外形の特徴は、縦長で横幅が普通の和本よりも細いスタイルを持つ。中国の刊本、つまり唐本に似せた感じがします。前の時代の、朝鮮版の影響から、中国刊本の影響が濃い時代へと移行したのです。唐風を模倣するのが流行したのでしょう。前時代の名残もあり、綴じ

図 26

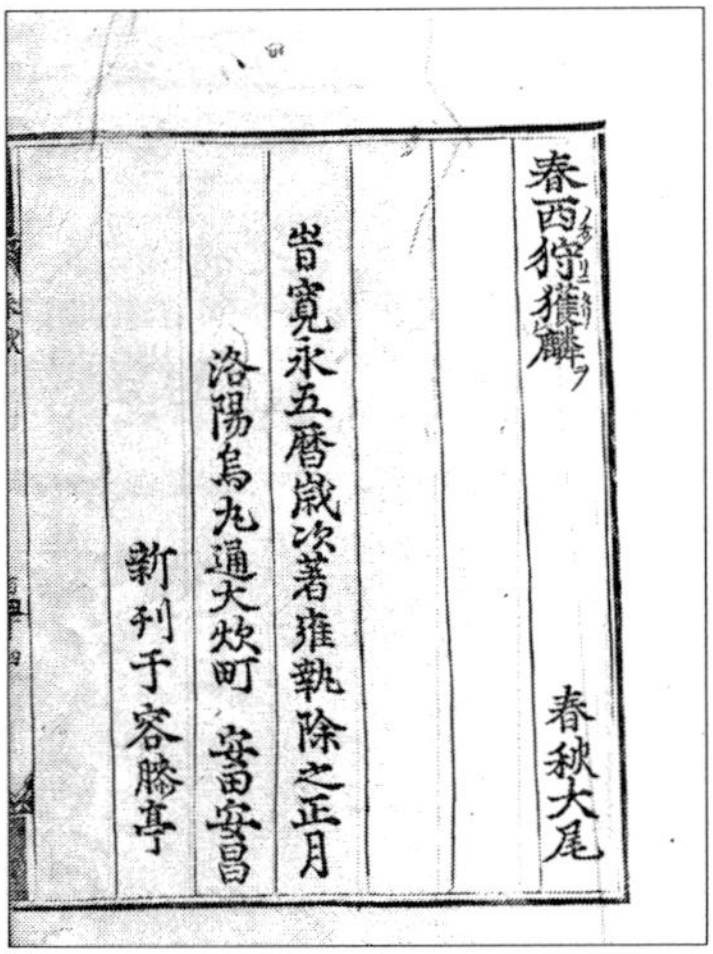

図 27

目は五つの穴に糸を通す五針にするものも多くあります。これは朝鮮版の影響です。中国も日本も一般に糸穴は四つです。表紙の色は、焦げ茶色やいわゆる栗皮色表紙（栗の皮の色に似ている）、また室町時代の余韻を持つ丹表紙も使われました。字様は柔らかく、朝鮮版の風格を持つものが多いようです。半頁の行数は八行・九行本が多いのですが、行数や毎行の字数は時代とともに増えていく傾向があります。（図26・27）

江戸時代前期の和刻本

江戸時代前期の和刻本は、慶安から元禄頃にかけて（大体一七世紀後半）出版されたものです。本の大きさは縦・横ともに全体的に大型です。表紙の特徴は藍色系で、縹《はなだ》色と言いますが、色の濃いものが多く、薄い青色でも上品な感じのものが多いようです。一般に、表紙の色は時代とともに薄くなる傾向があります。糸穴も前期の名残で五針のものがまだたくさんあります。字様は朝鮮版の影響から発展し、一種独特の風格を形作る時期となり、やや硬めで、大振りで威厳ある版面という印象を持たせます。（図28・29）

江戸時代中期の和刻本

江戸時代中期の和刻本は、元禄から明和・安永頃にかけて（だいたい一八世紀前半から後半）のもの。幅広い時代を抱え、中期のなかでもその前半（元禄・宝永・正徳）は江戸時代前期の

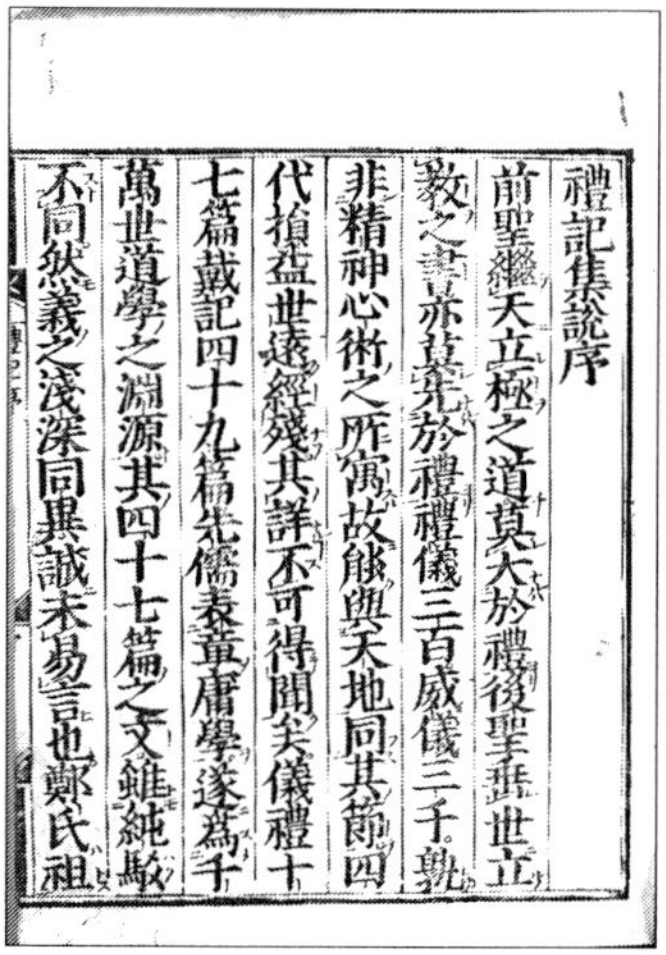
禮記集說序
前聖繼天立極之道莫大於禮後聖垂世立
教之書亦莫先於禮禮儀三百威儀三千孰
非精神心術之所寓故能與天地同其節四
代損益世遠經殘其詳不可得聞矣儀禮十
七篇戴記四十九篇先儒表章庸學遂爲千
萬世道學之淵源其四十七篇之文雖純駁
不同然義之淺深同異誠未易言也鄭氏祖

図28

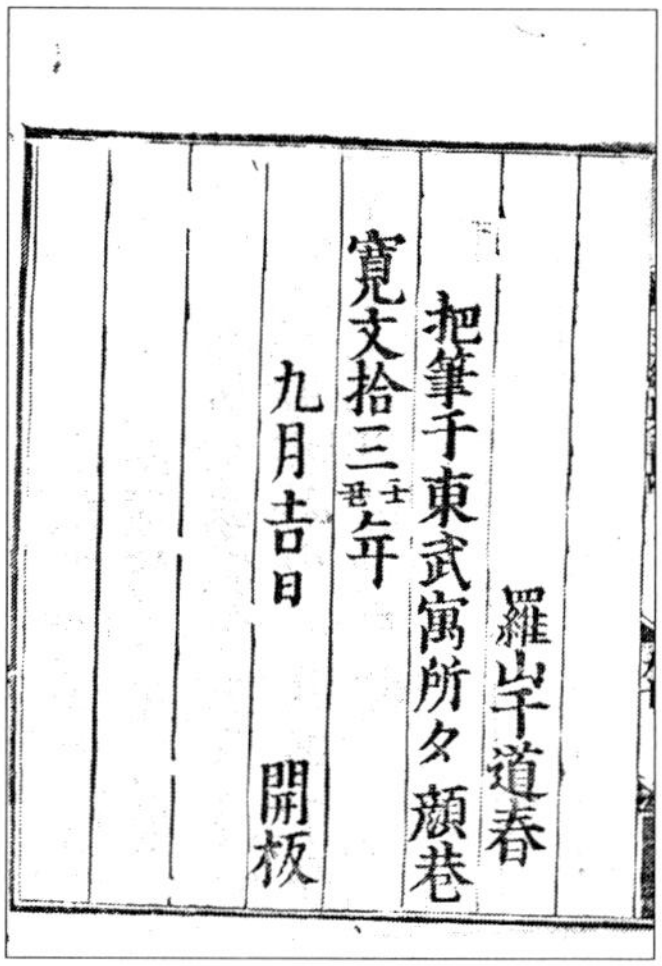
羅山子道春
把筆于東武寓所夕顔巷
寛文拾三年
九月吉日　開板

図29

風格を継承します。ただ、字様は前期のものに比べて丸みを帯びるようになります。享保・元文・寛保・延享は再び次第に丸みから独特の長方に、字様が変わっていきます。そして、寛延以降、後半は、薄い茶色や縹色の表紙が多く、全体的にやや小振りになる傾向があります。（図30・31）

江戸時代後期の和刻本

江戸時代後期の和刻本は、天明から天保頃にかけて（だいたい一八世紀後半から一九世紀前半）出版されたものです。本全体の大きさは次第に縮小されていきます。しかし、表紙の色や

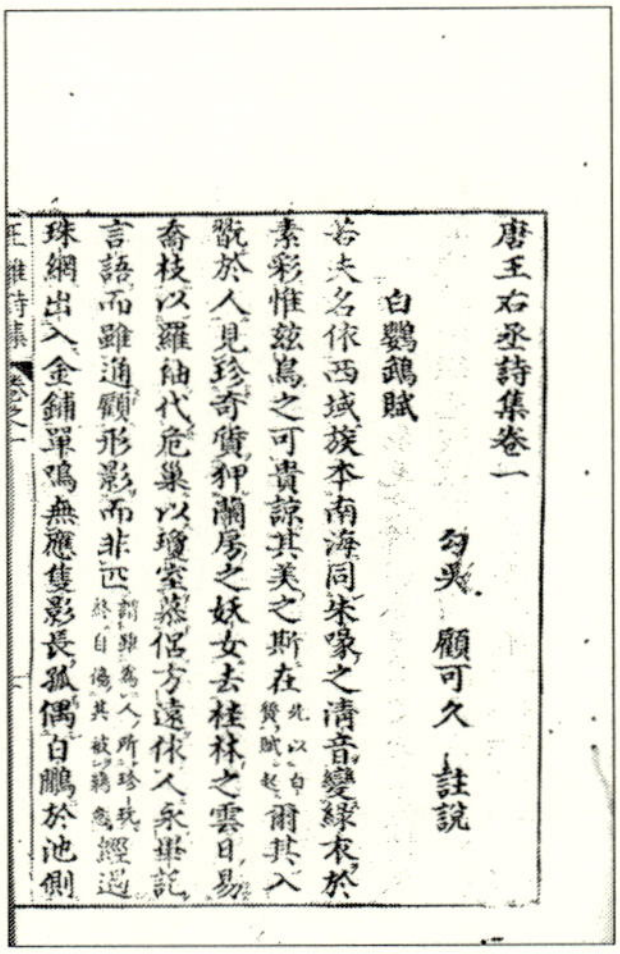
唐王右丞詩集巻一
句呉　顧可久　註説
白鸚鵡賦
若夫名依西域族本南海同朱喙之清音變緑衣於
素彩惟茲鳥之可貴諒其美之斯在
翫於人見珍奇質狎蘭房之妖女去桂林之雲日易
喬枝以羅袖代危巣以瓊窗深侶方遠依人永畢託
言語而雖通顧形影而非匹
珠網出入金鋪單鳴無應隻影長孤偶白鸝於池側

図30

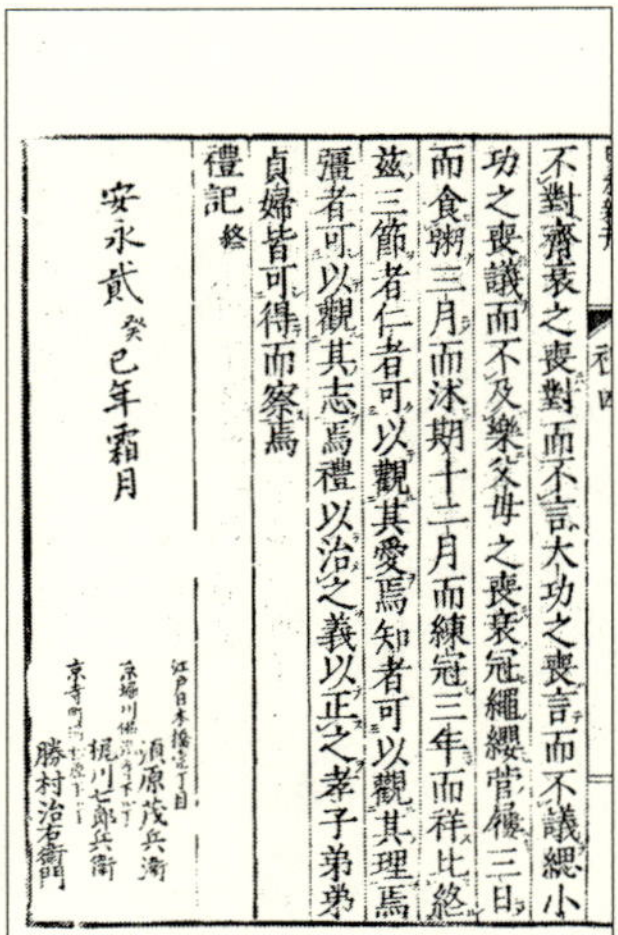
不對齊衰之喪對而不言大功之喪言而不議緦小
功之喪議而不及樂父母之喪衰冠繩纓菅屨三日
而食粥三月而沐期十二月而練冠三年而祥比終
茲三節者仁者可以觀其愛焉知者可以觀其理焉
彊者可以觀其志焉禮以治之義以正之孝子弟弟
貞婦皆可得而察焉
禮記終
安永貮癸巳年霜月
須原茂兵衛
梶川七郎兵衛
勝村治右衛門

図31

字様にはこれという特徴を特記することはできませんが、江戸時代前期のような威風はなくなります。文化年間の頃に、瀟洒な感じの字様や外形を持つものが現れるのは特徴といえるでしょう。また、享和年間には官版の影響もあって、規格ある整然とした版型のものもあらわれます。幕府が各大名の財政肥大化を懼れ、地方の大名に出版を命じ、大部の品格ある歴史書などが出現したのも特徴的です。著名な中国の詩文集も邦人による刪節本が多くなる傾向があります。狩谷棭斎や松崎慊堂などの考証学者の活躍による出版が目を引きます。

江戸時代末期の和刻本

江戸時代末期の和刻本は、弘化から慶応にかけて（だいたい一九世紀後半）の年代に出版されたものを指しますが、この時代の特徴は前時代に引き続き考証学者の活躍です。校勘学の成果による本文の優れたテキストの出版、また木活字印刷などによる瀟洒なものも見られます。校勘学者に医者が多かったことから、医書に、宋版の覆刻や古写本に基づいた良質の版本が多いのも特徴的です。

第六章

本屋の活躍

――『四書集注』の版種

古注から新注へ

江戸時代を迎える前、漢文図書に限らず本は手書きの写本が主流であったため、それらは古写本と呼ばれ、稀少価値を有しています。流布した量が少ないことや、写した人々の学問的背景、つまり、どこで教わり、何を勉強するために写本を作ったのか、それらが、当時の文化史を解く鍵となることがあるからです。

古写本は、もちろん、仏教書が中心で、それを古写経と称して、夥しい量が現存します。仏教書の写本は江戸時代にも途絶えることはありませんので、一概に古写経といって書写の時代を定めることはできませんが、仏教書以外の所謂外典においては、古写本といえば、江戸時代を迎える前、室町時代末期、近世の初頭（一七世紀初）より前の写本に限定されます。

どうしてそのように区切るのでしょうか。その写本は、現存する数にして一千点に垂んとする量ですが、その中心となるのは『大学』『中庸』『論語』『孟子』の『四書』、また、『易経』から始まる『五経』の類いだったのです。もともと『四書』という分類は、南宋の朱熹が始めた朱子学のもので、日本にその思想が渡来して大いに受け入れられたのでした。

先に述べましたように、朱子学が入る前は、『論語』も『孟子』もそれ以前の古い注釈本（漢代・三国時代・また唐時代のもの）を用いていました。それが、室町時代に朱子学を受け入れて『四書』という分類を用いましたが、相変わらず『論語』『孟子』などは古い注釈本を写本にしていました。

それは、何故かというと、こうした儒学書の受容を一手に牛耳っていたのが、博士家といわれる家の学者で、彼らの家には代々、古い注釈で伝わったテキストが権威をもって存在していたからです。その家の代表が、清原家ですが、古写本の相当な部分はこの清原家のテキストを引いた系統のものであったのです。それは容易に変えられるものではなく、古い注釈本のテキストは近世の初頭まで勢力を保ちます。それが、魏の何晏（一九〇～二四九）が諸家の注釈を集めた『論語集解《しっかい》』、後漢の趙岐による注解『趙注孟子』でありました。前者の古写本は現存するもので、一〇〇点を降らず、後者でも二〇点ほどもあり、かつての時代の隆盛をしのばせます。

林羅山と朱子学

こうした伝統に終止符を打とうと出てきたのが、林羅山でした。羅山は、古い注釈を去って朱子学を積極的に取り入れ、徳川家康の庇護を受けて江戸時代を朱子学全盛の時代に変えていきました。そして、夥しい量の漢籍を読み、訓点をつけていったのです。そして、羅山が漢文につけた訓点を「羅山点」と称して、それ以後、絶対的な権威を持つことになります。もちろん、その読み方は、中世の博士家の読み方を基盤にしたものではありましたが、世は、博士家点から羅山点の時代となったのでした。こうして、漢籍の流伝から見るとき、江戸時代は古注から新注へ、博士家から林家へ、という時代を迎えました。元禄四年林鳳岡《ほうこう》（一六四五～一七三二）のとき、湯島聖堂の完成とともに、

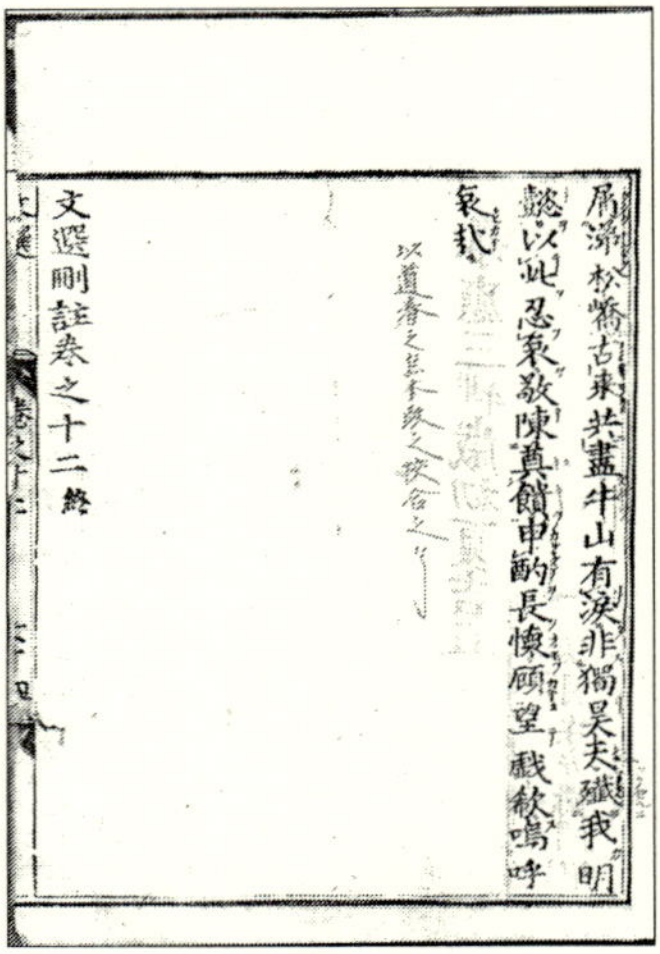

図１

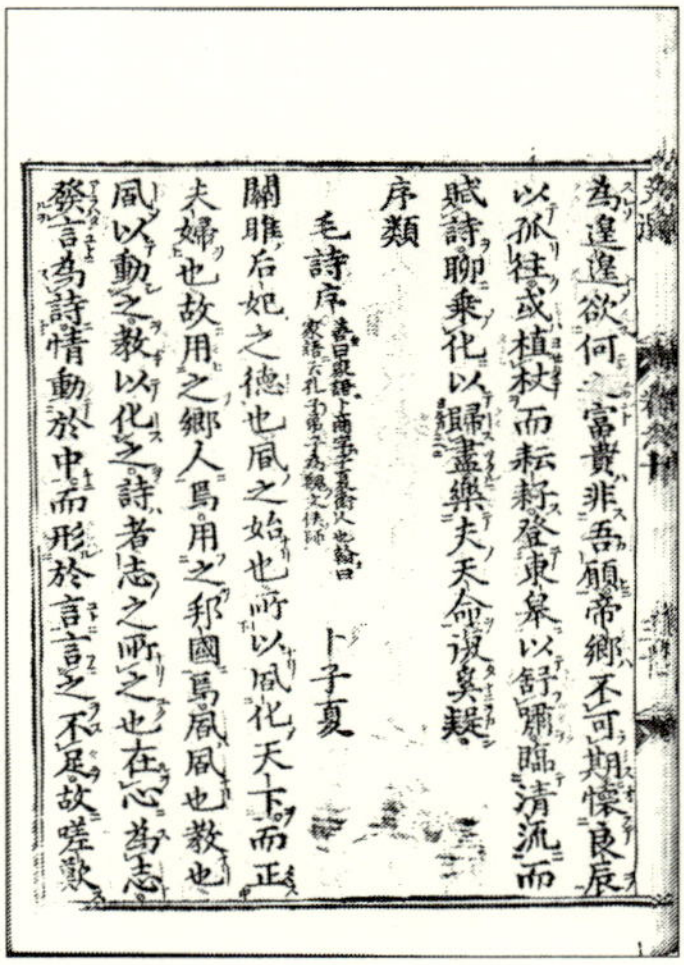

図２

林家は代々大学頭に任じられ、学問の主導権を握っていきました。

例えば、『文選』は古来、読まれた古典の代表格で、その読み方も博士家などの読み方をもとにして伝えられ、出版もされていました。その『文選』にも羅山は独自の読み（訓読）を加え遺していたようです。その本は現存しませんが、承応三年（一六五四）出版の『文選刪注《さんちゅう》』という本に江戸時代の誰かが羅山の訓点を写し取ったものが遺されています（図1）。これによって本当に羅山点『文選』が伝わっていたことがわかります。図版に「以道春之点本改之校合之了」（道春〈羅山の通称〉の点本によって訓点を改めた）と見えるのがそれです。出版された本の、加えられた訓読の上に羅山の点を参考にして、朱筆で訂正しているのがわかります（図2）。この羅山点本の原本は、どうも、今、徳川記念財団に所蔵されているものではないかと思っておりますが、それはまた別のところで述べましょう。

本屋の活躍

このように、羅山は、漢籍の主要なものには全て自ら自筆をもって訓点を施していたのでしたが、明暦三年（一六五七）の大火で書庫を焼かれ、手沢本の多くは焼失しました。実際に、羅山が自筆で訓点をつけた『四書』『五経』は遺っていないのです。しかし、羅山の点は周辺の人が写し、権威とともに伝えられたものと思われます。『四書』『五経』の訓点もそのようにして世に広まったのでしょう。そして、その羅山点が尊ばれ、出版されるようになると、そこで、今度は本屋の活躍が現れてくるのです。江戸時代の古典籍は、この本屋の活躍を軸にして触れていくと、わかりやすくもあり面白くもあります。

とはいえ、本屋の出現にも悲しい話しはあります。羅山は若い頃、漢文の大家、藤原惺窩に師事しましたが、その同学に菅得庵（一五八一～一六二八）という儒者がおりました。博学な学者でしたが、その弟子で、ようやくこの頃興った出版業に従事する安田安昌に刺され絶命する事件がありました。安昌は羅山が伝えた惺窩の訓点『五経』を出版するなど（図3）、現存する優れた訓読の遺産を遺しましたが、著名な陽明学者・中江藤樹（一六〇八～一六四八）によれば、菅得庵は安昌を軽視していたということです。安昌が出版を事としたからなのかは分かりませんが、もともと同じ学者仲間から出現する出版業が軽視されたのであれば、それはあるまじきことでした。この事件が寛永五年（一六二八）、図版に見るようにその年の一月に安昌は『五経』

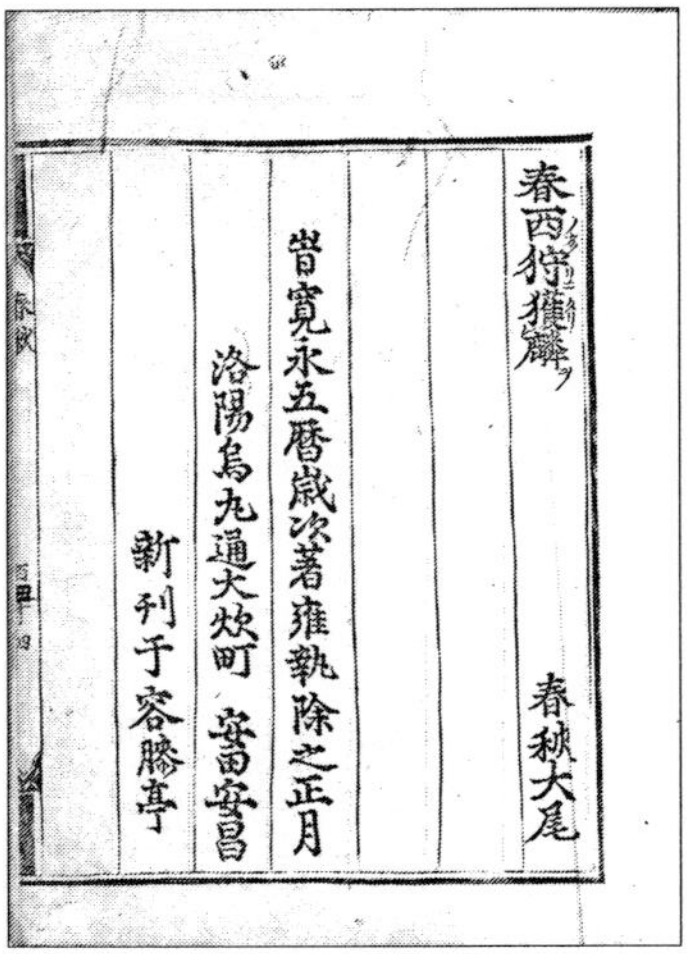
春西狩獲麟
春秋大尾
旹寛永五暦歳次著雍執除之正月
洛陽烏丸通大炊町　安田安昌
新刊于容膝亭

図３

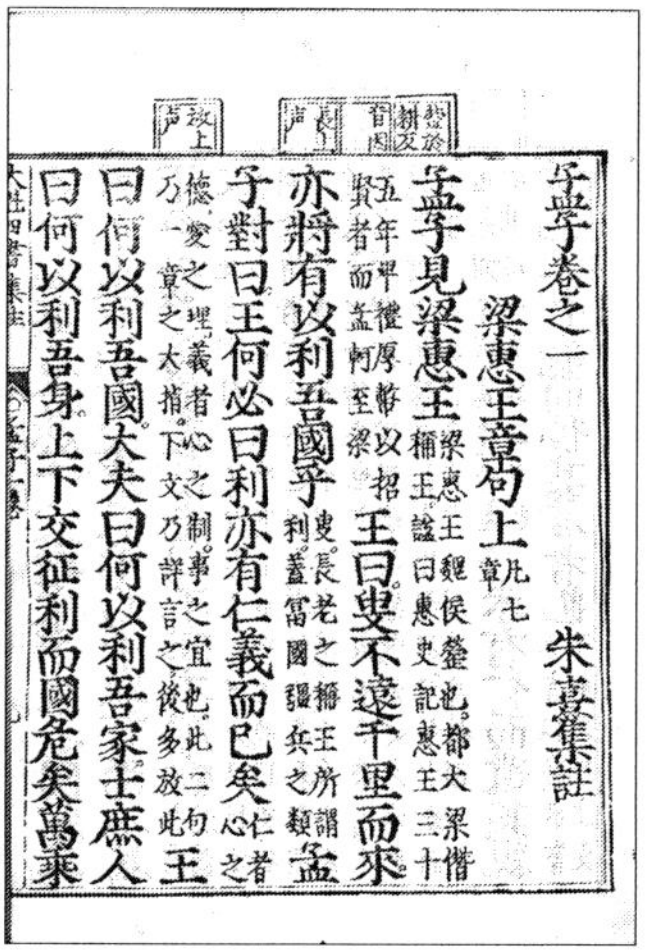

図４

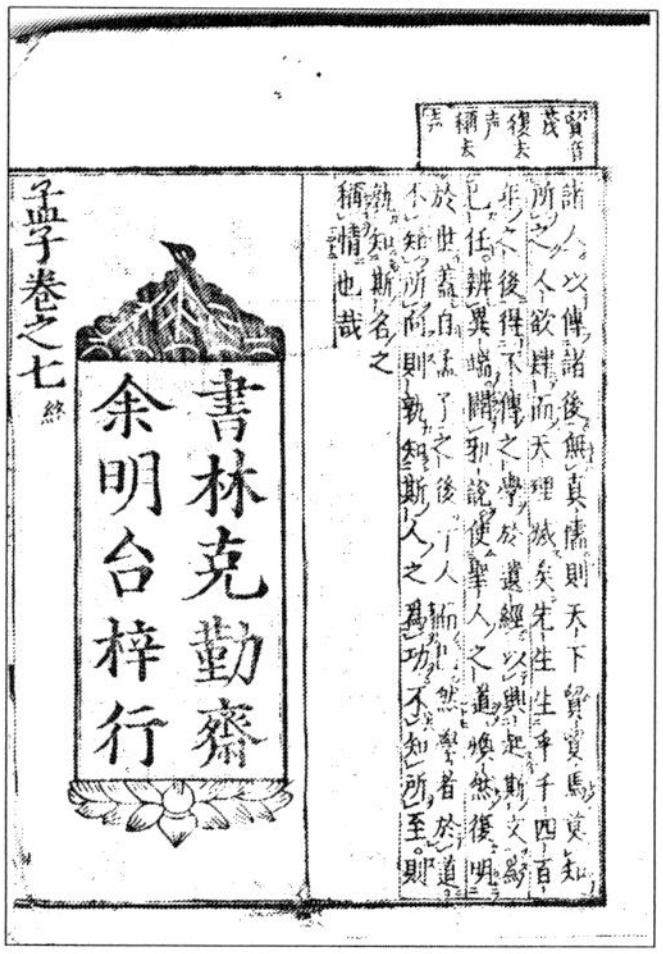

図５

を出版していたのでした。この話は、『先哲叢談』（原念斎著　文化一三年＝一八一六刊）という本に書かれています。

朱子学による『四書』のテキストは『四書集注《しっちゅう》』と呼ばれ、中国では宋時代（一三世紀）以来使われてきていますが、日本で最初に読まれたのも鎌倉時代とか南北朝時代とか、かなり古い時期であったとされていますが、世に流行したのは明時代（一六世紀）に出版されたものを参考にして江戸時代の初めに出版された『大魁《たいかい》四書集注』というものであったようです。

最初は訓点の無い白文本であったようです（図４）。そこに寛永の初め頃、如竹という学僧が訓読を加え再び出版したのです。底

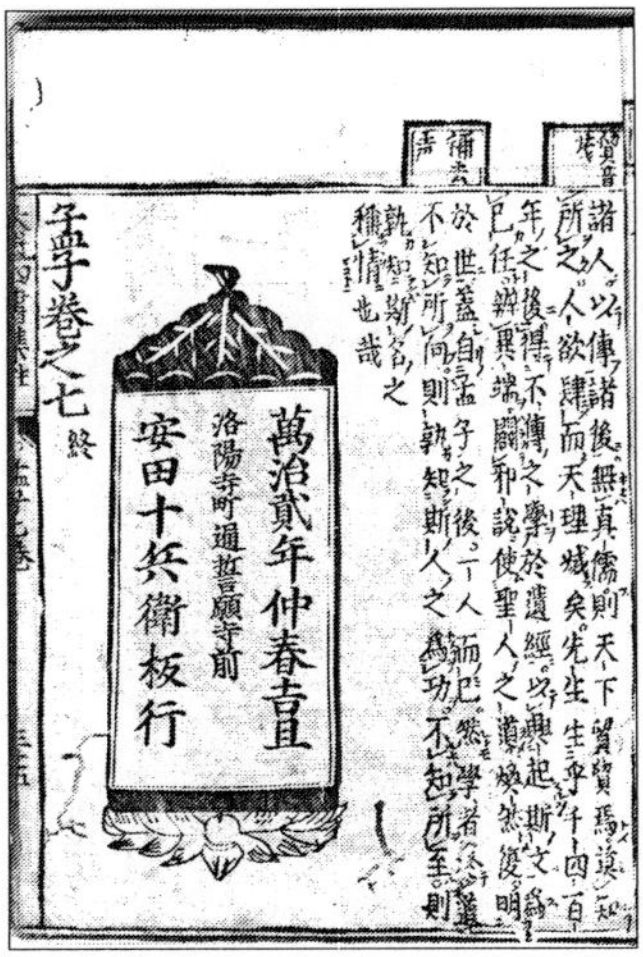

図6

図7

本は中国のものであったようで、末尾に「書林克勤斎余明台梓行」とありますが（図5）、これは中国福建省の出版物によく見る本屋の記で、余という姓の本屋の名です。こうしたものを中国では蓮牌木記《れんぱいもっき》といい、仏教の経典を出版する際に用いたことから本屋の間で流行しました。

江戸時代本屋の活躍が盛んになると（図6）のように、「安田十兵衛」などと本屋が自らの名前を差し込むようになります。「大魁」は「状元」と同じ意味で、中国の公務員試験・科挙のトップ合格です。この本を使えばトップ合格間違いなしということ。「鼇頭を占める」も同じことです。合格するとスッポンの彫刻物を前にして表彰されたからこのように表現するのです。絵はそれを面白く

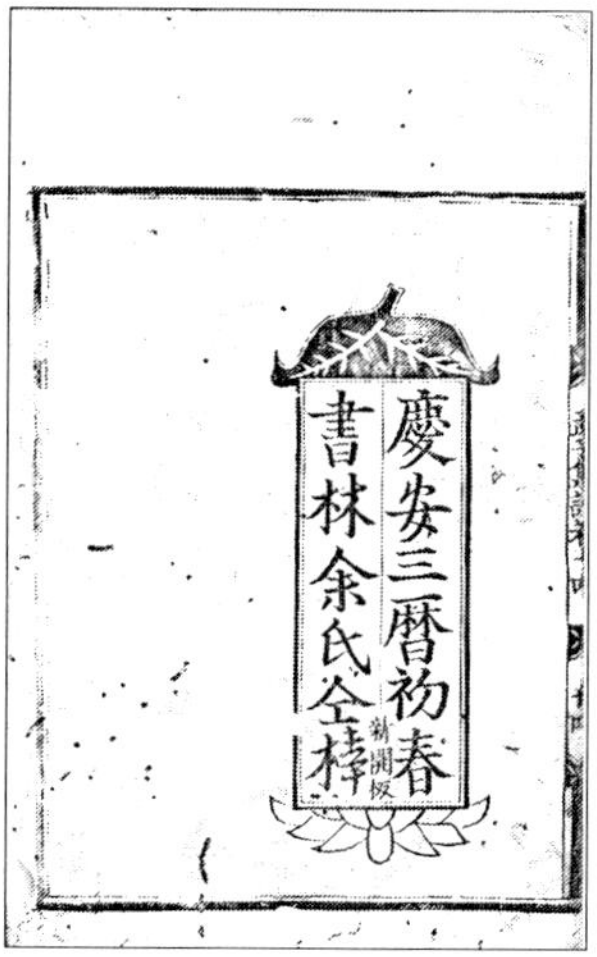
慶安三暦初春
書林余氏全梓　新開板

図８

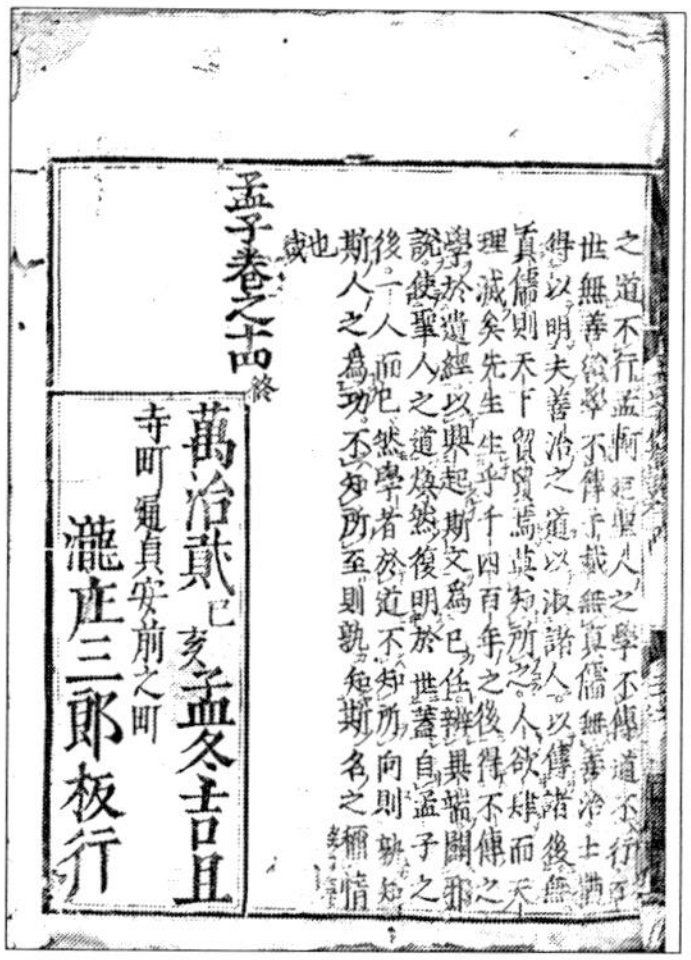
孟子巻之十四　終
萬治貳巳亥孟冬吉旦
寺町通貞安前之町
瀧庄三郎板行

図９

書いています（図7）。

如竹はその訓点本のあとがき（寛永二年＝一六二五）に、師より伝えられた『四書集注』の訓読法は、誤って伝えてもいけないので手元にあるが、中野道伴が出版をせがむのでやむなく世に出すことにした、と記されています。中野道伴という出版家の活躍を彷彿させますが、この「大魁」本はこれから、正保・慶安・承応・万治の頃までは確実に版を重ねて流布していたようです。そしてその後は、パタリとその姿を消したと思われます。

その趨勢を見ながら、羅山の権力は増すばかりでありましたが、その「大魁」本を引き継ぐかのように「大魁」と題さない『四書集注』が出て参ります。その最も早いものの一つが（図8）に見える慶安三年（一六五〇）本です。羅山六八歳の時ですが、この本には羅山の訓点とは題していませんが、羅山の点本ではないかと思われます。蓮牌木記の様式を受け継ぎ、日本の年号を入れているけれども、本屋の名前はまだありません。そして、この本が版を重ね、「大魁」本と平行するように慶安～万治年間頃まで続きます（図9）。

表紙などに見る時代的特徴

ここで、一つ面白いことを知っておかねばなりません。前述したことの繰り返しになりますが、江戸時代の漢籍は、表紙の特徴や、一頁に何行、一行に何字あるかによってその時代的特徴を探ることができます。和本は、一枚一頁を半分に折って綴じるので、折り目から左右対称、したがって半面の行数を数えておくわけです。時代とともに本屋は効率を考えて、行数を増やしていくのです。するとそれだけ頁数も少なくて済むことになり、原料費が安くなるということでしょうか。当然、一

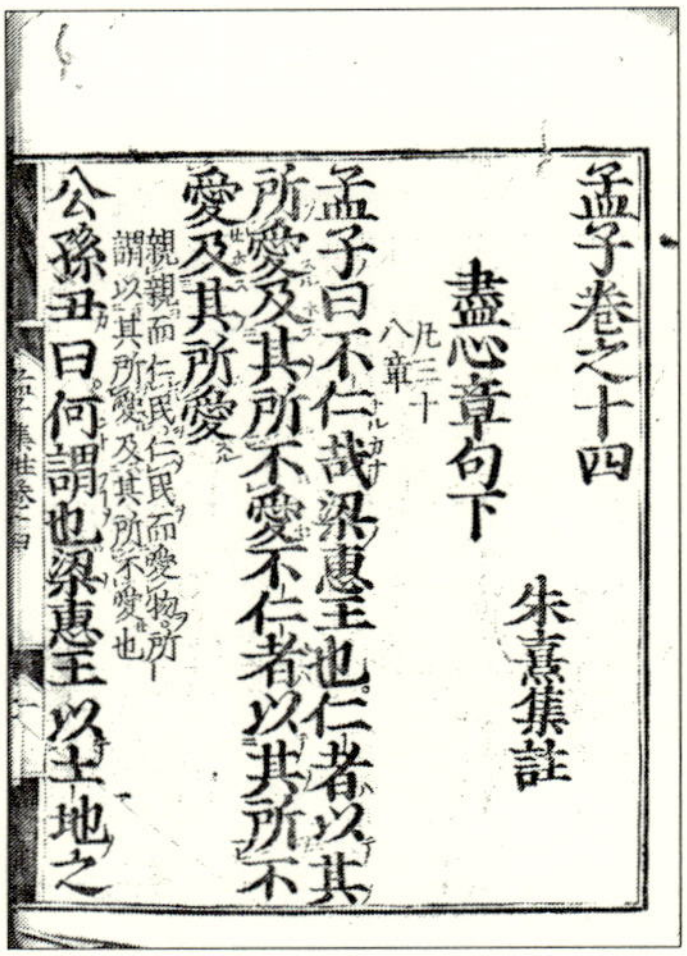
孟子巻之十四
盡心章句下　朱熹集註
凡三十八章
孟子曰不仁哉梁恵王也仁者以其所愛及其所不愛不仁者以其所不愛及其所愛
親親而仁民仁民而愛物所謂以其所愛及其所不愛也
公孫丑曰何謂也梁恵王以土地之

図10

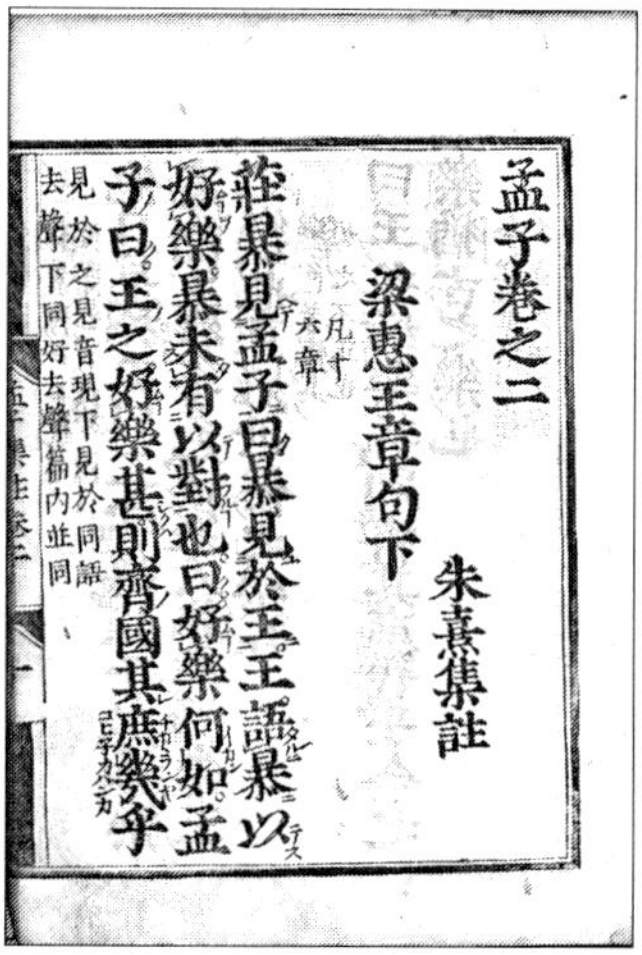
孟子巻之二
梁恵王章句下　凡十六章　朱熹集註
荘暴見孟子曰暴見於王王語暴以好樂暴未有以對也曰好樂何如孟子曰王之好樂甚則齊國其庶幾乎
見於之見音現下見於同語去声下同好去声篇内並同

図11

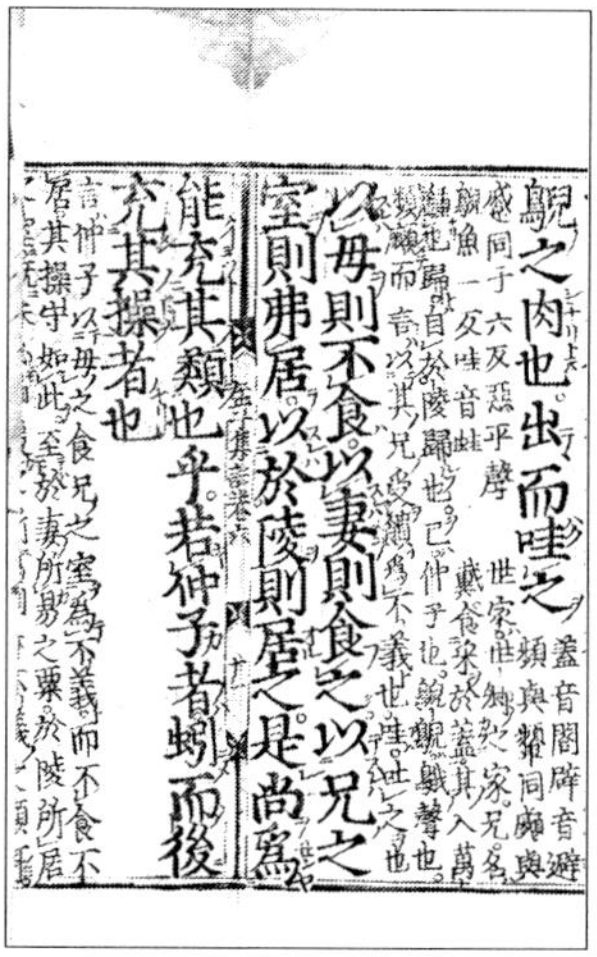
鶃之肉也出而哇之
以母則不食以妻則食之以兄之室則弗居以於陵則居之是尚為能充其類也乎若仲子者蚓而後充其操者也

図12

行の字数も多くなってまいります。この羅山の点と思しき『四書集注』は半頁、つまり半面八行のものから始まっています。それが九行（図10）、一〇行…と次第に時とともに行数を増やしてまいります。そして、八行本も最初は一行に一三字詰めのものでしたが、一四字詰めのものになります（図11）。これだけを見ていくことでも、刊行年を記さないものの刊行順番を定めていくことができます。

さらに、頁の半分の折り目には目安として魚の尾のような文様（これを魚尾と言います）が置かれますが、その魚の文様のなかに花びらのようなもの があるもの（花魚尾）（図12）とただ真っ黒のもの（黒魚尾）（図13）があります。そして、花魚尾は時代が古いようです。不思議なからくりです。

もう一つ、表紙の色です。もちろん、表紙は後の時代に付け替えをしますので、本が出された時代とは全く違うものが添えられていることが多いですが、本が出された時代に添えられたと思われる表紙に限ってみると、栗皮色をした表紙が江戸時代の初期には流行ったようです。これを栗皮表紙と呼んでいますが、また、その栗皮色が時とともに浅く変化してくる、深い栗皮色ほど古いと感じられるのです。江戸時代の初期を越えるとその色は使われなくなっていきます。

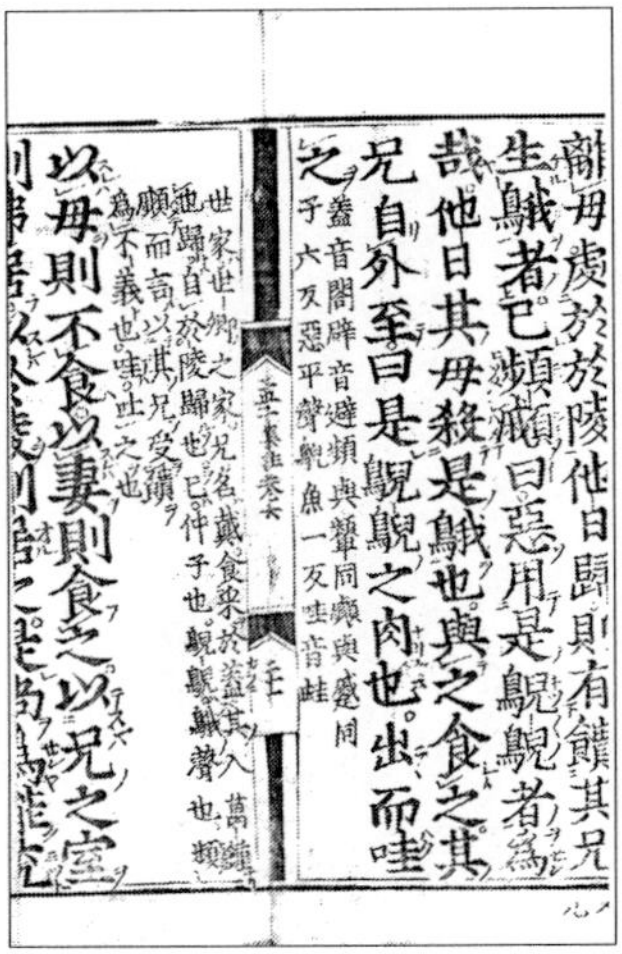
離母處於於陵他日歸則有饋其兄
生鵝者已頻顣曰惡用是鶃鶃者為
哉他日其母殺是鵝也與之食之其
兄自外至曰是鶃鶃之肉也出而哇
之

孟子集注巻六

以母則不食以妻則食之以兄之室

図 13

半頁八行、毎行一三字、花魚尾、そして栗皮表紙、慶安三年の『四書集注』はまさに古い様式を揃えたものといえるでしょう。それが栗皮表紙の八行一四字本、花魚尾本から黒魚尾本と姿を変えていくのです。江戸時代初期の『四書集注』は、まだ本屋の活躍も定かでなく、『論語』『孟子』『大学』『中庸』と全冊揃って遺っているものはありませんので、僅かに遺る端本をたよりにこうした分別法を見つけていかなければなりません。

そして、この江戸時代初期の特徴を備えた『四書集注』が、パタリと止んで、寛文年間（一六六一～一六七二）の新しい形へと移行してゆくことになるのです。

ただ、寛永年間に、栗皮表紙の『四書集注』は、本屋の名を記さずに、幾版もの上梓が繰り返されたわけですが、ものによっては、その版木が江戸時代の前期まで、半世紀ほども引き続き使われたものもあったようです。（図14）に見るように、寛永年間に出版されたものを、天和二年（一六八二）に秋田屋市兵衛という本屋が、版木をそのまま使って印刷した例が見られます。ちょうど、刊記の四行が不自然な形となっていて、この部分だけもとの版木に埋め込んだのですが、こういう例を埋木《うめき》といい、本屋が登場するとよく行われる仕業です。版木がおこされた時期と埋木の時期はかなりの時間が経っていることが多く、こうした例を、後印といって初印本と区別します。本屋が登場すると、いろいろとややこしい事態が生じて参ります。この本などは、天和二年に

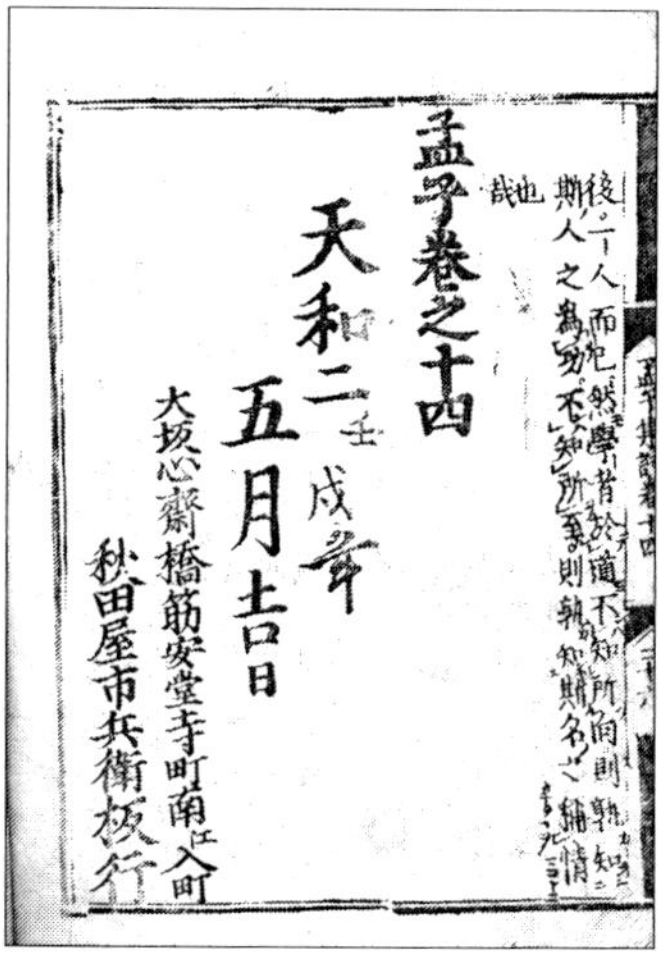

図 14

印刷され、表紙には題簽が張られ、はっきり「道春点」と、林羅山の点本であることをうたっています。

このように、寛文年間以降、本屋が名を出すようになってから、これらの一連のものが羅山点本であると吹聴されることとなるのです。前述のように羅山の自筆の訓点本が現れないかぎり、断定はできないわけですが、後世、今にいたるまで、当時の本屋の伝説が守られていることとなっているわけで、本屋の力が如何に大きいものであるかを知る例ともなっています。

寛文年間のテキスト

さて、寛文年間の新しいグループを見てみましょう。羅山はとうとう明暦三年（一六五七）の大火後に世をあとにしますが、その没後、寛文年間はまだその余熱が冷めない時で、羅山の成果が、というよりは権威のようなものが、『四書』においても『五経』においても確立された時であると考えられ

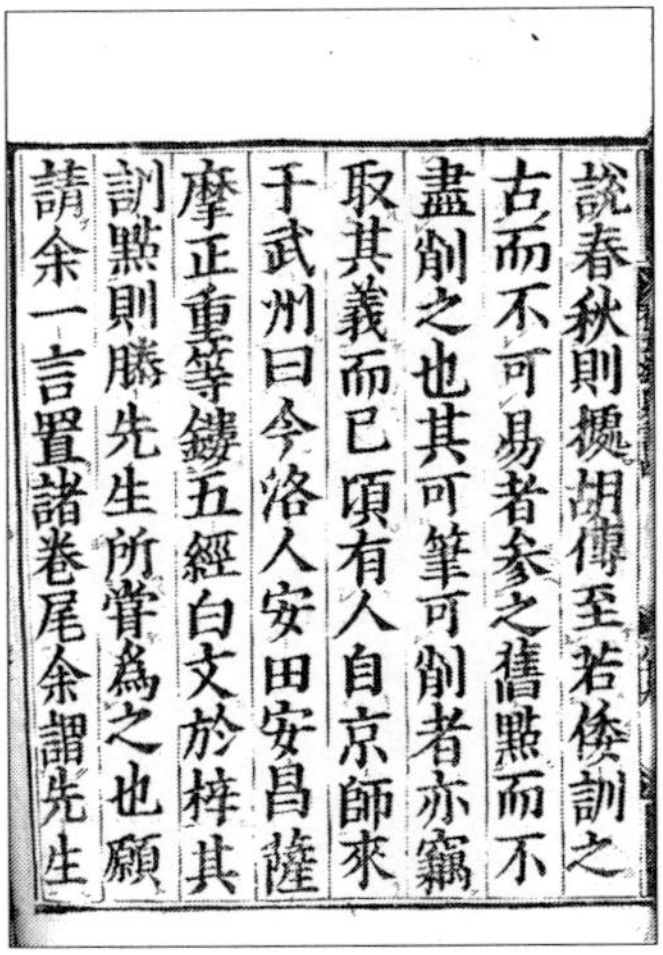
説春秋則攄胡傳至若倭訓之古而不可易者参之舊點而不盡剞之也其可筆可削者亦竊取其義而已頃有人自京師來于武州曰今洛人安田安昌薩摩正重等鏤五經白文於梓其訓點則勝先生所嘗爲之也願請余一言置諸卷尾余謂先生

図 15

ます。そして、本屋の名前がはっきりと記されるようになります。表紙に貼られた題簽にも「道春点」とうたわれるようになります。その訓読がはたして本当に羅山が付けた訓点に基づいているのかどうかの確証はありませんが、先に見た江戸時代初期の栗皮表紙の一連の出版物に基づいていることは間違いがありません。

ただ、『五経』について見れば、寛文一三年（一六七三）に出版されたものに、羅山の「五経奥書《おくがき》」と題して、羅山が藤原惺窩の訓点本に手を加えて再び『改正五経』を出版するという旨のことを記してあるので、羅山の点本が確かに伝わっていたのでしょう。『四書』においても同じことがいえるであろうことは想像にかたくありません。

その『五経奥書』にはこのようにあります。（図15）

本朝詞人博士振古五経ヲ講ズル者唯ダ漢唐諸儒ノ註疏ヲ読ミテ未ダ宋儒ノ道学ヲ知ルコト能ハズ、故ニ世人皆訓詁ニ拘テ物理ヲ窮ムルコト能ハズ、殆ド数百千歳、然シテ今世往歳妙寿院惺窩藤先生学ヲ格物ノ暇ニ講ジ、新ニ訓点ヲ五経ニ加フ、……サキゴロ人アリ京師ヨリ武州ニ来タリテ曰ク、今洛人安田安昌・薩摩正重等五経白文ヲ梓ニ鏤シテ其ノ訓点ハ則チ藤先生嘗テ之ヲ為ス所ナリ、願ハクバ余一言シテコレヲ巻尾ニ置カンコトヲ請フ、余謂フ、先生嘗テ之ニ訓点ヲ為スト雖モ其ノ元本之ヲ蔵シテ出サズ、蓋シ其ノ副人間ニ流落シテ……

新版
論語
六七

図 17

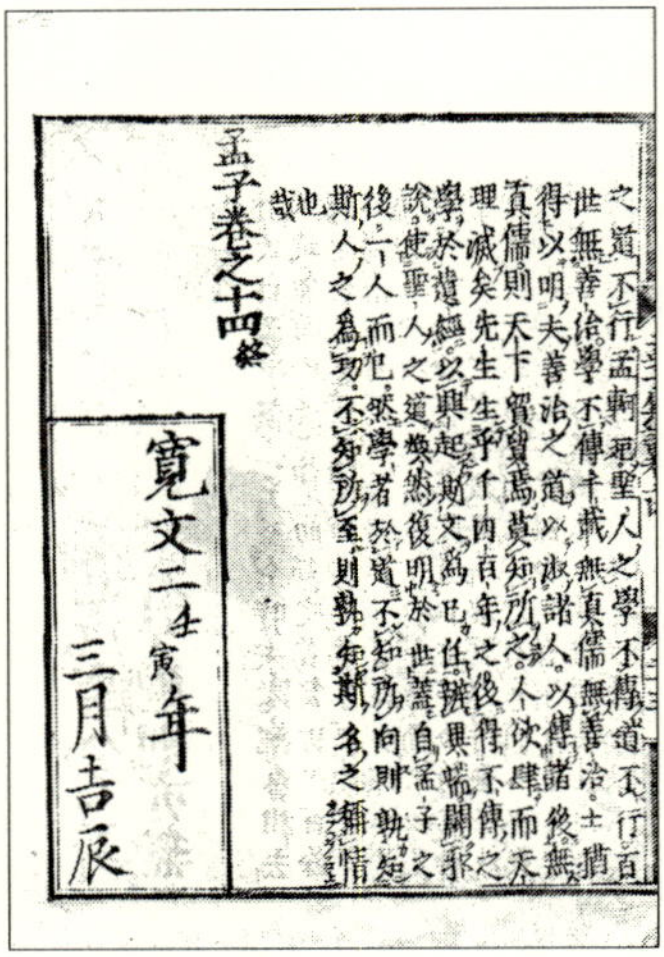
孟子巻之十四終
寛文二壬寅年
三月吉辰

図 16

論語巻之一
學而第一
朱熹集註
子曰學而時習之不亦説乎

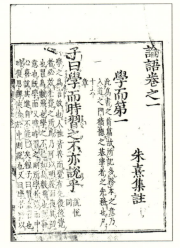

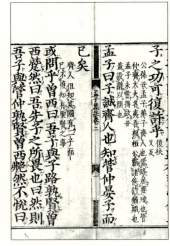

図 19

子之功可復許乎
孟子曰子誠齊人也知管仲晏子而已矣
或問乎曾西曰吾子與子路孰賢曾西蹵然曰吾先子之所畏也曰然則吾子與管仲孰賢曾西艴然不悦曰

図 18

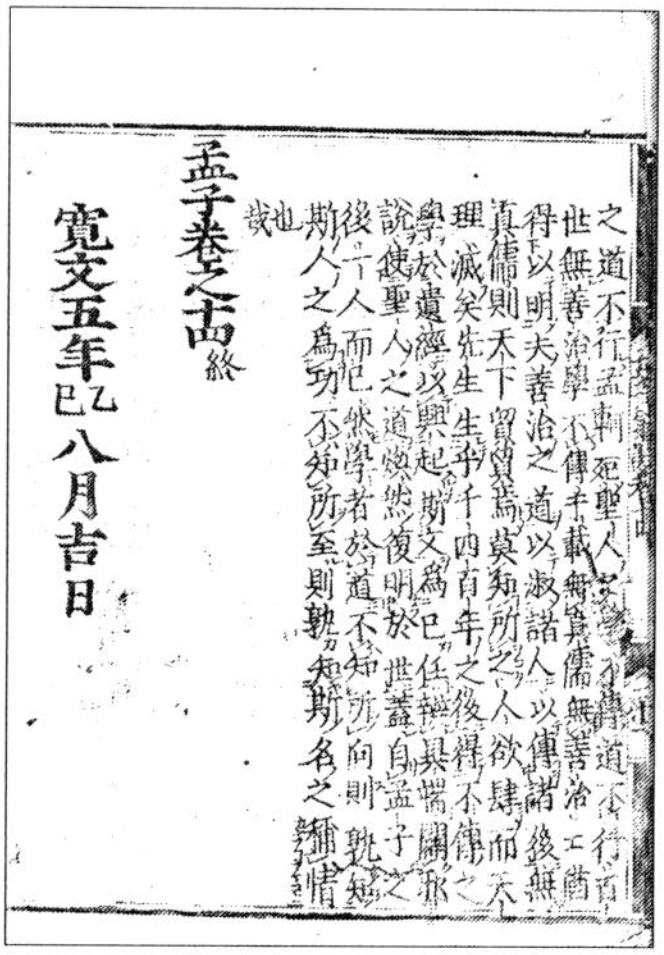

図 20

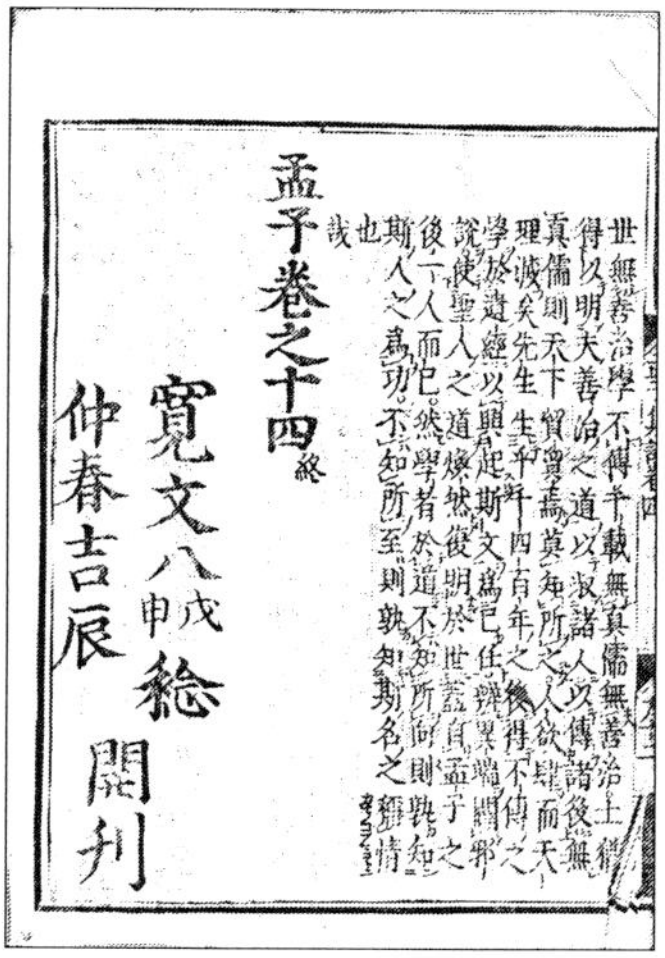

図 21

寛文年間の『四書』は、寛文二年（一六六二）のものが初見です（図16）。これはまだ本屋の名前がありませんが、『新板四書』と名乗り（図17）、行字数の並べ方も寛永年間のものによく似ています。版心に「孟子集注」などと記し（図18）、黒魚尾が二つありその上下に黒い線（これを黒口と言います）を加えます。ただし、寛永年間の一連のものと違うのは、毎半葉が九行、毎行一四字になって一行増えることです（図19）。

そしてさらに表紙の色も栗皮色から、縹色（はなだいろ）、つまり濃い青色に変化することでした。寛文五年の刊記があるもの（図20）、また、寛文八年の刊記あるもの（「寛文八年開刊」）（図21）もこれと同じ形になっていて、本屋の名前は記しませんから、寛文年間の初頭にはまだ本屋の名前が出ないものが、随分あったのかも知れません。

そんな頃、盛んに『四書』『五経』を出版した野田庄右衛門という京都の本屋が、寛文四年(一六六四)に小振りですが瀟洒なものを出版します(図22)。題簽にははっきり「道春点」と題していますので(図23)、所謂道春点本の『四書』はこの頃から世に広まったと考えられている根拠となります。

図に見るように、野田氏は、羅山と同じ藤原惺窩の弟子の松永尺五(一五九二~一六五七)の子、松永寸雲(一六一九~一六八〇)が訓点を施した『頭書《かしらがき》五経集注』を出版し(図24)、大変流行しました。『四書』において同じような流行を狙ったものと思います。

しかし、この寛文四年刊『四書』は今に遺る伝本が少なく、非常に多く流行したものとは断言できません。

野田氏は、(図25)に見るように延宝七年(一六七九)に『小学句読《くとう》』という朱子学の教科書を出版していますが、延宝の頃には京都烏丸通下立売にあったことがわかります。

とまれ、その訓点を見てみると、『論語』の劈頭の文句、「学ンデ時ニ之ヲ習フ」と普通に教わりますが、この本は「学ンデヨリヨリ之ヲカサヌ」などと読んでいます(図22)。複雑な読

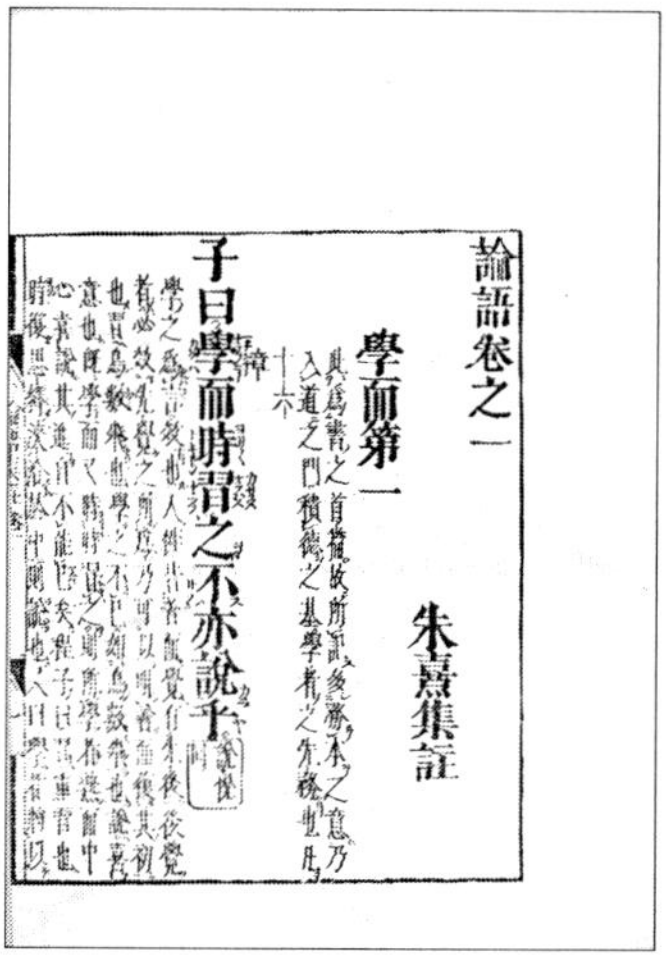
論語巻之一
學而第一　朱熹集註
子曰學而時習之不亦説乎

図 22

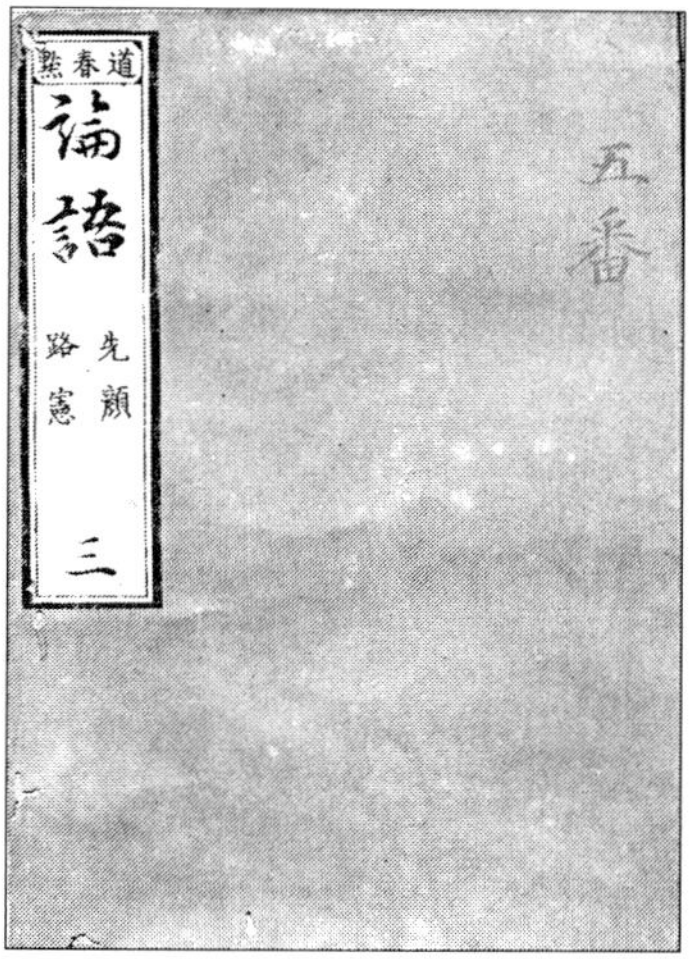

図 23

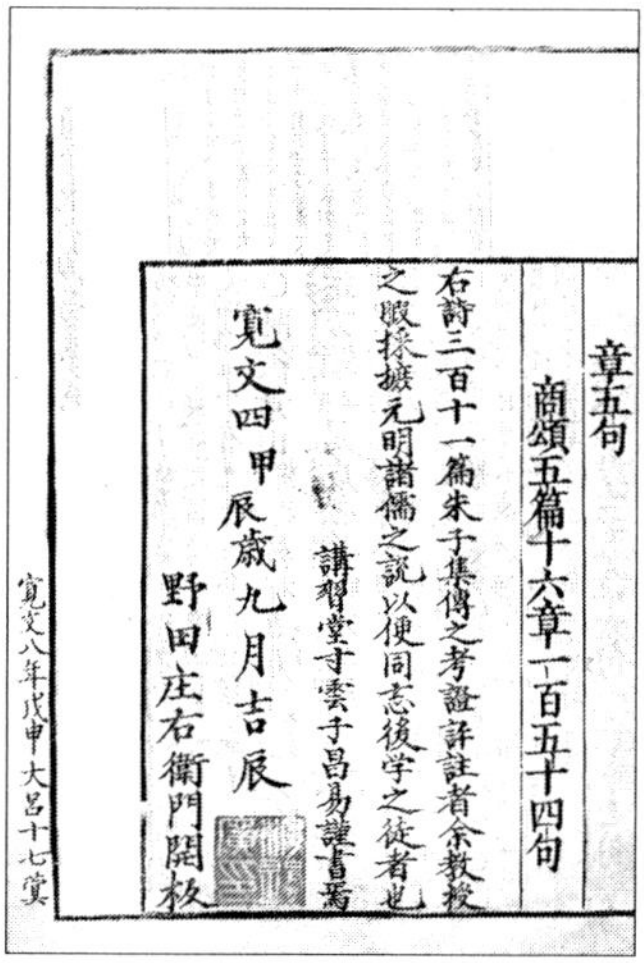
章五句
商頌五篇十六章一百五十四句
右詩三百十一篇朱子集傳之考證詳註者余教授之暇採據元明諸儒之説以便同志後学之徒者也
講習堂寺雲子呂易謹書焉
寛文四甲辰歳九月吉辰
野田庄右衛門開板
寛文八年戊申大呂十七寔

図 24

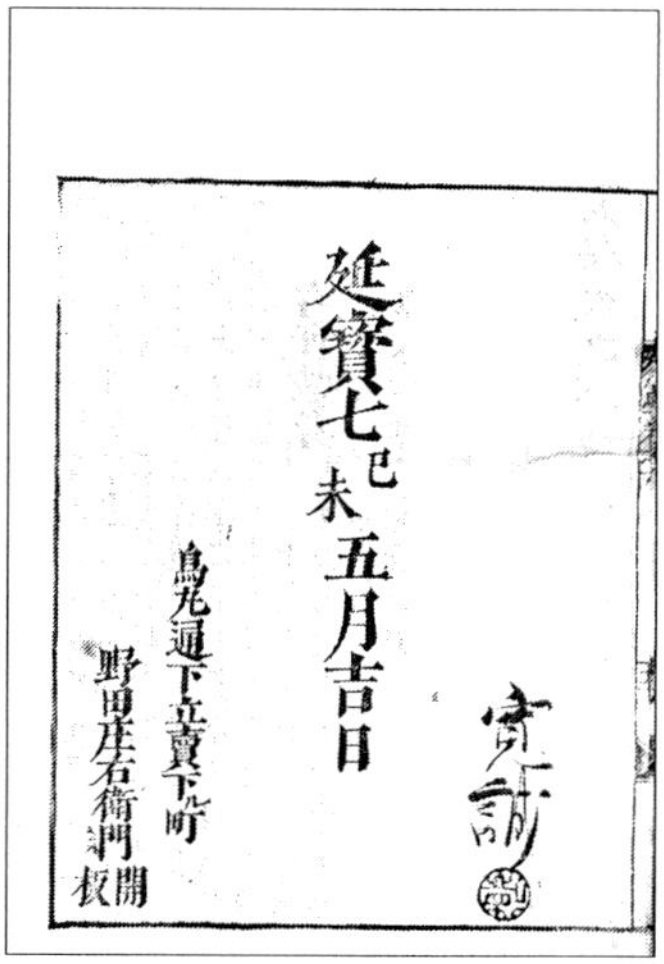
延寶七己未五月吉日
烏丸通下立賣下町
野田庄右衛門開板

図 25

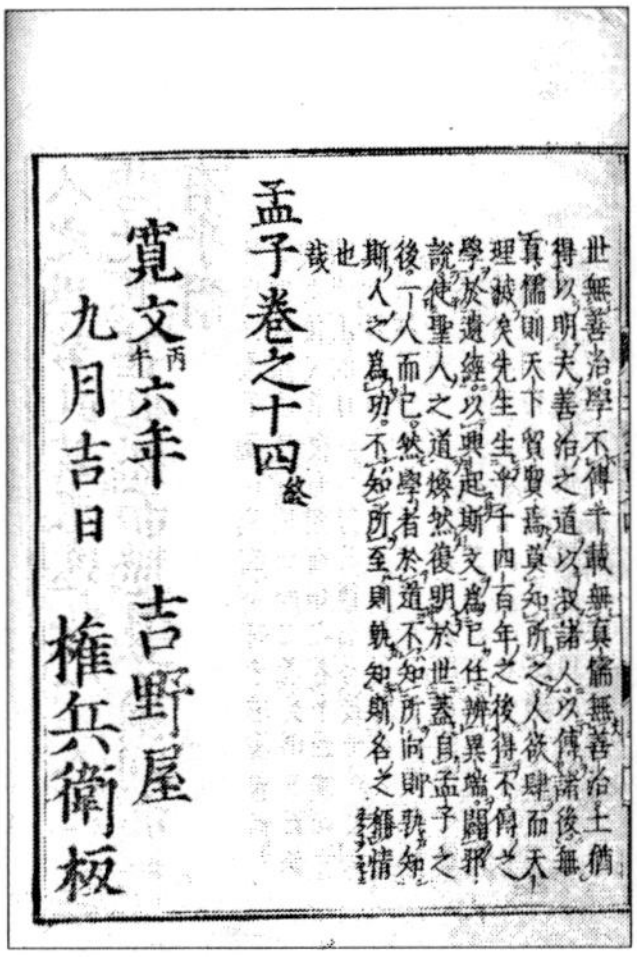

図 26

図 27

みをしているようですが、翻訳に近く、実は中世以来の古写本の読み方を大いに参照したものであります。羅山の学問は新しいとはいえ、しっかりと伝統を踏まえた革新であったことがよくわかります。

寛文六年になると吉野屋権兵衛という本屋が「新版校正　道春点」と表紙題簽に記して、本格的に本屋が道春点を売り出す時代が到来します（図26）。これには、封面（見返し）に、「点付、新版、四書集注、羅浮山」としています（図27）。羅浮山は羅山を指します。本書は縦が二八・五cmとやや大型の本ですが、版心には「孟子集注」などと記し、毎半葉九行一四字で縹色の表紙を付け、典型的は寛文年間の様式を保っています。

図 28a

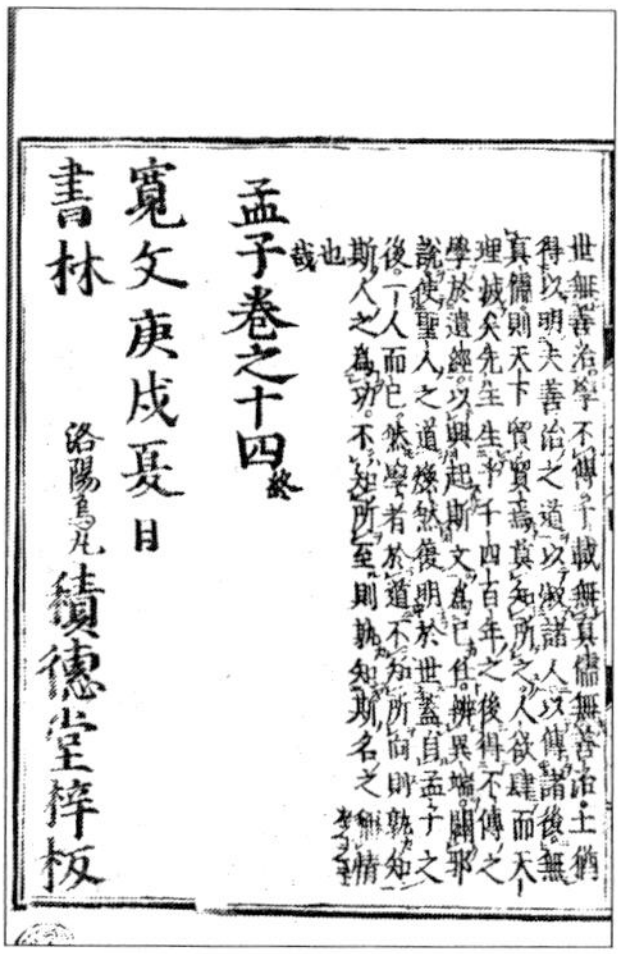
世無善治學不傳千載無真儒無善治士猶
得以明夫善治之道以淑諸人以傳諸後無
真儒則天下貿貿焉莫知所之人欲肆而天
理滅矣先生生乎千四百年之後得不傳之
學於遺經以興起斯文為己任辨異端闢邪
説使聖人之道煥然復明於世蓋自孟子之
後一人而已然學者於道不知所向則孰知
斯人之為功不知所至則孰知斯名之稱情
也哉

孟子巻之十四終

寛文庚戌夏日

書林　洛陽烏丸　積徳堂梓板

図 28b

さらに寛文一〇年庚戌（一六七〇）になると、京都烏丸の積徳堂が、題簽に「道春訓点」（ないし「新校正道春点」）と銘打って、立派な本を出版しました（図28）。これも様式は全て吉野屋のものと同じで、野田氏のものとも全く瓜二つの内容となっています。積徳堂が誰なのか、どんな人であったのか、さだかではありませんが、江戸時代の板元を調べる参考書には、『改訂増補近世書林板元総覧』（井上隆明・青裳堂書店・一九九八）などがあります。

この積徳堂本は、延宝四年（一六七六）に林伝左衛門により精巧な覆刻本が出されます（図29）。そしてその板は、貞享二年（一六八五）川勝五郎右衛門に移り（図30）、題簽も寛文一〇年本を真似て、印刷発行され

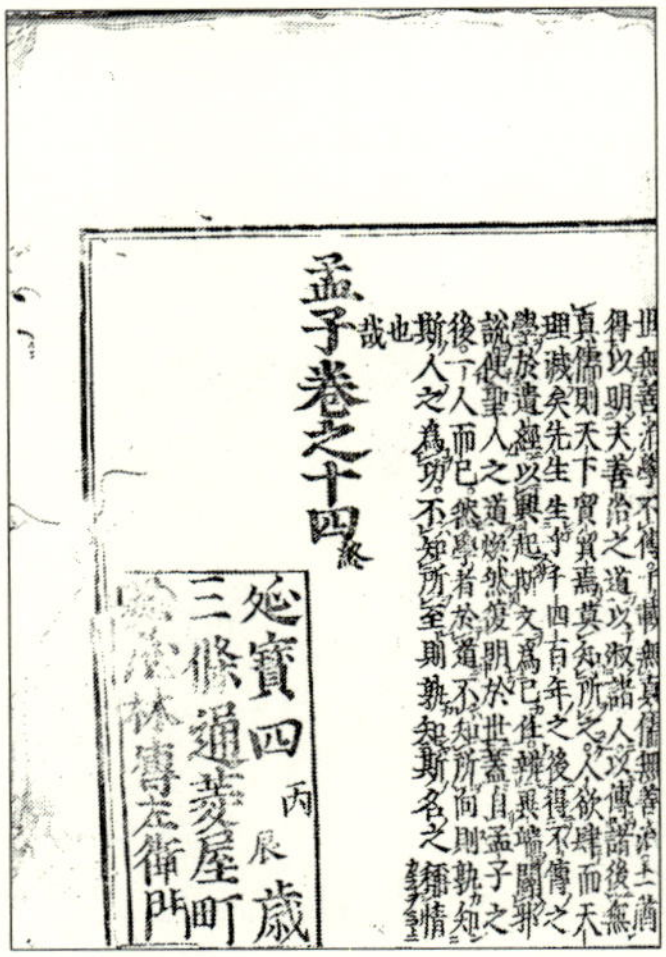
世無善治學不傳千載無眞儒無善治士猶得以明夫善治之道以淑諸人以傳諸後無眞儒則天下貿貿焉莫知所之人欲肆而天理滅矣先生生乎千四百年之後得不傳之學於遺經以興起斯文爲已任辨異端闢邪說使聖人之道煥然復明於世蓋自孟子之後一人而已然學者於道不知所向則孰知斯人之爲功不知所至則孰知斯名之稱情也哉

孟子巻之十四終

延寶四丙辰歳
三條通菱屋町
林傳左衛門

図 29

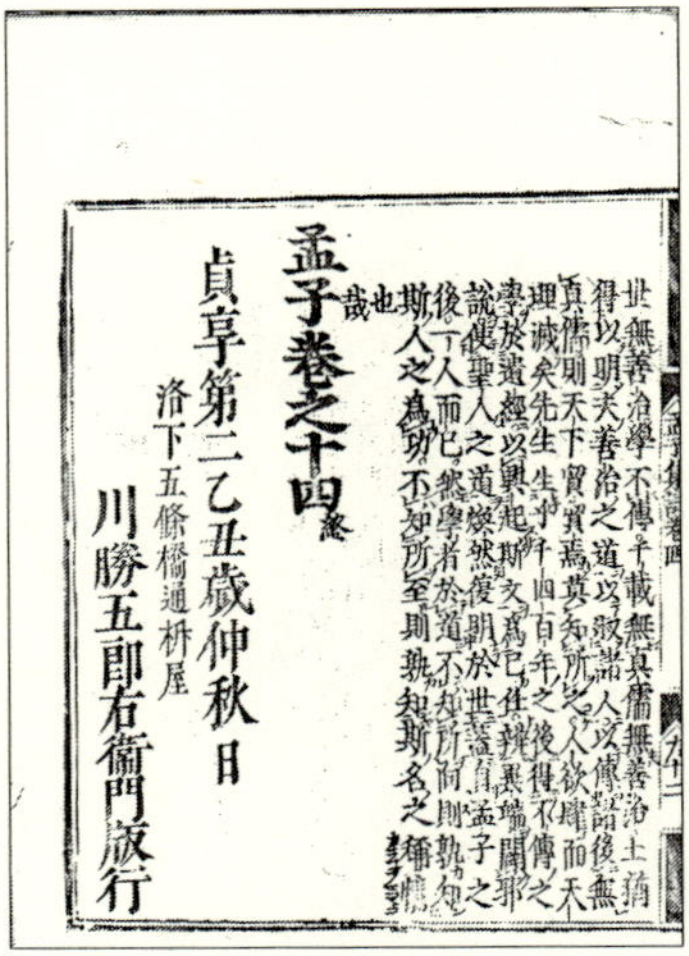
世無善治學不傳千載無眞儒無善治士猶得以明夫善治之道以淑諸人以傳諸後無眞儒則天下貿貿焉莫知所之人欲肆而天理滅矣先生生乎千四百年之後得不傳之學於遺經以興起斯文爲已任辨異端闢邪說使聖人之道煥然復明於世蓋自孟子之後一人而已然學者於道不知所向則孰知斯人之爲功不知所至則孰知斯名之稱情也哉

孟子巻之十四終

貞享第二乙丑歳仲秋日
洛下五條橋通枡屋
川勝五郎右衛門板行

図 30

ます。つまり、（図29）と（図30）を比較すれば分かるように、林氏のものと川勝氏のものは同じ版木を用いているのです。わずか一五年の間に類似板が流行する面白い現象です。

同じ寛文一〇年でも、村上勘兵衛のものは少し字体などの感じがそれまでのものと違い、固い感じがいたします（図31）。村上氏は、『三国志』なども出しており、京都の有力な本屋

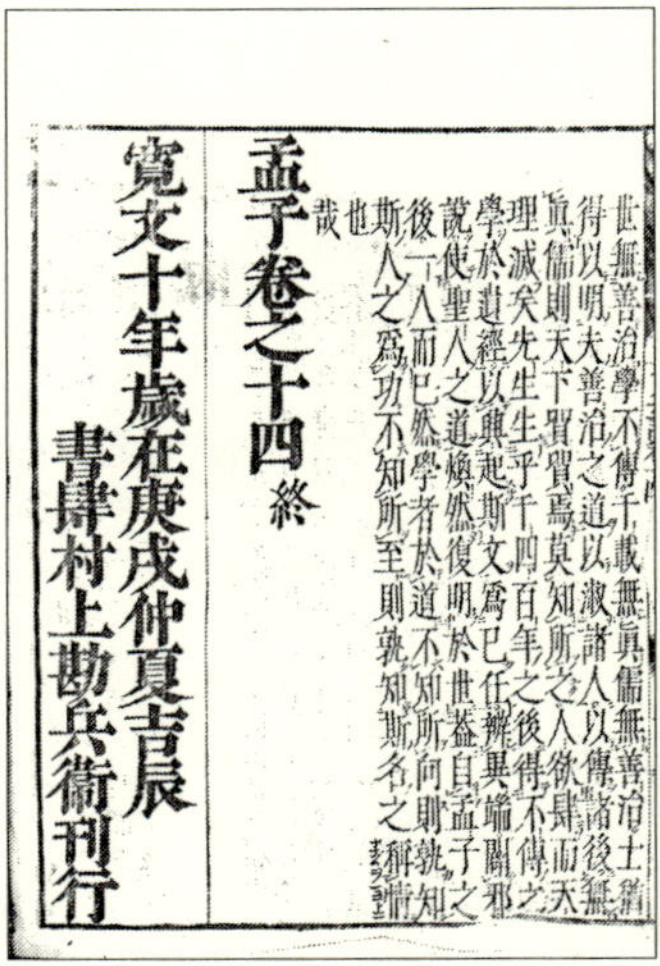
世無善治學不傳千載無眞儒無善治士猶得以明夫善治之道以淑諸人以傳諸後無眞儒則天下貿貿焉莫知所之人欲肆而天理滅矣先生生乎千四百年之後得不傳之學於遺經以興起斯文爲已任辨異端闢邪說使聖人之道煥然復明於世蓋自孟子之後一人而已然學者於道不知所向則孰知斯人之爲功不知所至則孰知斯名之稱情也哉

孟子巻之十四終

寛文十年歳在庚戌仲夏吉辰
書肆村上勘兵衛刊行

図 31

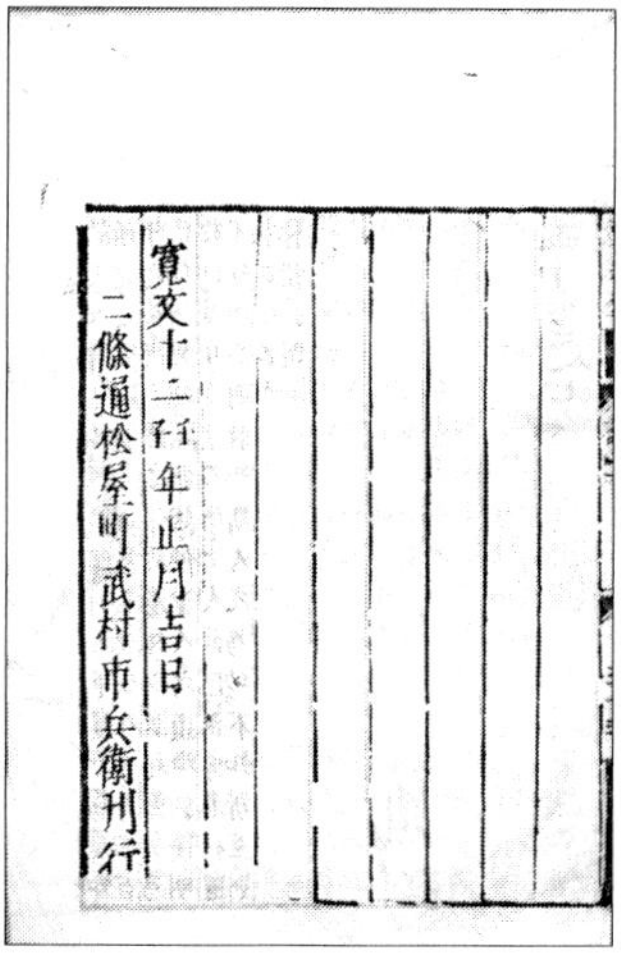
寛文十二壬子年正月吉日
二條通松屋町武村市兵衛刊行

図 32a

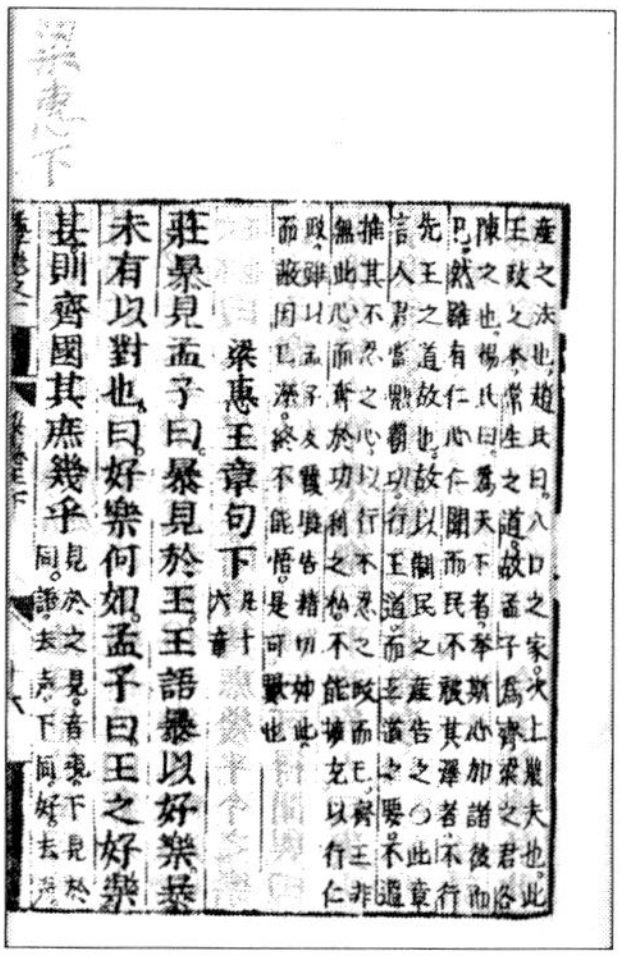
梁惠王章句下
莊暴見孟子曰暴見於王王語暴以好樂暴未有以對也曰好樂何如孟子曰王之好樂甚則齊國其庶幾乎

図 32b

でした。むしろこの本屋の字体が寛文年間の特徴をよく表しており、むしろ積徳堂などは、それ以前の寛永年間の特徴を引きずっているものと受け止められるでしょう。

寛文一二年の武村市兵衛のものは（図32）、句読点だけで、訓点がない一風変わったものですが、縦長の字体です。武村氏は、崎門学と称された山崎闇斎（一六一八～一六八二）のものに力を注いだ本屋ですから、この本は羅山点本とは直接関係がないかもしれません。

元禄正徳年間のテキスト

いずれにせよ、寛文年間（一六六一～一六七二）の版式様式を持つテキストは、貞享（一六八四～一六八七）の頃までで（図30）、元禄時代以降は羅山点本も次のグループに移行していくのです。したがって、内実も変わっていくこととなるのです。

前述のように、江戸初期の八行本のテキスト版木が天和二年（一六八二）に重印されているように、寛文年間の九行本のテキストも、刊記を記しませんが、貞享・元禄年間（一六八四〜一七〇三）ころまでに、版木を持ちこたえて重印されていたと思われます。

要するに、この重印も含めた、江戸時代初期・寛文年間のテキストは、版心が「論語集注」「孟子集注」となっていることが顕著な特徴で、これ以後に興された版のテキストはみな「論語」「孟子」とだけ版心に記す省略形となっています。

そして、元禄時代、世は太平を迎えるのですが、将軍も第五代の綱吉（在位一六八〇〜一七〇九）となり、その学問好きから、第三代大学頭林鳳岡（在位一六八〇〜一七二四）を寵愛しました。それまで上野忍岡にあった聖堂を湯島に移し、この孔子廟を大成殿と称し、林家の学問とともに儒学の中心地となったのです。

綱吉は贅沢な『四書』を出版してその院号から常憲院本と呼ばれるものを遺しています。版面の高さは一四cmと小さいのですが、半面が五行、一行に一二字詰めという贅沢なもので（図33）、印刷もほとんどが薄葉と言われる薄い高級な紙を用いています。どこかの本屋が上梓にからんでいたことはまちがいないでしょう。後に、（図34）に見えるように京都の出雲寺《いずもじ》和泉掾《いずみじょう》という本屋が重印していますから、あるいはこの本屋が最初から関わったのかも知れません。

また、（図35）の見返しのように、元禄三年「羅山先生訓点」とはっきりうたう『四書』には、「鄒魯一脈」つまり孔子（魯は孔子の出生地）・孟子（鄒は孟子の出生地）の正しい流れを記した書物として宣伝、「校正」（木偏も手偏も同じ意味）と角書きを加えて新刊本であることを伝えます。また、小森休里という刻字工の名も見え、本屋の活動が一層明確になってまいります。

元禄五年（一六九二）には、寛文の積徳堂本の版木を購入印刷した京都の川勝五郎右衛門が新たに新刊の『四書集注』を刊刻いたします（図36）。「新版校正　道春点」と題し、この頃特有の縹色の艶出し表紙の上製本を出しています（図37）。川勝氏は『五経』も積極的に版を興し、この頃の儒学書出版の先導的役割を果たしています。幕府の朱子学儒書尊重が世に流布していた状況をうかがい知るものとなっています。

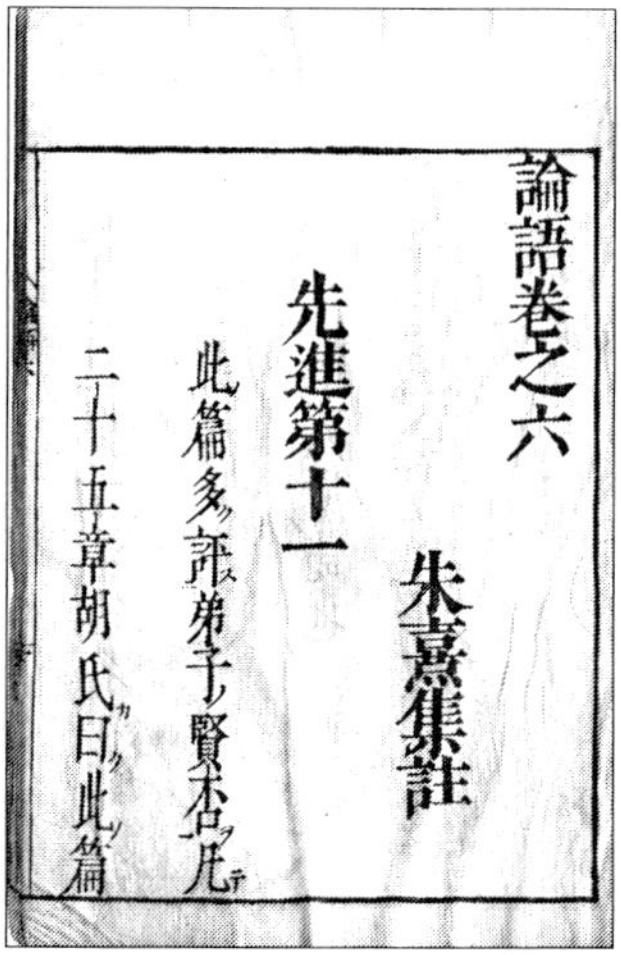
論語巻之六　朱熹集註
先進第十一
此篇多評弟子賢否凡
二十五章胡氏曰此篇

図33

また、同じ元禄五年に「梅花堂」という本屋が、横長で、大本を二つに折った小型の『四

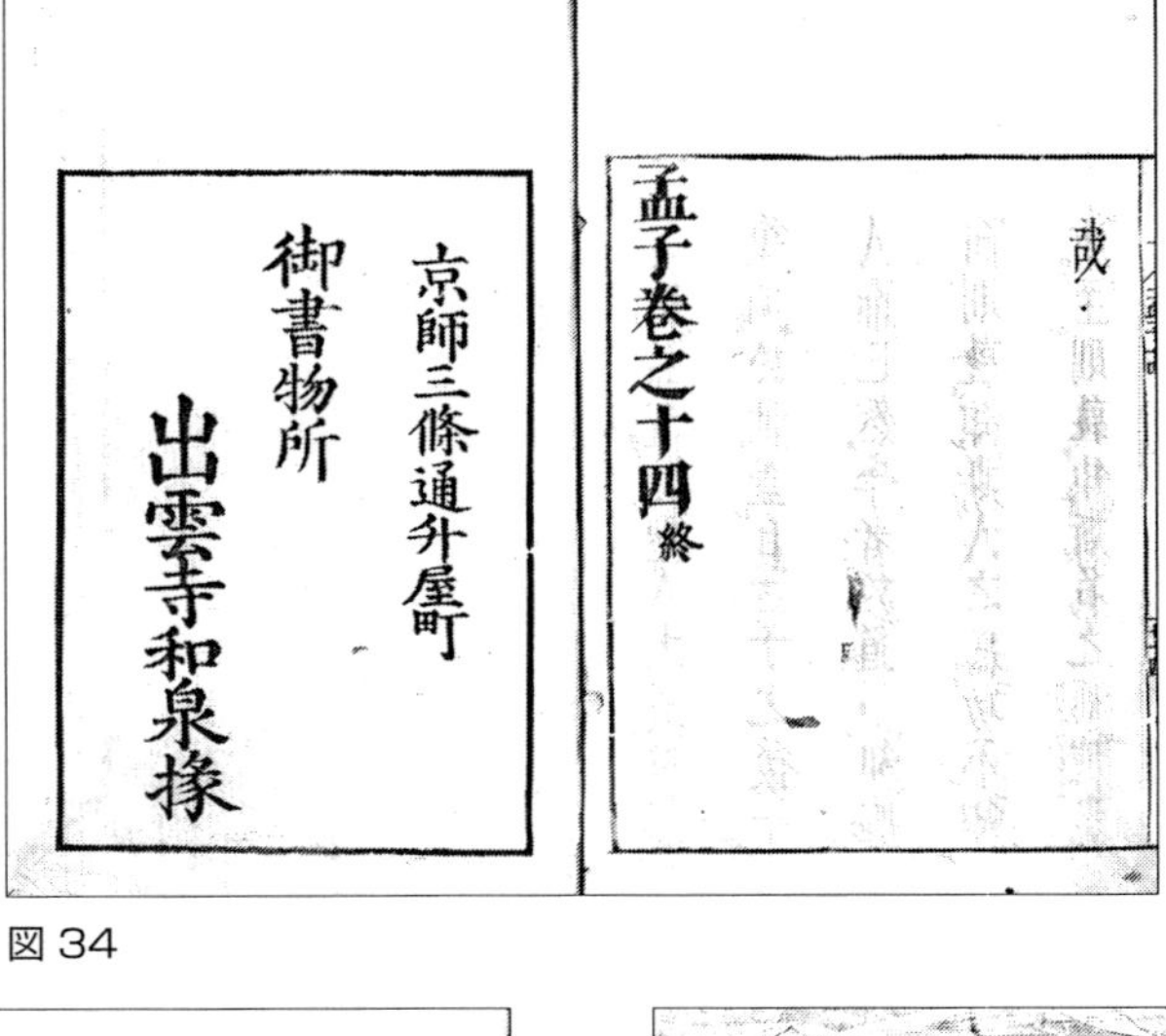
京師三條通升屋町
御書物所
出雲寺和泉掾

哉

孟子巻之十四 終

図 34

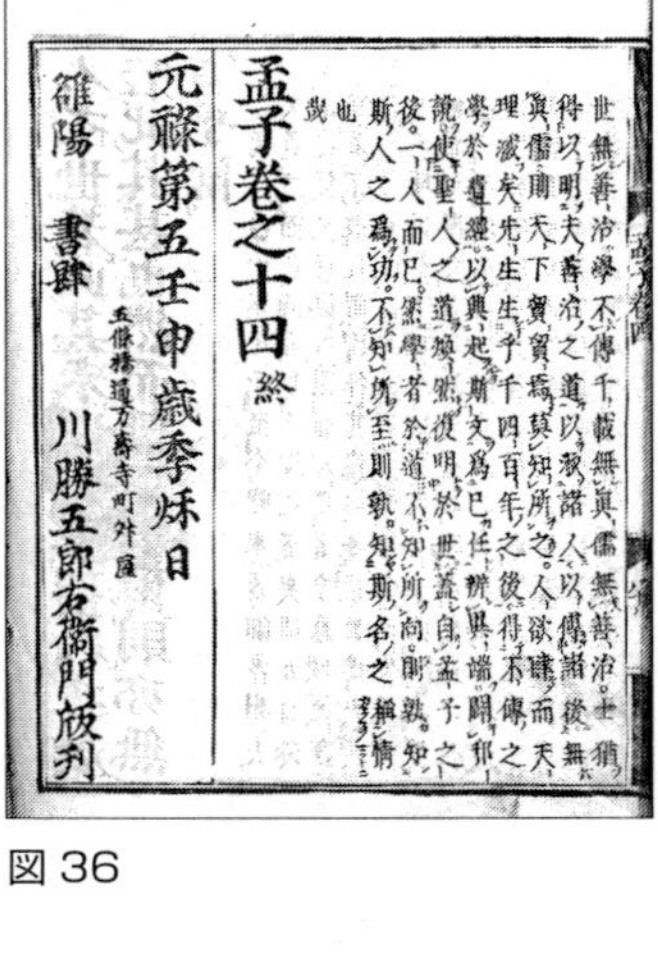
世無善治學不傳千載無真儒無善治士猶得以明夫善治之道以淑諸人以傳諸後無真儒天下貿貿焉莫知所之人欲肆而天理滅矣先生生乎千四百年之後得不傳之學於遺經以興起斯文爲己任辨異端闢邪說使聖人之道煥然復明於世蓋自孟子之後一人而已然學者於道不知所向則孰知斯人之爲功不知所至則孰知斯名之稱情也哉

孟子巻之十四 終

元祿第五壬申歳季林日
雒陽 書肆 五條橋通万壽寺町外屋
川勝五郎右衛門版刊

図 36

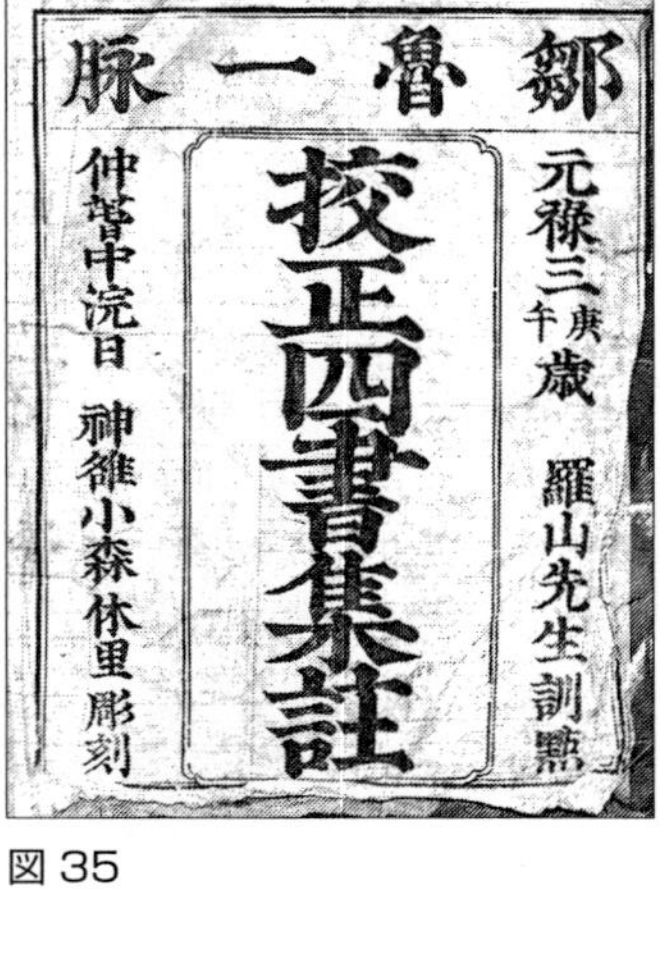
鄒魯一脉

元祿三庚午歳 羅山先生訓點

校正四書集註

仲春中浣日 神雒小森休里彫刻

図 35

書』を出版しています（図38）。道春点とは題していませんが、明らかに寛文年間の点を受け継いでいるようです。『論語』の訓法を見てもそれは判ります（図39）。

そして、正徳年間になると次第に訓点も省略し、版心にも「論語集注」と記していたものを「論語」などと省略するようになって参ります（図40）。江戸時代の中期はこうした特徴があるようです。初期や前期に比べると版元は少ないように感じられます。

正徳四年（一七一四）刊行の北村四郎兵衛は（図41）、後に述べる後藤芝山《しざん》の後藤点本を世に発していく本屋となるのです。江戸時代後期は、北村氏が『四書』の主役になっていますが、この人はよほど『四書』が好きだったと見えます。正徳四年の刊本を、自ら、また一五年後に覆刻再版を行い、享保一四年（一七二九）に出版しています（図42）。正徳・享保ともに同じ京都五条橋通塩竈町に居を構えていました。

図 37

当時の再版本は、やはり、それが再版とわかるように前の版と区別します。その違いはだいたい版心部分にあらわれます。正徳版が

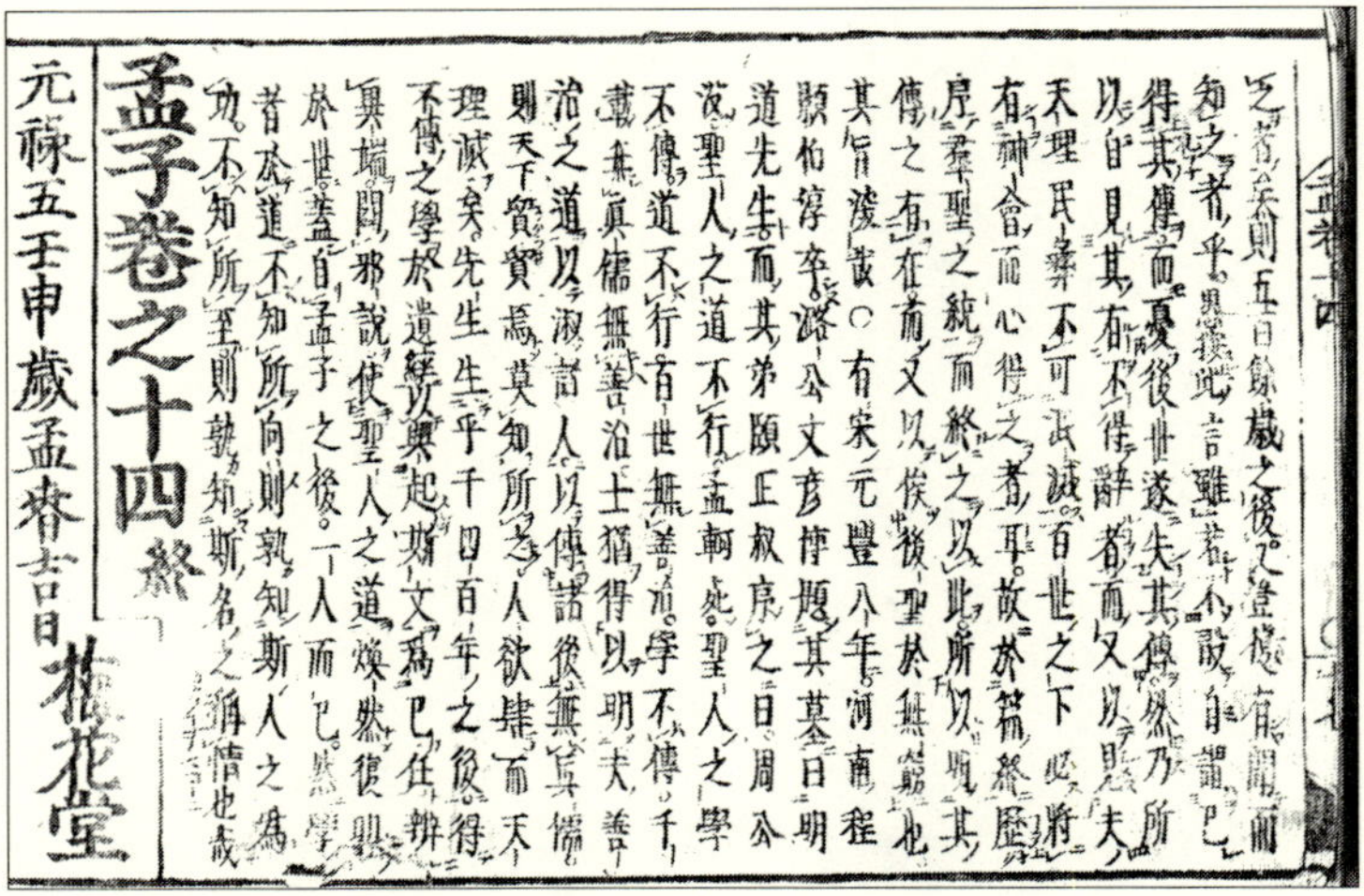
之者、則五百餘歲之後、豈復有能聞而
知之者乎。愚按此言雖若不敢自謂已
得其傳、而憂後世遂失其傳。然乃所
以自見其有不得辭者、而又以見夫
天理民彝不可泯滅。百世之下必將
有神會而心得之者耳。故於篇終歷
序群聖之統、而終之以此。所以明其
傳之有在、而又以俟後聖於無窮也。
其旨深哉○有宋元豐八年、河南程
顥伯淳卒。潞公文彥博題其墓曰明
道先生。而其弟頤正叔序之曰、周公
沒、聖人之道不行。孟軻死、聖人之學
不傳。道不行、百世無善治。學不傳、千
載無真儒。無善治、士猶得以明夫善
治之道、以淑諸人、以傳諸後。無真儒
則天下貿貿焉莫知所之。人欲肆而天
理滅矣。先生生乎千四百年之後、得
不傳之學於遺經、以興起斯文為己任。辨
異端、闢邪說、使聖人之道、渙然復明
於世。蓋自孟子之後、一人而已。然學
者於道不知所向、則孰知斯人之為
功。不知所至、則孰知斯名之稱情也哉

孟子卷之十四終

元祿五壬申歲孟春吉日　梅花堂

図 38

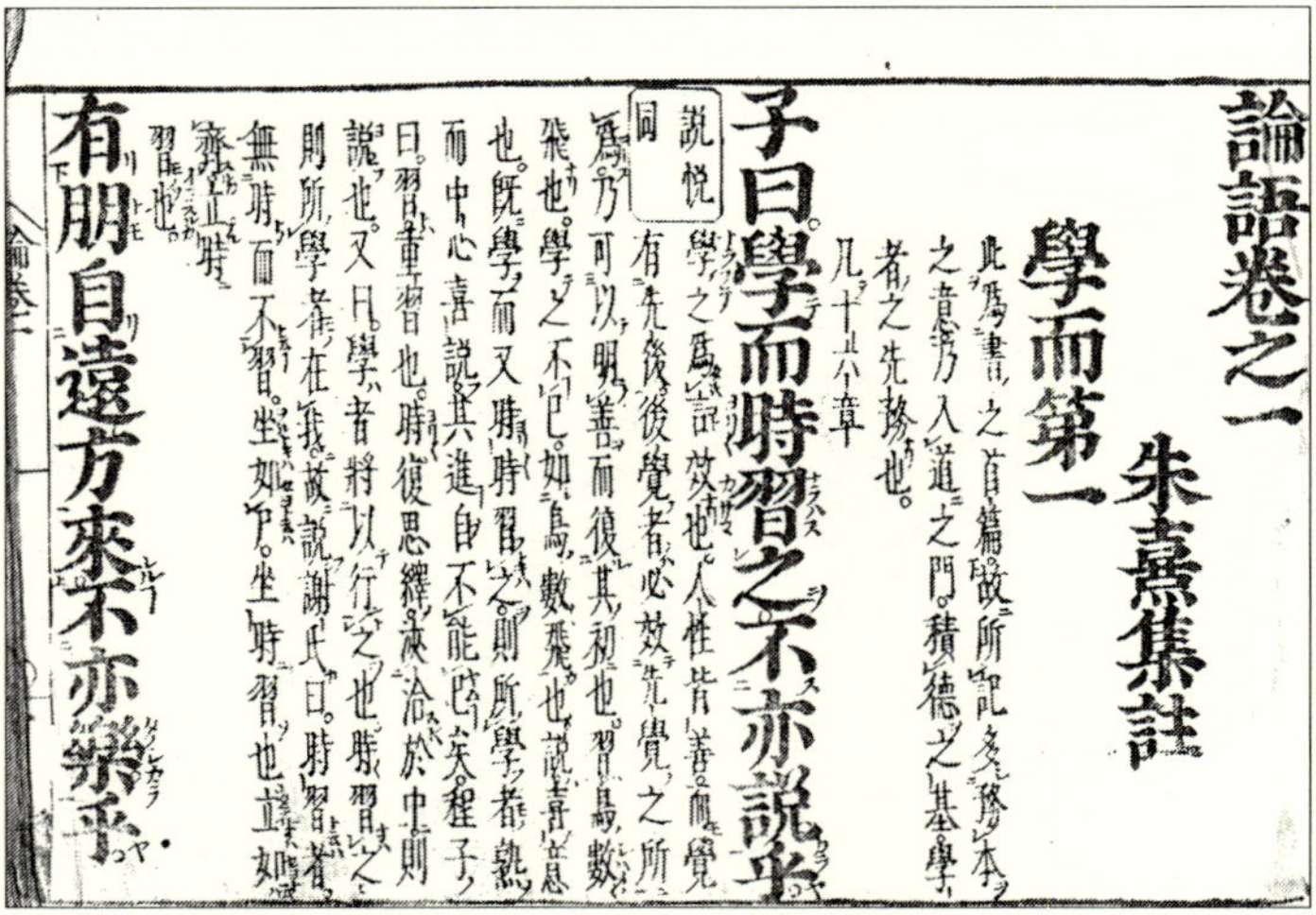
論語卷之一

朱熹集註

學而第一

此為書之首篇。故所記多務本
之意。乃入道之門、積德之基、學
者之先務也。

凡十六章

子曰、學而時習之、不亦說乎。

說悅同

學之為言效也。人性皆善、而覺
有先後。後覺者必效先覺之所
為、乃可以明善而復其初也。習、鳥數
飛也。學之不已、如鳥數飛也。說、喜意
也。既學而又時時習之、則所學者熟、
而中心喜說、其進自不能已矣。程子
曰、習、重習也。時復思繹、浹洽於中、則
說也。又曰、學者將以行之也。時習之、
則所學者在我。故說。謝氏曰、時習者、
無時而不習。坐如尸、坐時習也。立如
齊、立時習也。

有朋自遠方來、不亦樂乎。

図 39

図40

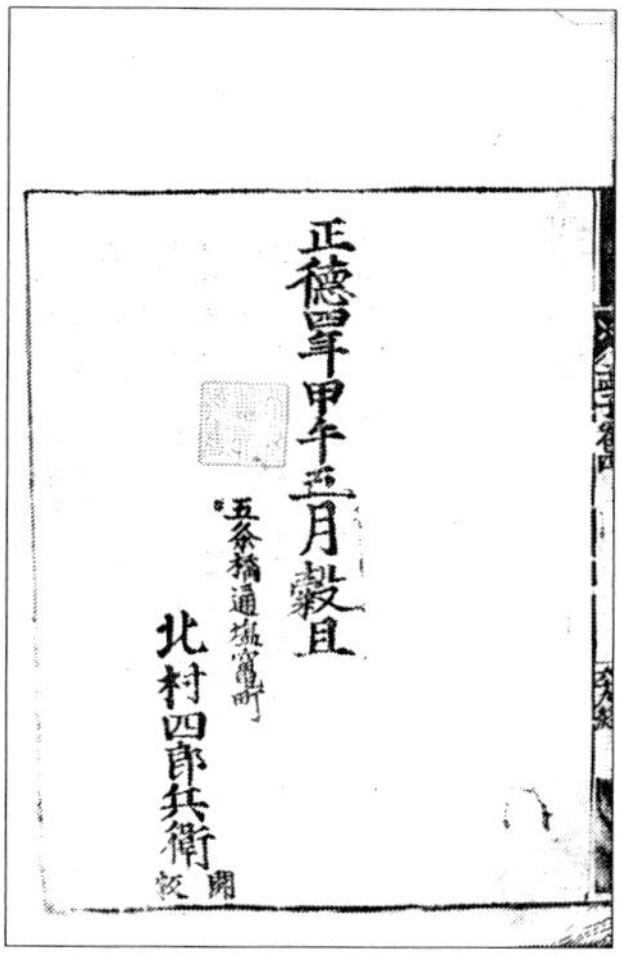

図41

花魚尾になっているのに対し、享保版は白い魚尾に変えています。

正徳一年（一七一一）には京都の辻勘重郎（図43）、六年（一七一六）には山本長兵衛が刊行していますが（図44）、毎半葉九行、前者が毎行一五字、後者が毎行一四字となっています。因みに北村氏のも毎半葉九行、毎行一五字です。この山本長兵衛の『四書集注』は元禄の華やかさを表した印刷外題で、獅子や鳳凰を描いて、「大字改正　道春訓点」とうたっています（図45）。「訓点」とうたうのは正徳から寛延年間（一七四八〜一七五〇）頃が最後で、以後はみな「点」と題するようになります。

また、この山本長兵衛本の刊記・奥付は当時の本屋の活動をよく物語っていま

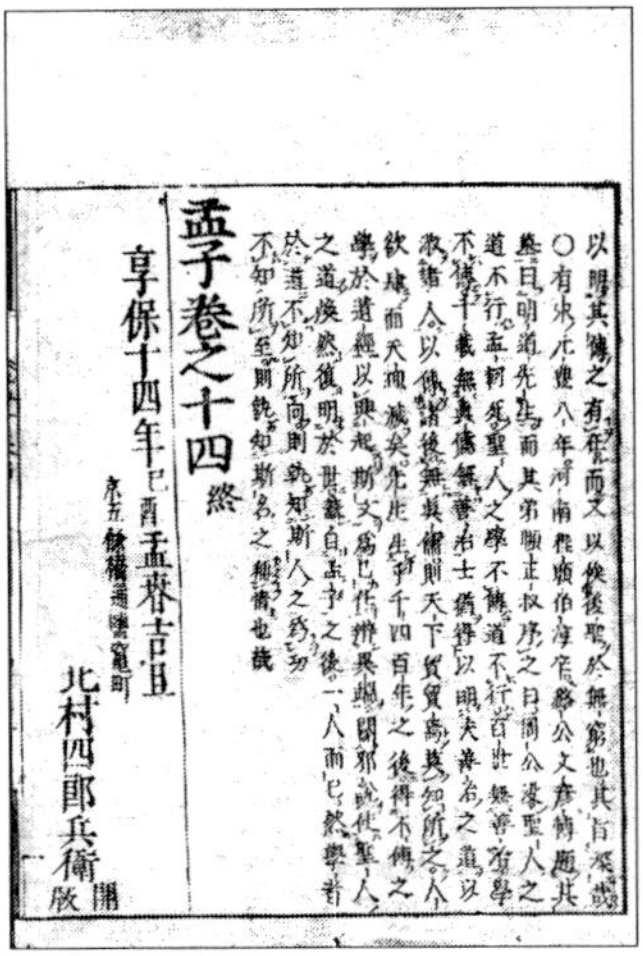
孟子巻之十四 終
享保十四年己酉孟春吉旦
北村四郎兵衛開版

図 42

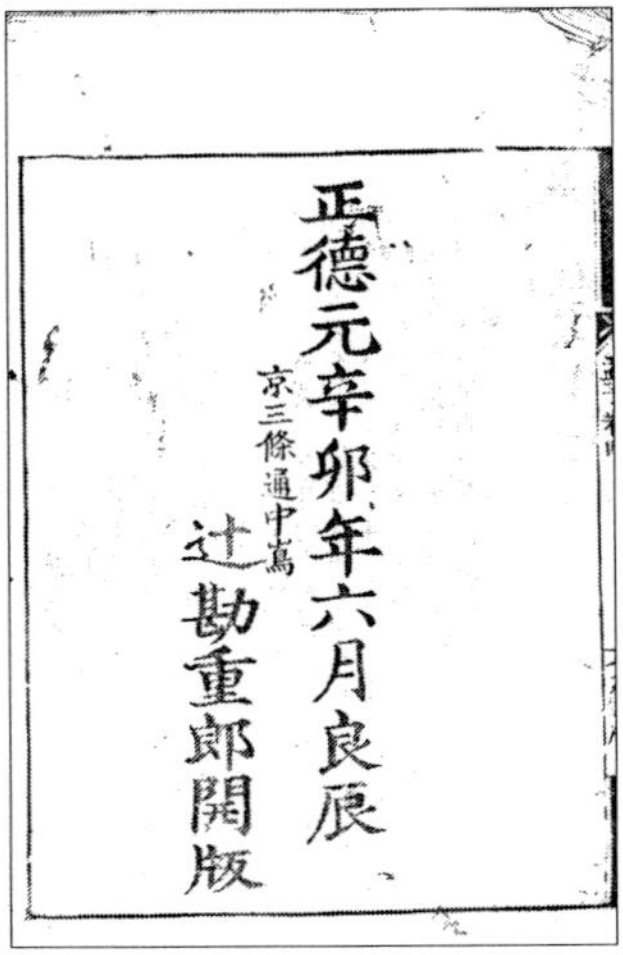
正徳元辛卯年六月良辰
京三條通中嶌
辻勘重郎開版

図 43

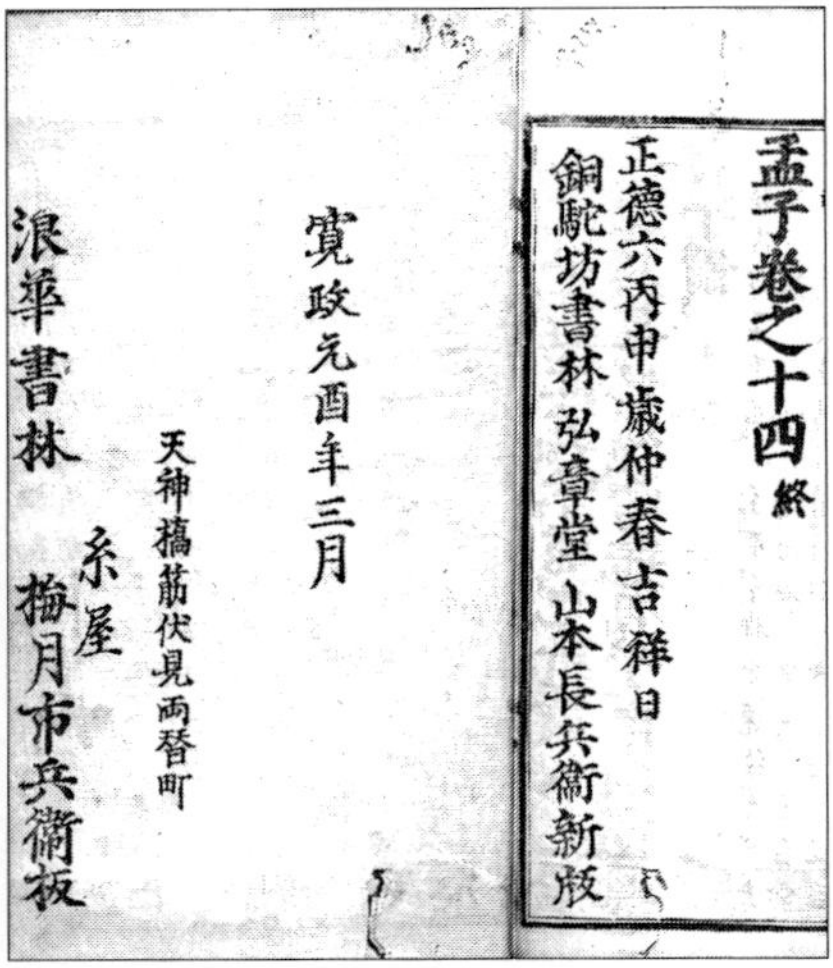
孟子巻之十四 終
正徳六丙申歳仲春吉祥日
銅駝坊書林 弘章堂 山本長兵衛新版
寛政元酉年三月
天神橋筋伏見両替町
浪華書林 糸屋 梅月市兵衛板

図 44

大字改正
孟子
道春訓點
四
孟子四
告子上
告子下
盡心上
盡心下

図 45

す。正徳六年に山本長兵衛（弘章堂）が京都の銅駝坊で出版した、その版木を寛政一年（一七八九）に大坂天神橋の糸屋梅月市兵衛が買い取り重印したものです。繰り返しますがもともとの版木に本文と連続して刻まれた年月・刊者名を「刊記」と言いますが、別の版木に新たな年号と名前を刻んで、表紙の裏などにペタリと貼ってあるものを「奥付」と言います。これを区別しないと版をおこした人と重印した人の関係が混乱してしまいます。このことは、何度述べても大切なことです。

この版木は、七〇年以上も保存されていたのですが、重印の時には、版木を洗ったりなどリフレッシュして用いたに違いありません。中国では何百年も版木を使い続けることがありますが、江戸時代にも、本屋の活躍が活発になればなるほど版木のゆくえが複雑化してまいります。

享保年間以降のテキスト

享保年間は、江戸時代前期の『四書』出版から脱却し、毎半葉九行毎行一五字で版心はただ「論語」「孟子」とだけ題する形が定着します。享保四年（一七一九）の「浪華書舗」というのもあとでそこの蔵版記の部分だけ加えたものかも知れません（図46）。そうだとするとその刊記は埋木です。享保一一年（一七二六）には京都の慶徳堂が版をおこしたようですが（図47）、この本屋のものはあまり流行しなかったようです。

図46

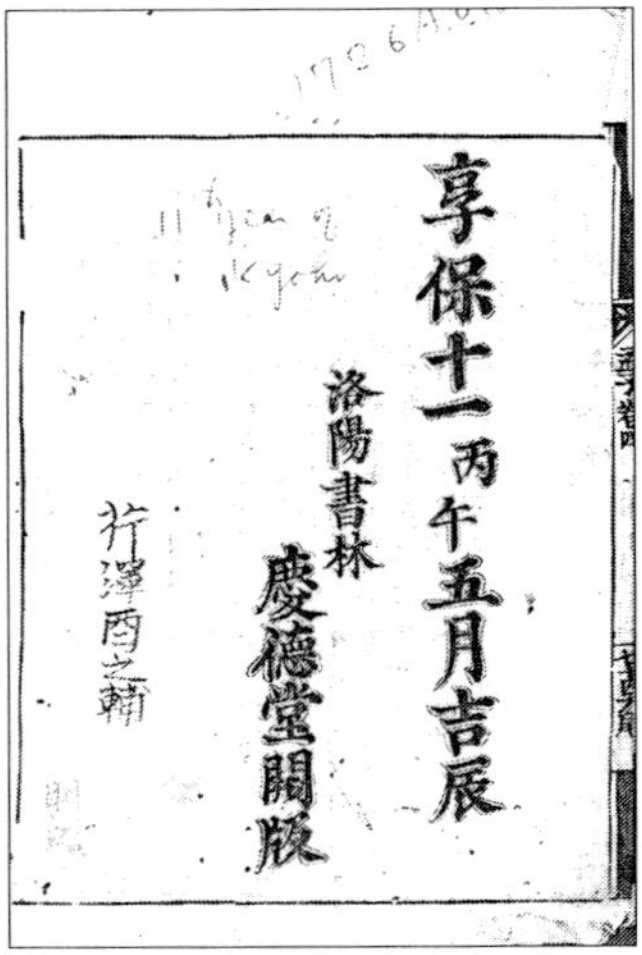

図47

寛保時代（一七四一～一七四三）に入ると、羅山（道春）点として伝わっている訓法をそのままに温存し、坊間に流布するものは真を伝えていないとして、これこそが真本なりと喧伝する本屋（書林）葛氏が活躍、寛保一年（一七四一）その葛氏と思われる本屋の文華堂本が現れます（図48）。（図49）に見える刊語には、「街で見かける羅山点本は、田舎学者の手にかかって改竄され、教材として普及するばかりで、真の姿を伝えていない」と手厳しく批判いたします。訓読みは確かに寛文年間の江戸前期のものに非常に近いといえます。各冊の第一頁の版心下部に「文花堂」と白抜きで刻し、毎半葉九行毎行一五字で白い魚尾を具えています。一〇年後の寛延三年

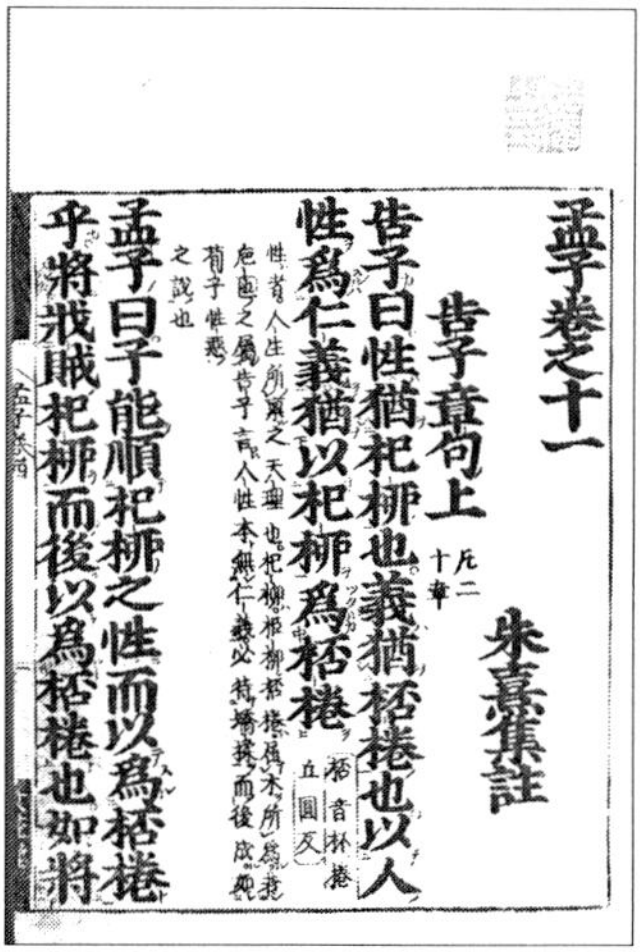

孟子巻之十一

告子章句上　凡二十章　朱熹集註

告子曰性猶杞柳也義猶桮棬也以人性為仁義猶以杞柳為桮棬

性者人生所稟之天理也杞柳柜柳桮棬屈木所為若卮匜之屬告子言人性本無仁義必待矯揉而後成如荀子性悪之説也　桮音杯棬丘圓反

孟子曰子能順杞柳之性而以為桮棬乎将戕賊杞柳而後以為桮棬也如将

図 48

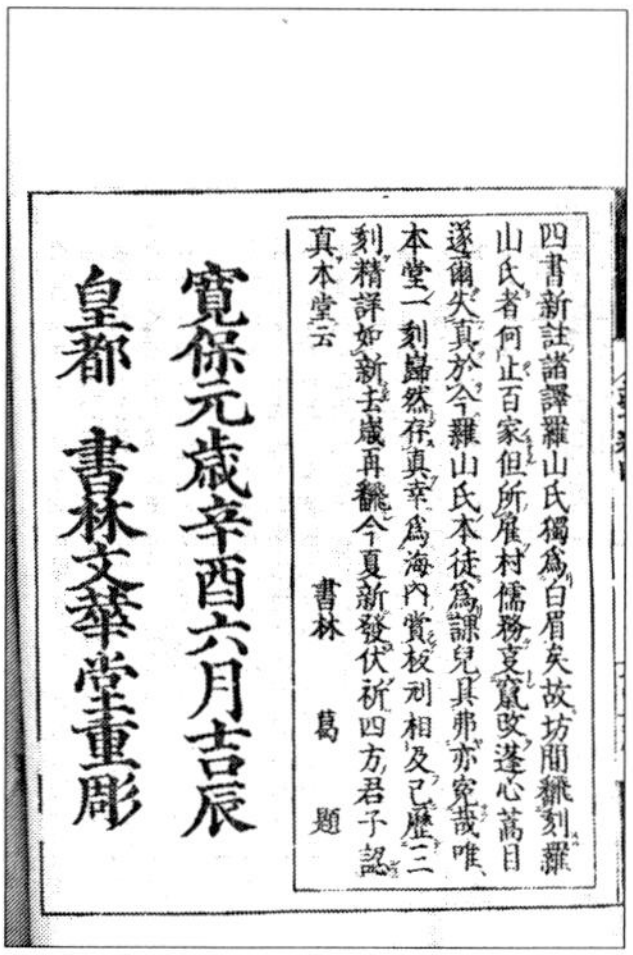

寛保元歳辛酉六月吉辰

皇都　書林文華堂重彫

四書新註諸譯羅山氏獨為白眉矣故坊間繙刻羅山氏者何止百家但所雇村儒務𡨋竄改遂心蔦目遂爾失真於今羅山氏本徒為謬見具弗亦究哉唯本堂一刻巋然存真幸為海内賞校刋相及已歴三刻精詳如新去歳再繙今夏新發伏祈四方君子認真本堂云

書林　葛　題

図 49

（一七五〇）に文華堂自ら覆刻再版していますから（図50）、よほどこの本は売れ行きが良かったのでありましょう。この頃の覆刻事業も江戸時代初期以来の伝統は生き続け、両者見分けがつかないほど精巧な覆刻となっているのが特徴です。

この時期はまだ道春点のエキスが遺ってい

寛保元年辛酉六月彫刻

寛延三歳庚午孟春吉辰再版

皇都　書林文華堂版

四書新註諸譯羅山氏獨為白眉矣故坊間繙刻羅山氏者何止百家但所雇村儒務𡨋竄改遂心蔦目遂爾失真於今羅山氏本徒為謬見具弗亦究哉唯本堂一刻巋然存真幸為海内賞校刋相及已歴三刻精詳如新去歳再繙今夏新發伏祈四方君子認真本堂云

書林　葛　題

図 50

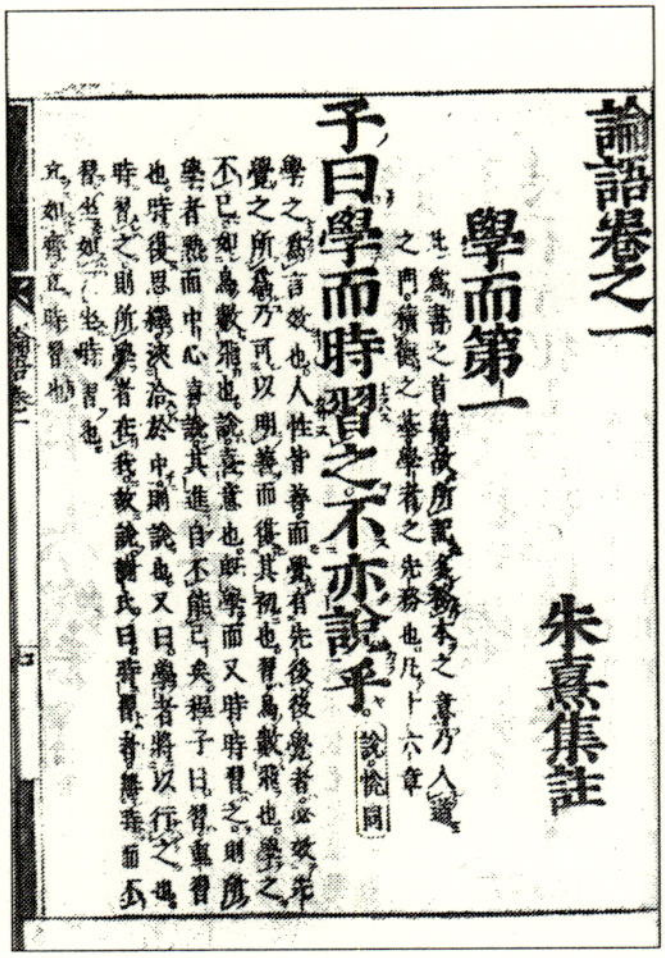

論語巻之一　朱熹集註
學而第一
此為書之首篇故所記多務本之意乃入道之門積徳之基學者之先務也凡十六章
子曰學而時習之不亦説乎　説悦同
學之為言效也人性皆善而覺有先後後覺者必效先
覺之所為乃可以明善而復其初也習鳥數飛也學之
不已如鳥數飛也説喜意也既學而又時時習之則所
學者熟而中心喜説其進自不能已矣程子曰習重習
也時復思繹浹洽於中則説也又曰學者將以行之也
時習之則所學者在我故説謝氏曰時習者無時而不
習坐如尸坐時習也
立如齊立時習也

図51

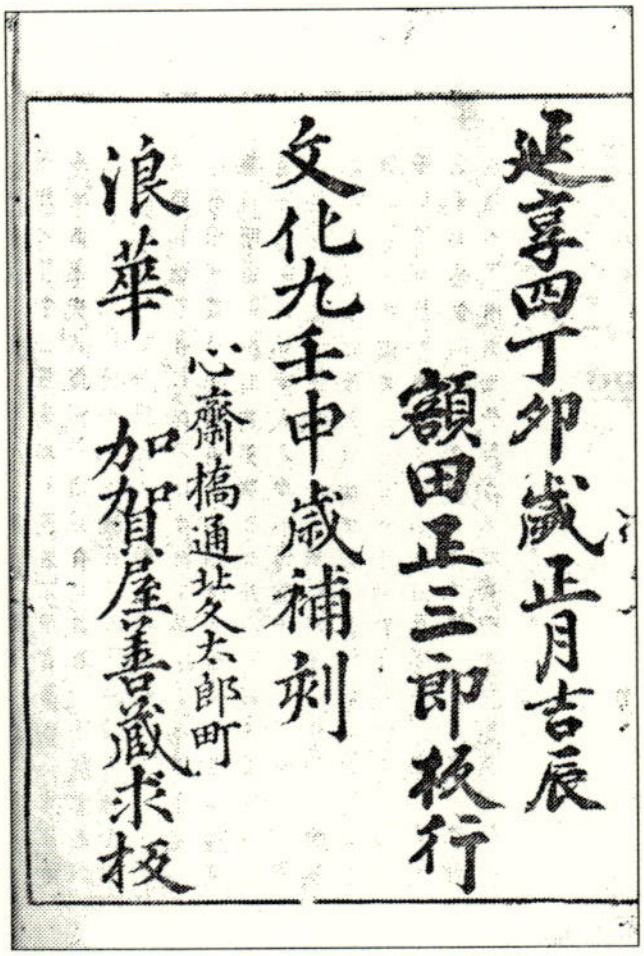

延享四丁卯歳正月吉辰
額田正三郎板行
文化九壬申歳補刻
心斎橋通北久太郎町
浪華　加賀屋善蔵求板

図52

て、延享四年（一七四七）に額田正三郎が出した『四書』は九行一五字の花魚尾本で、字様も江戸前期の丸みを帯びた端正な太めのものとなっています。訓も寛文時代の風を遺していています（図51）。延享という時代は、儒学書をとってみても、『荀子』『孟子』など中国明時代の良質のテキストを翻刻するなど、真摯な出版の風潮がうかがえる時代でありますます。本書も半世紀後、文化九年（一八一二）に大坂の加賀屋善蔵が印刷するほど、版を持ちこたえていたのですから、定評があったのでしょう（図52）。版心下部に「額田版」と白抜きで刻されます（図53）。

次の宝暦年間（一七五一～一七六三）になると、京極堂という本屋が活躍します。この

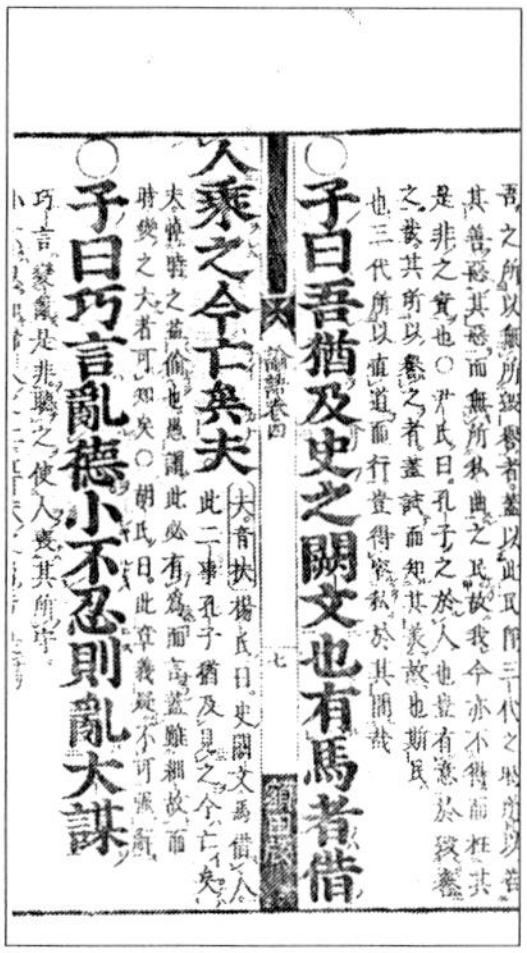
子曰吾猶及史之闕文也有馬者借
人乘之今亡矣夫
子曰巧言亂德小不忍則亂大謀

図53

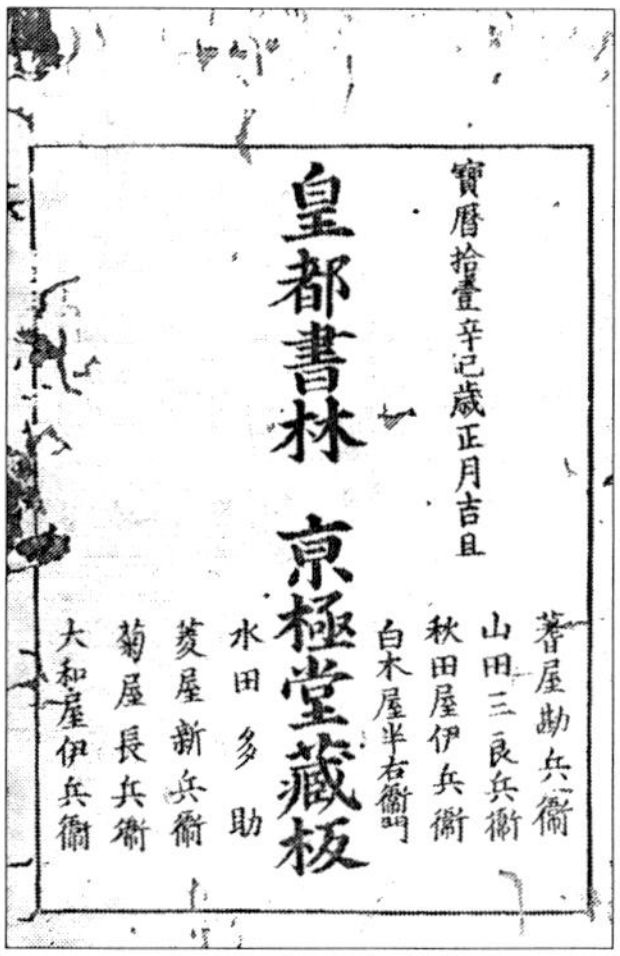
寶暦拾壹辛巳歳正月吉旦
皇都書林　京極堂藏板
蓍屋勘兵衛
山田三良兵衛
秋田屋伊兵衛
白木屋半右衛門
水田多助
菱屋新兵衛
菊屋長兵衛
大和屋伊兵衛

図54

あたりからは、かなり大衆的な感じがしてまいりますが、よくみると道春点の面貌が失われているとは一概にいえない気がいたします。道春点『四書集注』の息は長いものだとつくづく感じます。宝暦一一年（一七六一）のもの（図54）はそれまでと同様、毎半葉九行ですが、毎行一六字に増えます。そして毎冊の首丁の版心下部に「京極堂」と白抜きで入れてあります（図55）。

安永二年（一七七三）の再版（図56）では同じ行字数ですが、この頃は版権もうるさくなってきたものと思われ、毎丁の版心の下部に「京極堂蔵」と白抜きで刻しています（図57）。

天明二年（一七八二）の第三版では、本の大きさも小振りになり、版心の「京極堂」も

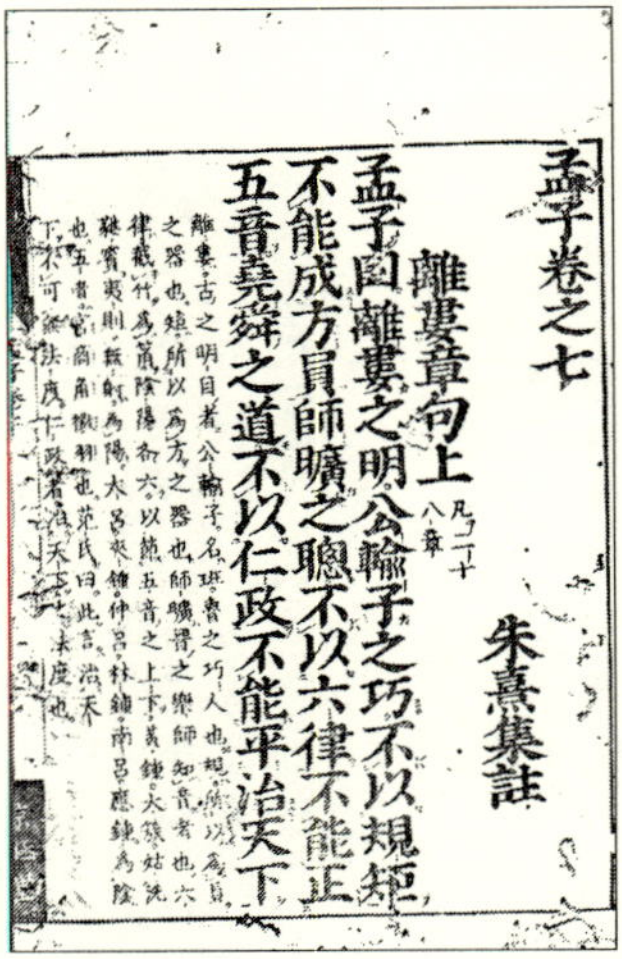
孟子巻之七

離婁章句上　凡二十八章

朱熹集註

孟子曰離婁之明公輸子之巧不以規矩不能成方員師曠之聰不以六律不能正五音堯舜之道不以仁政不能平治天下

図55

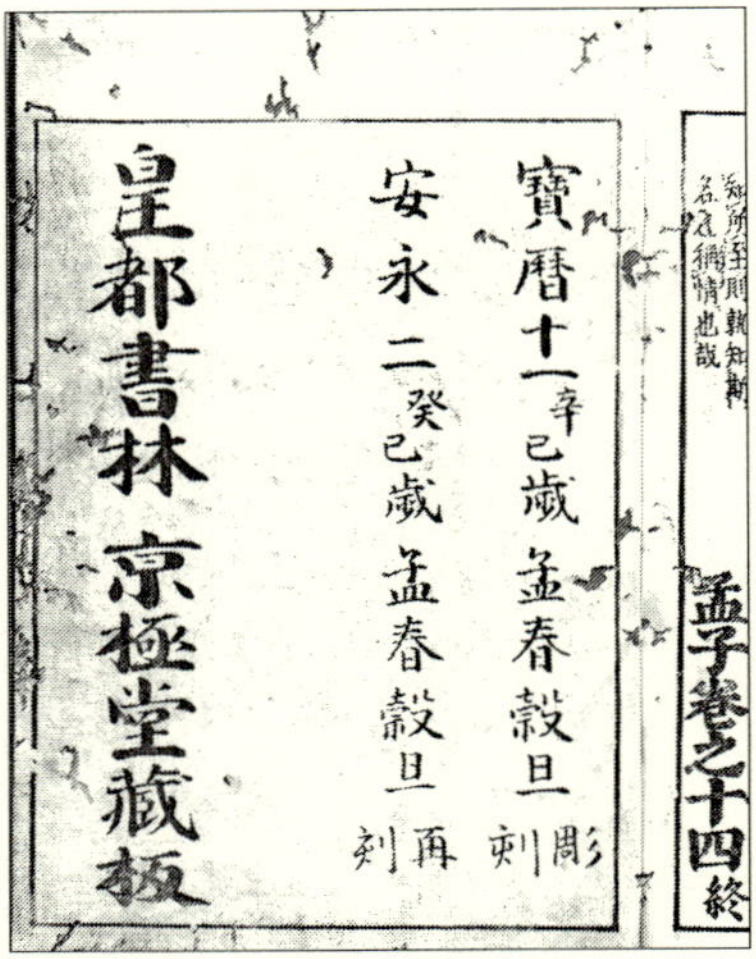
孟子巻之十四終

寳暦十一辛巳歳孟春穀旦　彫刻

安永二癸巳歳孟春穀旦　再刻

皇都書林　京極堂蔵板

図56

なく、一〇行二〇字というギュウギュウ詰めとなって、あまり詳細な訓点も入れられなくなっています（図58）。しかし、表紙の題簽は立派に「新刻校正　論語　道春点」などと刻してあります。本文の字の様子は通俗的で次第に硬さが増してくるような感じです。この時代になると、再版は、覆刻に拘らなくなるようです。つまりむやみに形を似せないもの（翻刻）となっていきます。

宝暦七年（一七五七）には、京都堀川の西涯堂という本屋が、羅山（道春）点の『四書』は世に多く出ているが、誤りが多く、ここに善本を得て校訂し、後世に遺すべきものを開示しようとうたって、河南四郎右衛門、植村藤右衛門が出版しました。九行一六字の堂々としたもので、本文が大字で、とて

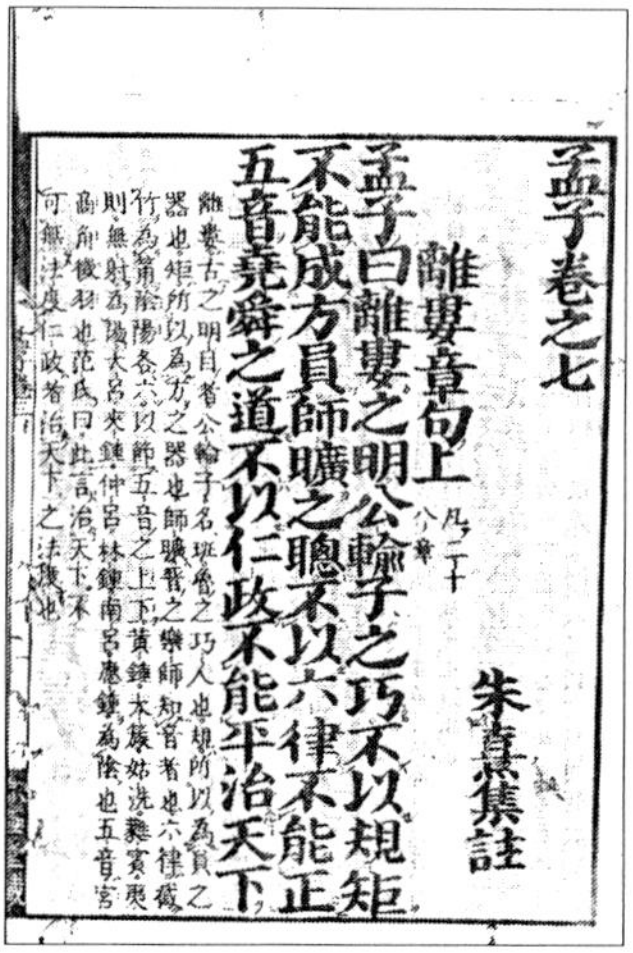
孟子巻之七　　朱熹集註
離婁章句上　凡二十八章
孟子曰離婁之明公輸子之巧不以規矩不能成方員師曠之聰不以六律不能正五音堯舜之道不以仁政不能平治天下

図 57

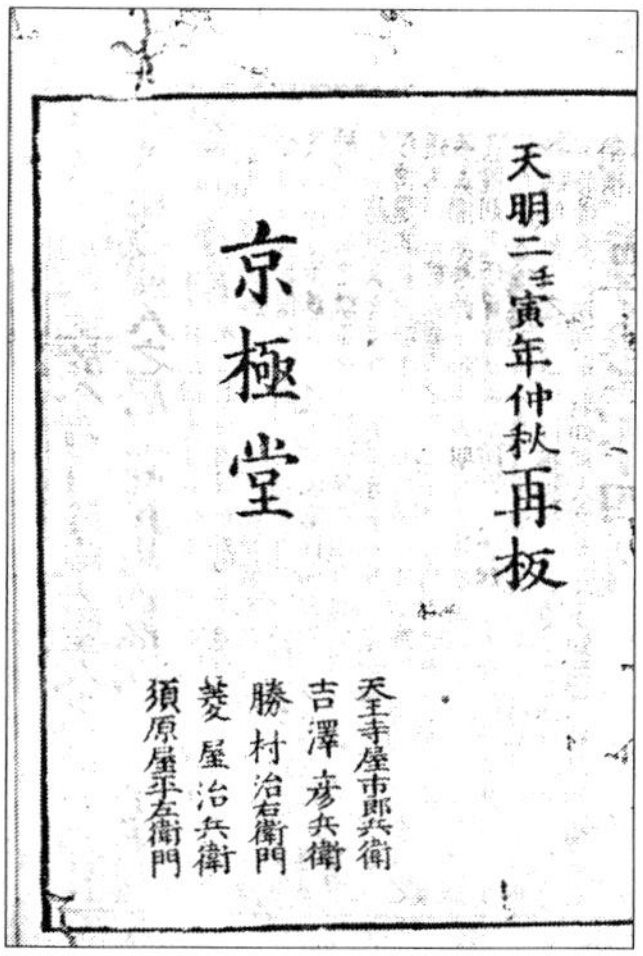
天明二壬寅年仲秋再板
京極堂
天王寺屋市郎兵衛
吉澤彦兵衛
勝村治右衛門
菱屋治兵衛
須原屋平左衛門

図 58

も読みやすくなっています。本版はよく売れたとみえて、明和五年（一七六八）、安永五年（一七七六）と再版されています。梶川七郎兵衛、長村半兵衛という本屋が関わっています。明和・安永いずれがいずれに関わっているかは不詳ですが、京都の勢力でした。この安永の奥付を持つものに二版あり、同時期に良い評判を得たものなのかもしれません。西涯堂本に関しては、序章で既に述べています。

　続く安永年間（一七七二～一七八〇）は、江戸中期から後期への過渡期ともいえる時期で、大野木宝文堂などは江戸前期の九行本の姿を覆刻しましたが（図59）、安永七年（一七七八）には、道春点と題しながら、新たな面貌を持つ版をおこし（図60）、幕末ま

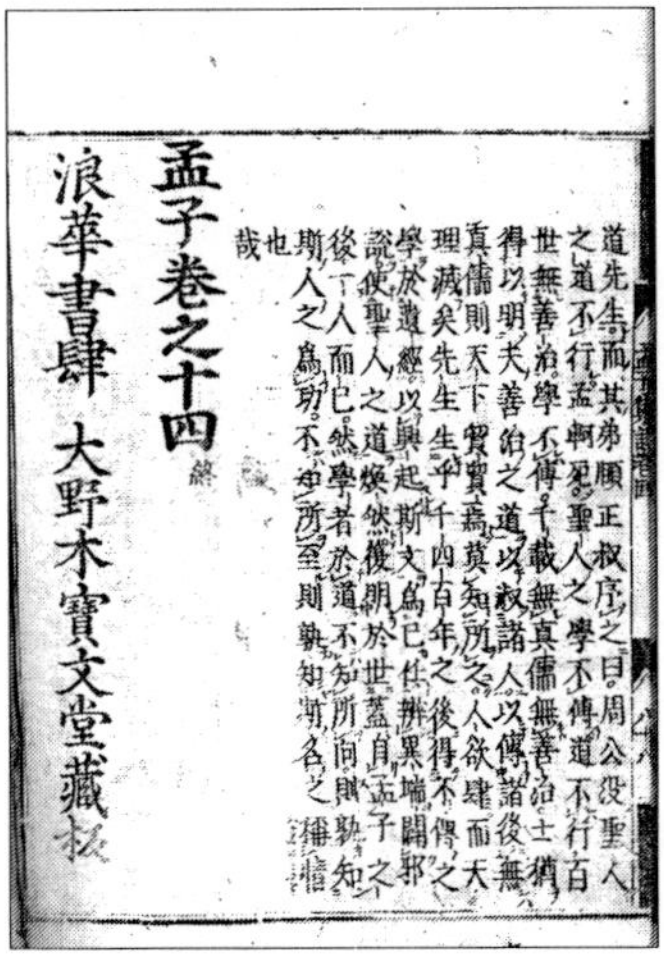

図59

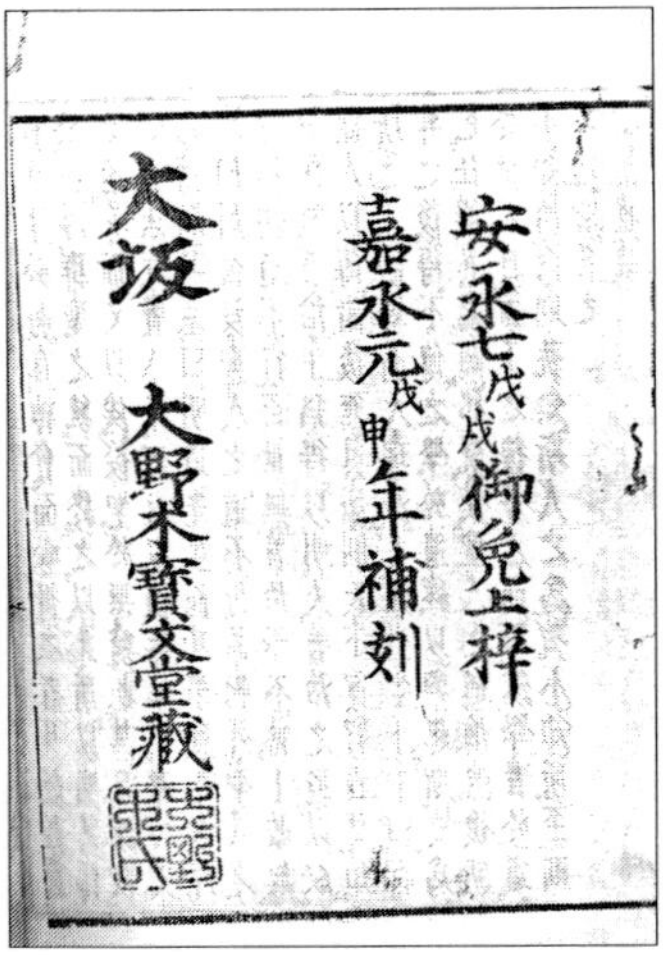

図60

で持ちこたえています。このようにこの時期には、版をおこし、その版をなるべく息長く持続していく本屋が活躍します。これまでの伝統的な羅山点の面貌には拘らなくなるようです。

竹林堂という一世を風靡した本屋のものを見てみましょう。

安永四年（一七七五）に「竹林堂梓」として七人の本屋の名前で新たな版がおこされました（図61）。小川多左衛門から武村嘉兵衛まで、どれが竹林堂であるか、ここからだけではわかりません。版式もこれまでとは全く違う、毎半葉一〇行一六字で、版心の下部には毎冊の首に「竹林堂蔵」と白抜きで刻します（図62）。もちろん、版心の題は「論語巻幾」となって、「論語集注」とは題しません。

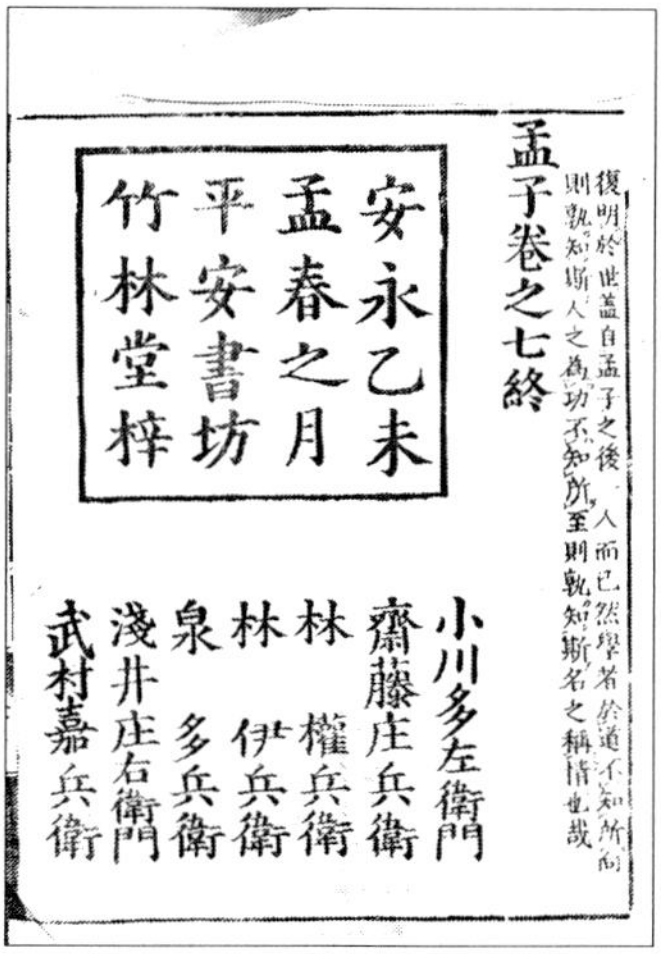
孟子巻之七終
復明於世蓋自孟子之後一人而已然學者於道不知所向則孰知斯人之爲功不知所至則孰知斯名之稱情也哉
安永乙未孟春之月
平安書坊
竹林堂梓
小川多左衛門
齋藤庄兵衛
林　權兵衛
林　伊兵衛
泉　多兵衛
淺井庄右衛門
武村嘉兵衛

図 61

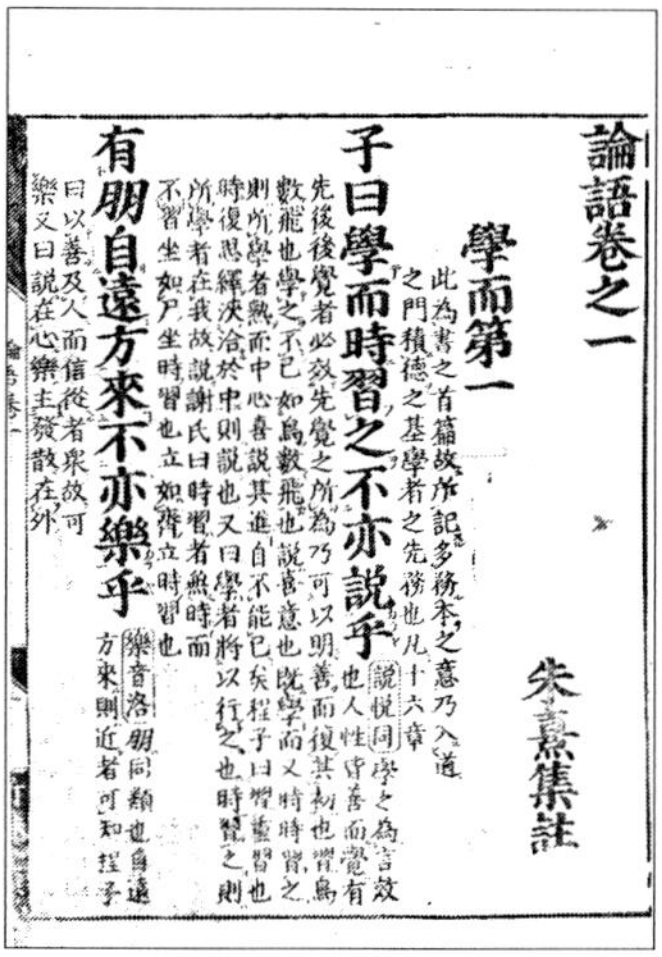
論語巻之一
學而第一　　朱熹集註
此爲書之首篇故所記多務本之意乃入道之門積德之基學者之先務也凡十六章
子曰學而時習之不亦說乎
說悅同學之爲言效也人性皆善而覺有先後後覺者必效先覺之所爲乃可以明善而復其初也習鳥數飛也學之不已如鳥數飛也說喜意也既學而又時時習之則所學者熟而中心喜說其進自不能已矣程子曰習重習也時復思繹浹洽於中則說也又曰學者將以行之也時習之則所學者在我故說謝氏曰時習者無時而不習坐如尸坐時習也立如齊立時習也
有朋自遠方來不亦樂乎
樂音洛朋同類也自遠方來則近者可知程子曰以善及人而信從者衆故可樂又曰說在心樂主發散在外

図 62

字体はとても余裕ある穏やかな感じですが、訓読は、もはや江戸時代初期の羅山点といわれるものから遠く離れ、省略したものとなっています。しかしながら、題簽外題は、相変わらず、「林道春点」とうたいます（図63）。以前のものと較べると、小字の注釈が大字の本文に追い込む形となっていますが、以前のものは、本文から注釈に移る際には必ず改行していました。やはり版木や紙の節約につながるのでしょう。

そして、天明六年（一七八六）、題簽に「改正再刻」と記して売りに出しますが、この刊記を見ると「天明丙午」のところだけ入れ木（訂正）して、他は安永の時の版木をそのまま使っています（図64）。「改正」といっても、

図63

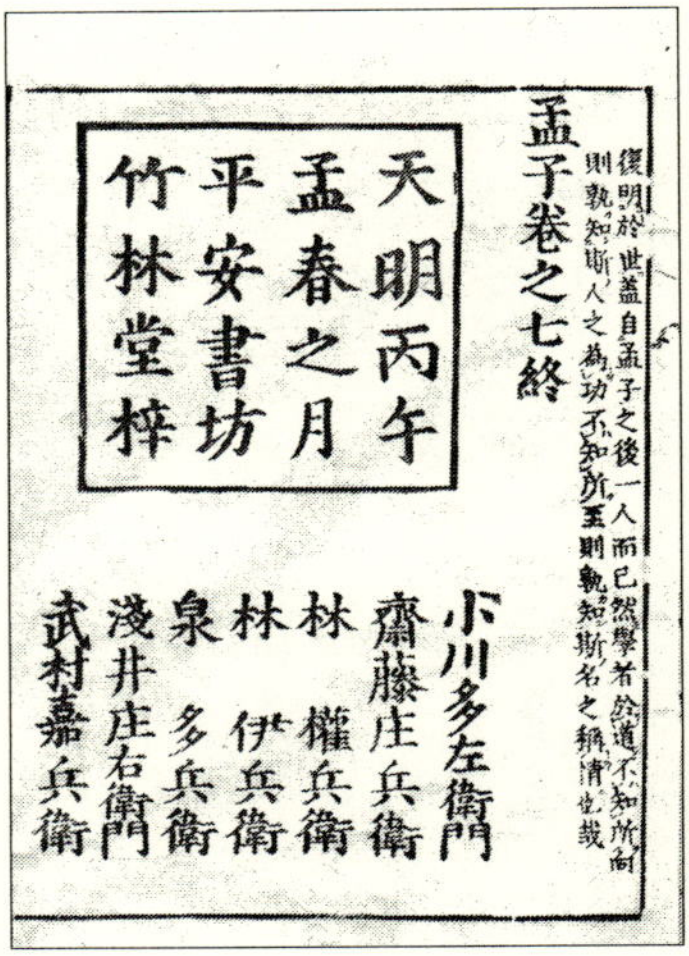

図64

全く同じ版木を刷り直しただけで、改正はしていないようです。

このような例は書誌学でいうと「安永四年刊　天明六年印」と記しますが、売れ筋の命脈を保つためにこうした手を使いました。実は、この頃、後述のように、後藤点という新たなテキストが出て参りますので、ただ重印するだけでなく「改正」と加えることで読者の購買欲をかりたてようとしたのでしょう。

この頃、次第に有力となっていった大坂の河内屋喜兵衛は、寛政四年（一七九二）にこの版木を手に入れて重印します（図65）。これなどは「安永四年刊　寛政四年印」となるわけですが、この竹林堂本というテキストは、よほど使いやすかったのでしょうか。

そのブランドを用いてもう一儲け、河内屋

喜兵衛は弘化二年（一八四五）に、さすがにこの頃には前の版木も使えなくなったのでしょう、今度は新たに版をおこして「弘化再刻」として売りに出します。（図66）のように「天明六年初刻」と言っていますが、河内屋が版を手に入れた時すでに「天明丙午（六）」と刊記にあったので、そのようにうたいますが、実際は安永四年の版なのです。いずれにしましても、江戸時代中後期、竹林堂の名は世に相当に信頼をもって受けいれられていたといえるようです。

ついでにここで河内屋の活躍について見てみましょう。河内屋は積極的に「道春点」を印刷します。文化年間には、「文化再刻」として一〇行二三字本を発行（図67）。寛政一年（一七八九）には「文林堂」の版木を得て印刷しています（図68）。一〇行一七字でかなり字も小さく、いよいよ江戸時代の前期から遠ざかっていきます（図69）。

翌二年（一七九〇）には「宝林堂」の版木を用いて発行しています（図70）。三書肆の合版となっています。九行二三字詰めで本文もどんどん追い込みで窮屈な配置になって

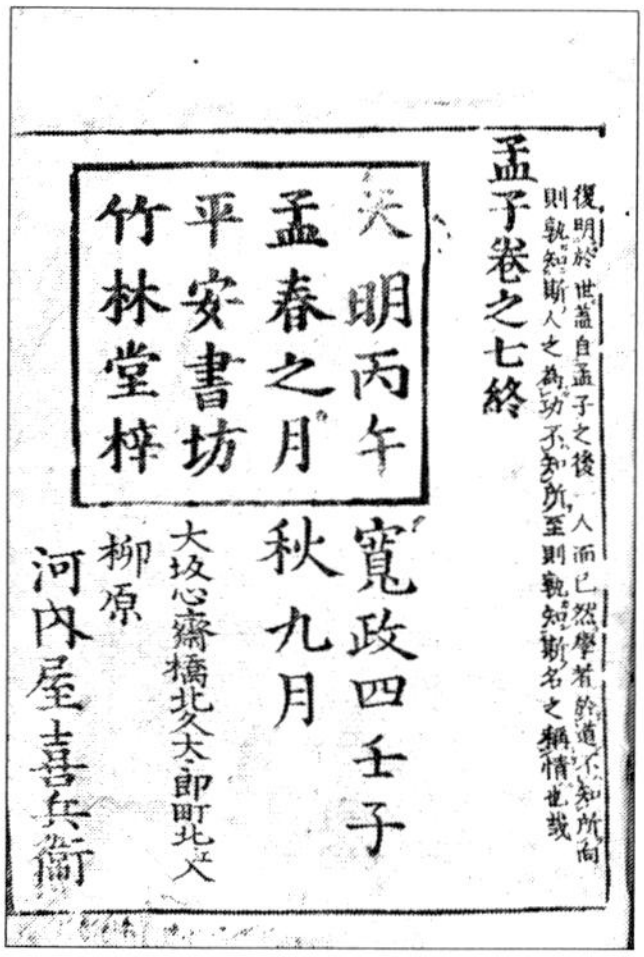
復明於世蓋自孟子之後一人而已然學者於道不知所向
則孰知斯人之爲功不知所至則孰知斯名之稱情也哉
孟子巻之七終
天明丙午　寛政四壬子
孟春之月　秋九月
平安書坊　竹林堂梓
大坂心斎橋北久太郎町北ヘ入
柳原
河内屋喜兵衛

図 65

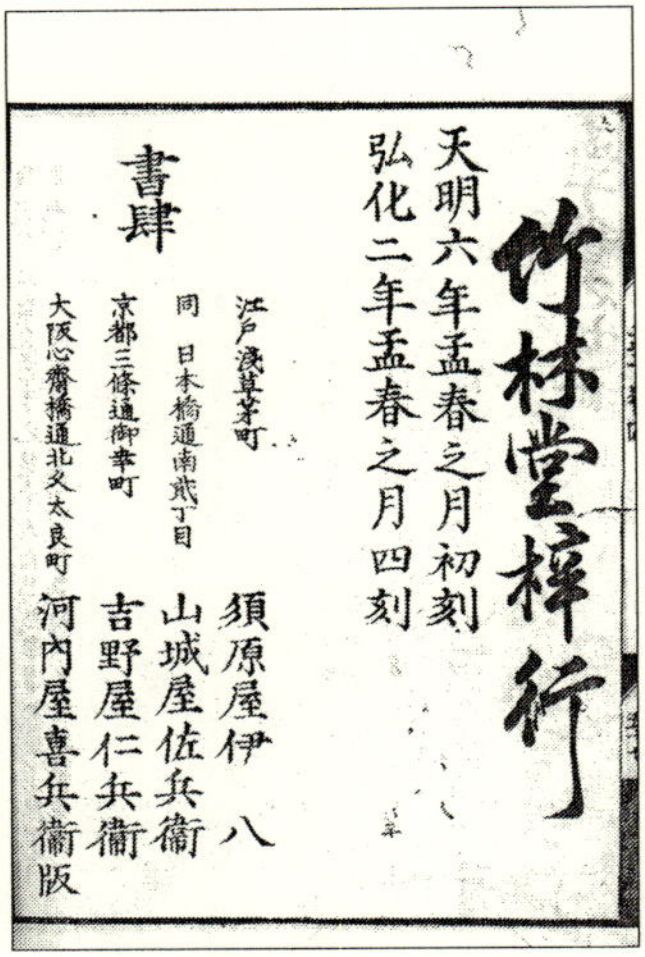

図66

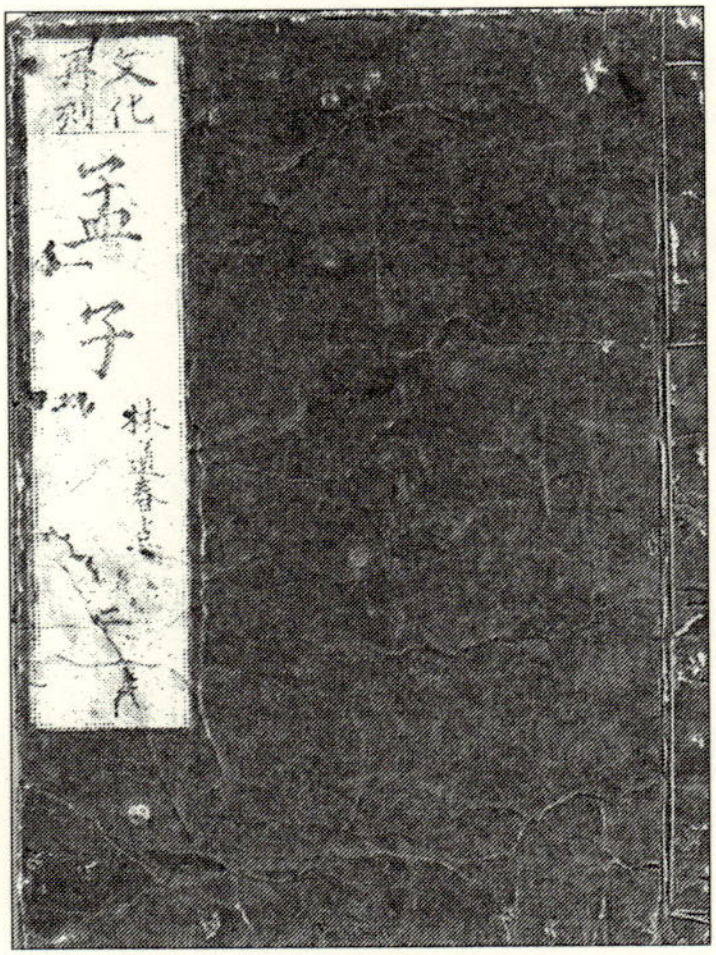

図67

います（図71）。いずれも「寛政改正　道春点」と題していますが、後者は訓点もかなり省略した形となっています。

河内屋は積玉圃と称しましたが、「字引」を附録に付けて漢字の読みを附したものも出しています（図72）。一〇行二三字。天明七年（一七八七）初刻と言い、安政五年（一八五八）再刻と言いますから、息の長い話しです。こうした工夫は如何に「道春点」『四書』に拘っていたかを示すものでしょう。

文久三年（一八六一）には一〇行二一字本で同族の河内屋茂兵衛（群玉堂）と合版で印刷しています（図73）。版心下部には「万延新刊」（一八六〇）とありますから、数年前の版をそのまま「文久改正」とうたって印刷したもので

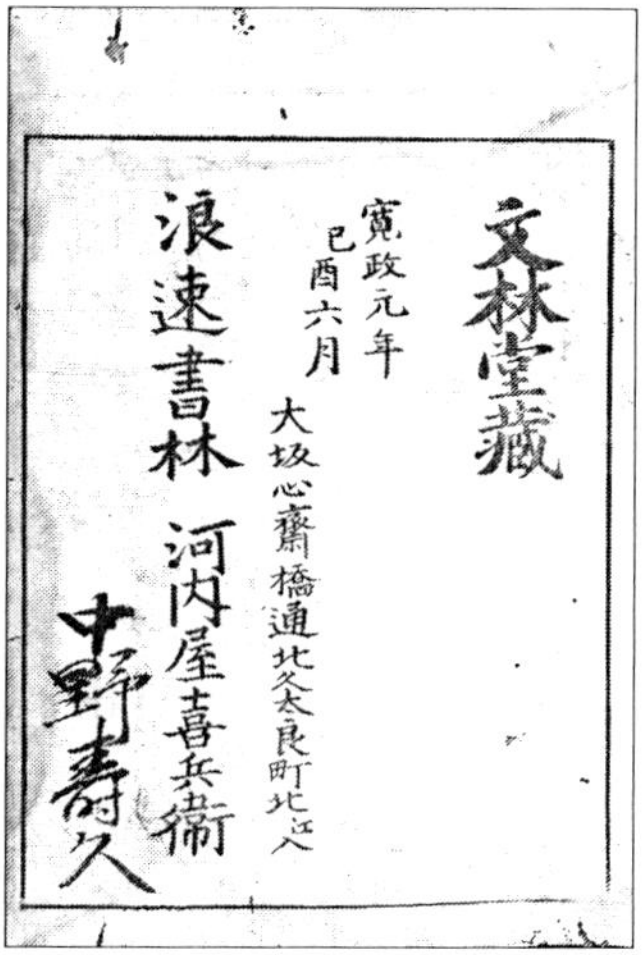
文林堂藏
寛政元年
己酉六月
大坂心齋橋通北久太良町北江入
浪速書林　河内屋喜兵衛
中野壽久

図 68

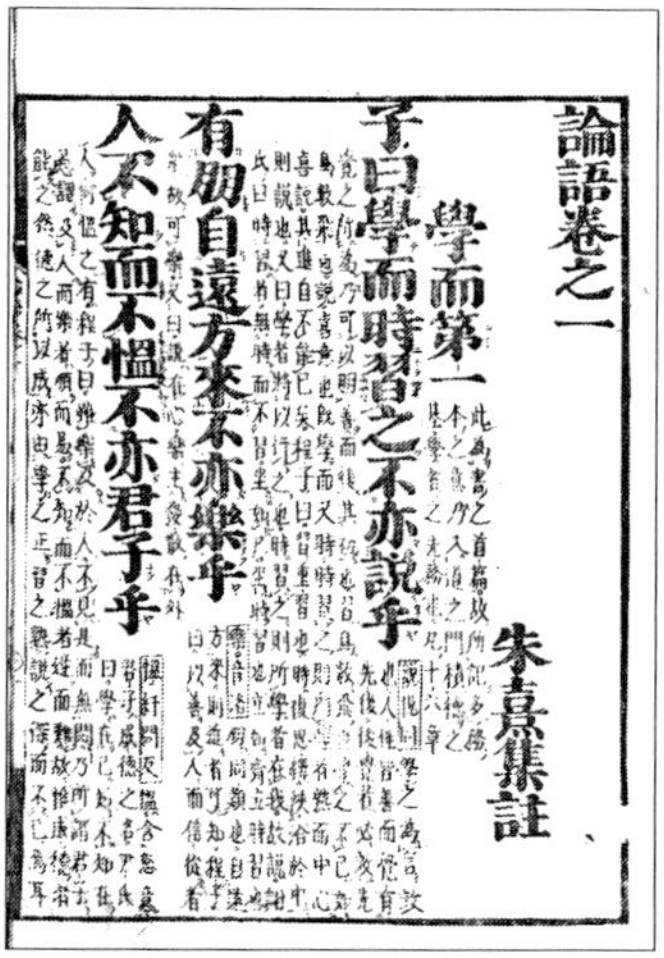
論語卷之一
學而第一
朱熹集註
子曰學而時習之不亦說乎
有朋自遠方來不亦樂乎
人不知而不慍不亦君子乎

図 69

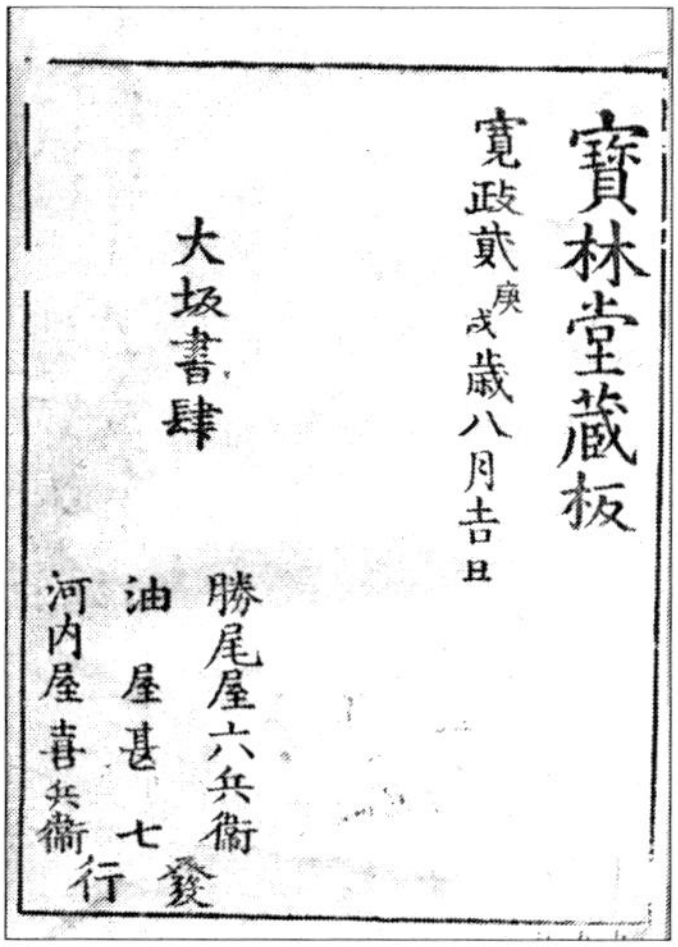
寶林堂藏板
寛政貳庚戌歳八月吉日
大坂書肆
勝尾屋六兵衛
油屋甚七
河内屋喜兵衛
發行

図 70

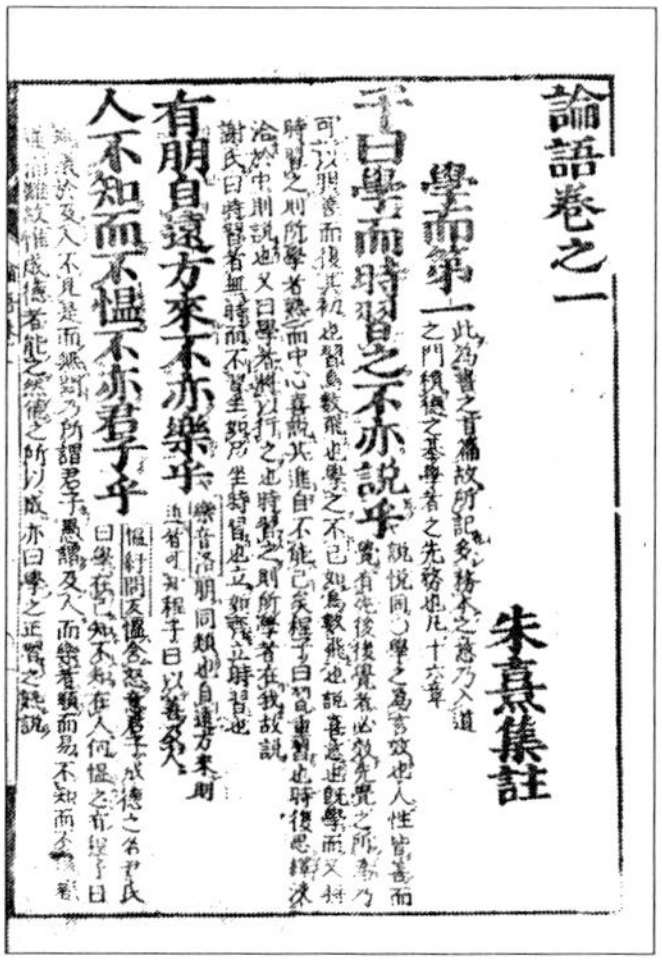
論語卷之一
學而第一
朱熹集註
子曰學而時習之不亦說乎
有朋自遠方來不亦樂乎
人不知而不慍不亦君子乎

図 71

しょう。江戸時代の後期、後藤点が席巻するなかで、幕末まで羅山点を称して『四書』を出版し続けた河内屋は、とても立派な本屋といえるでしょう。

天明五年（一七八五）には源宣義（温故堂主人）という本屋が、こちらも同じように自らのテキストが道春点の正統であるとして、一〇行二二字本を出版しています。もはや初期の道春点とは様相をことにしていますが。京都の木邨吉兵衛らが請け負ったようですが（図74）、文政一二年（一八二九）に再版され、安政二年（一八五五）に大坂の梅村彦七が版木を購入

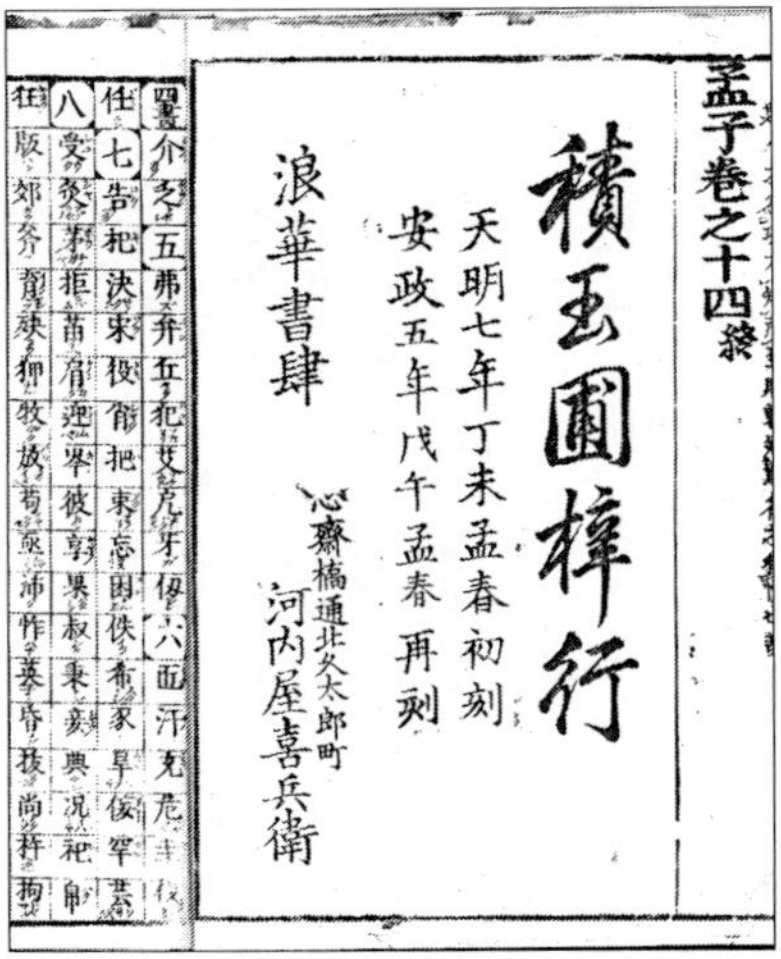

図 72

（求版）して印刷しています（図75）。そして、この梅村氏は文会堂と称し、九行一九字本を天明五年に上梓しており、文政一二年（一八二九）、安政六年（一八五九）に版を重ねています。

この後、寛政時代を迎えると、二年（一七九〇）には寛政異学の禁が出され、朱子学が大いに奨励されたから、朱熹集注本である『四書』の出版は力を得たと思われます。寛政一年には江戸の最勝堂が九行一六字本

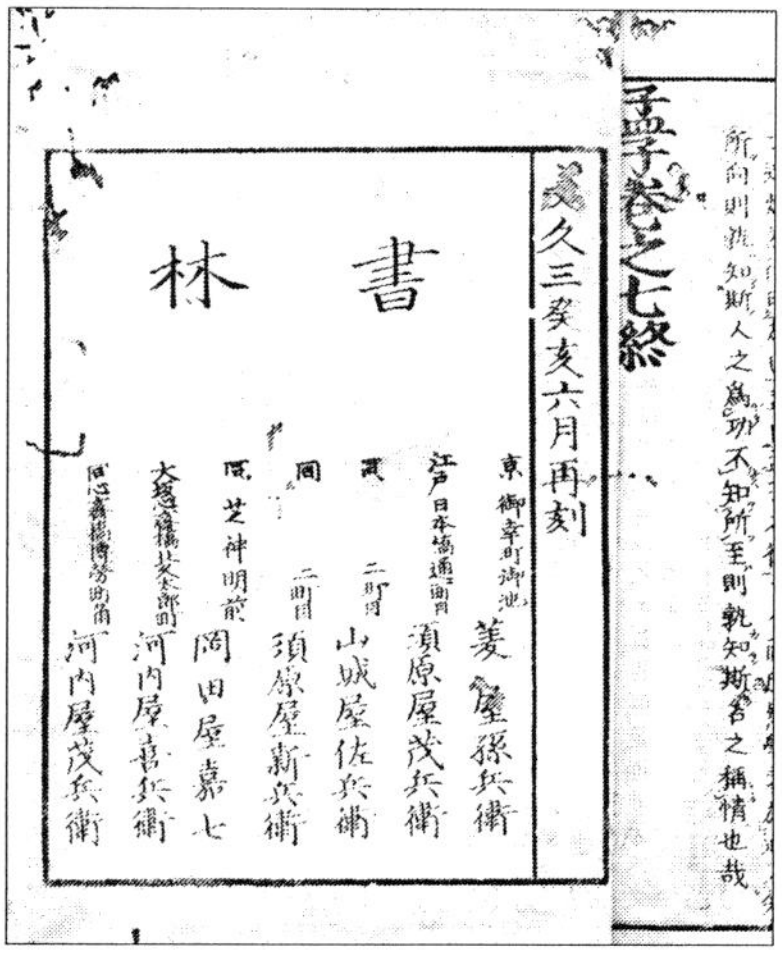

図 73

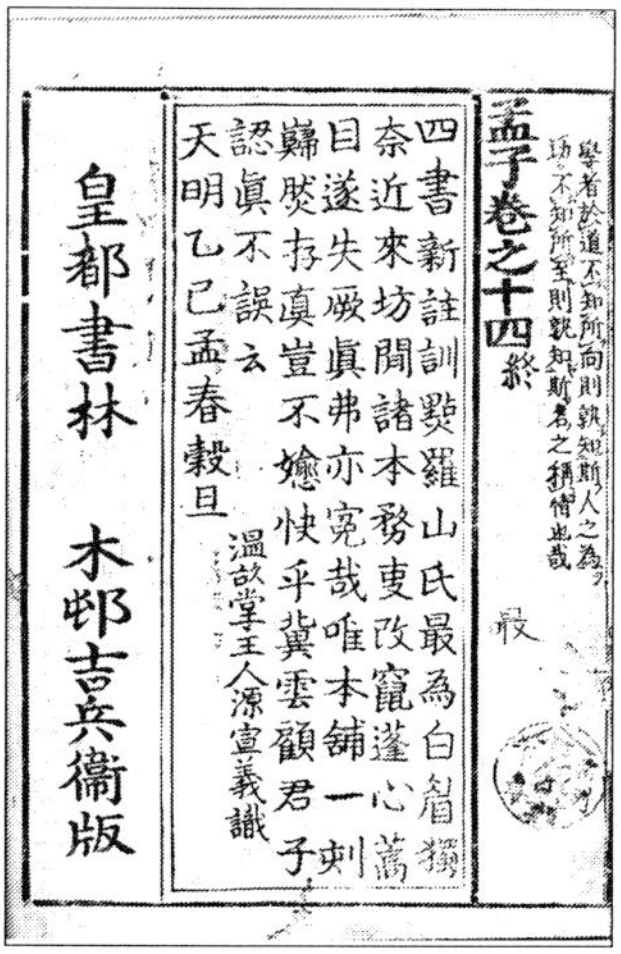

図 74

で（図76）、初期の道春点に近い訓を附したものを出しています。次第に京都大坂から江戸に本屋が移ってくるのでしょう。また、寛政三年には同じく九行一六字の『四書』を尾張の安永堂が出しています（図77）。名古屋は東壁堂永楽屋東四郎が著名ですが、本書も後に永楽屋が蔵版しているようです。

こうしていよいよ江戸時代の後期の華やかな文化文政時代を迎えますが、この時代は、前にも述べましたが、江戸時代後期、特に天保時代頃の考証学、復古主義のような風潮が現れてくる気配を感じることができます。一〇行二一字詰めという節約した出版ではありますが、文化一二年（一八一五）に江戸の僊鶴堂鶴屋喜右衛門が「大寛堂再訂」と称して綺麗な本を出版します（図78）。訓点は以前よりは省略されていますが、校訂は行き届いています。

さらに、江戸池端の、青裳堂髙橋與総治が文化七年（一八一〇）に「再版」と称してとても瀟洒な『四書』を出版しています（図79）。九行一五字で、剞劂《きけつ》という刻字工の名前が記されますが、一定の格式を持った字様で版刻も優れています。こうしたところまで来ると、道春点という訓点よりは本文の美しさが焦点になってきます。

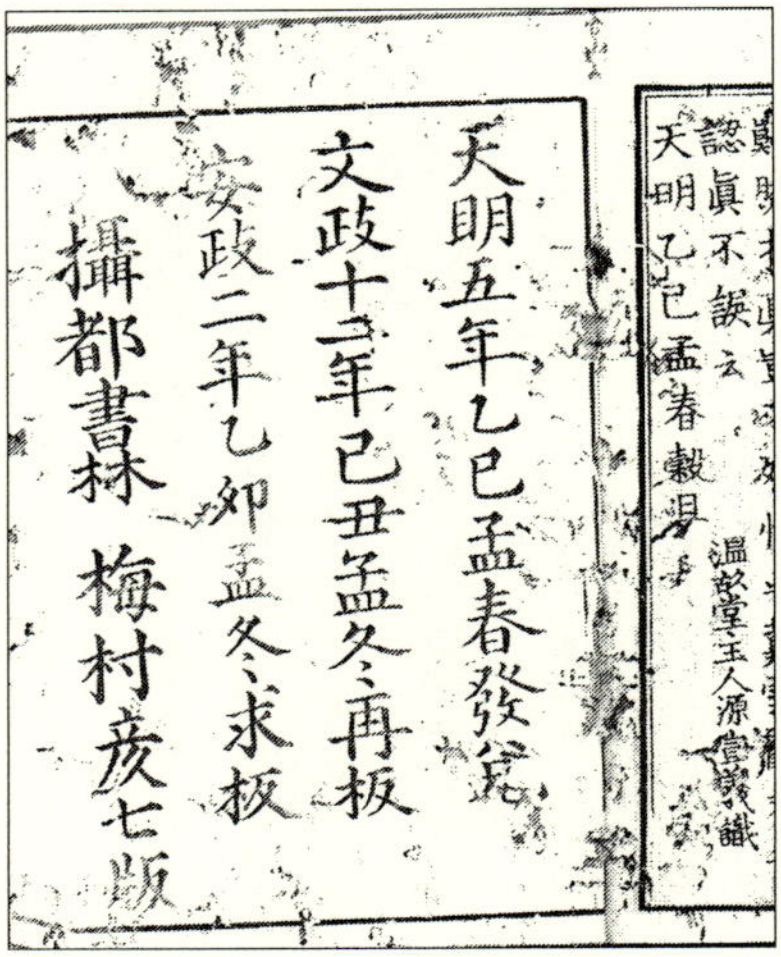
認眞不誤云
天明乙巳孟春穀旦
天明五年乙巳孟春發兌
文政十二年己丑孟冬再板
安政二年乙卯孟冬求板
攝都書林　梅村彦七版

図75

天保年間には、瀟洒な雰囲気と古色を好む時代の風潮に受け入れられ、天保一四年（一八四三）、万笈堂英大助が印刷し（図80）、さらに玉山堂山城屋佐兵衛という大書肆の販売にゆだねられます（図81）。

また、久月堂小野氏という本屋のテキストがやや流行します。これは版心の下部に白抜きで「久月堂」と記されるので知られるのですが（図82）、文化五年（一八〇八）に再刻され、文化一〇年に京都の三津屋喜兵衛（図

論語卷之一

朱熹集註

學而第一

此爲書之首篇故所記多務本之意乃入道之門積德之基學者之先務也凡十六章

子曰學而時習之不亦說乎　說悅同

學之爲言效也人性皆善而覺有先後後覺者必效先覺之所爲乃可以明善而復其初也習鳥數飛也學之不已如鳥數飛也說喜意也既學而又時習之則所學者熟而中心喜說其進自不能已矣程子曰習重習也時復思繹浹洽於中則說也又曰學者將以行之也時習之則所學者在我故說謝氏曰時習者無時而不習坐如尸坐時習也立如齊立時習也

図 76

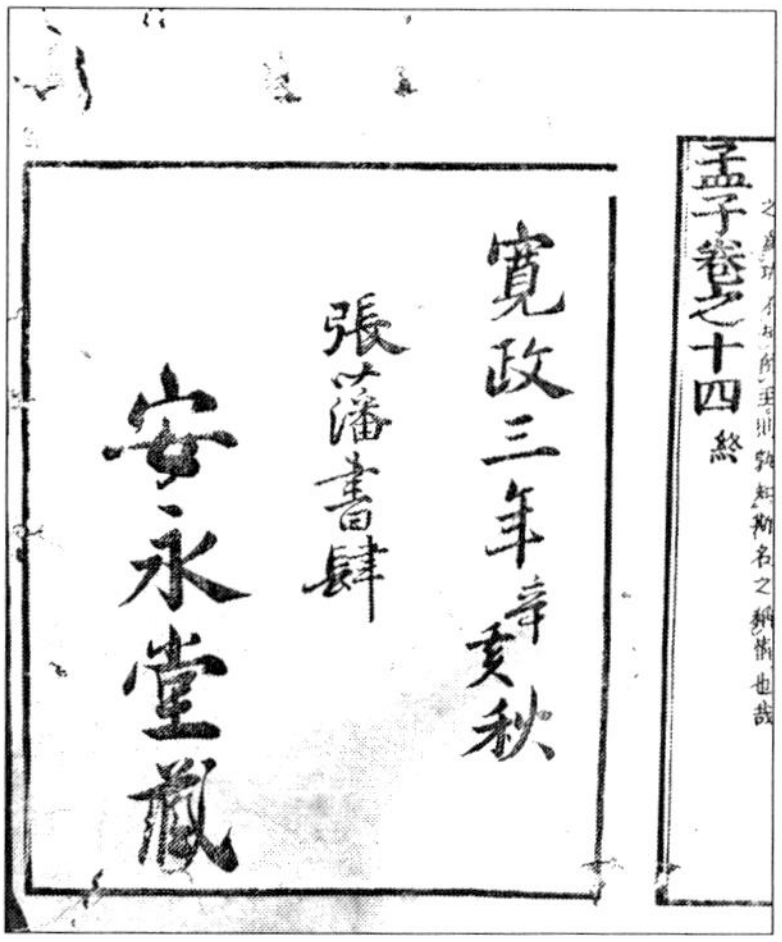
孟子卷之十四　終

寛政三年辛亥秋

張藩書肆

安永堂藏

図 77

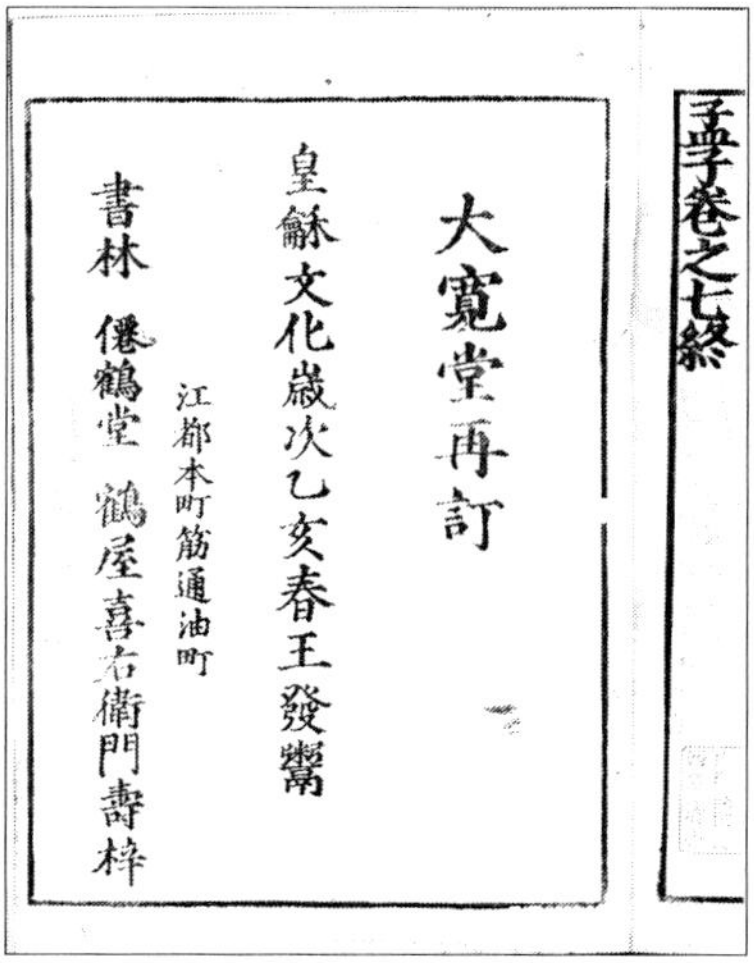
孟子卷之七終

大寛堂再訂

皇龢文化歳次乙亥春王發鐫

江都本町筋通油町

書林　僊鶴堂　鶴屋喜右衛門壽梓

図 78

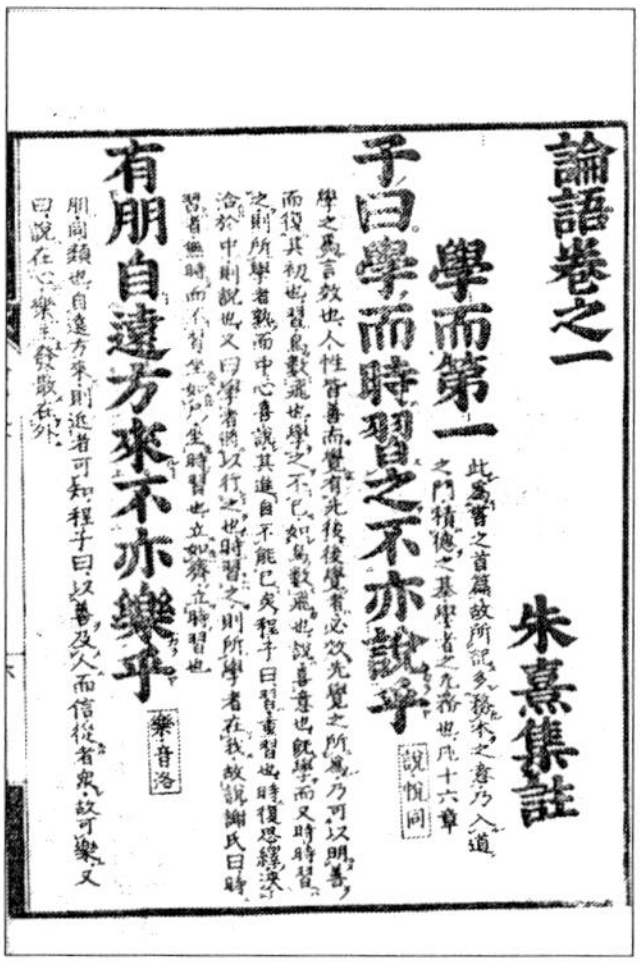
論語卷之一

朱熹集註

學而第一

此爲書之首篇故所記多務本之意乃入道之門積德之基學者之先務也凡十六章

子曰學而時習之不亦說乎　說悅同

學之爲言效也人性皆善而覺有先後後覺者必效先覺之所爲乃可以明善而復其初也習鳥數飛也學之不已如鳥數飛也說喜意也既學而又時習之則所學者熟而中心喜說其進自不能已矣程子曰習重習也時復思繹浹洽於中則說也又曰學者將以行之也時習之則所學者在我故說謝氏曰時習者無時而不習坐如尸坐時習也立如齊立時習也

有朋自遠方來不亦樂乎　樂音洛

朋同類也自遠方來則近者可知程子曰以善及人而信從者衆故可樂又曰說在心樂主發散在外

図 79

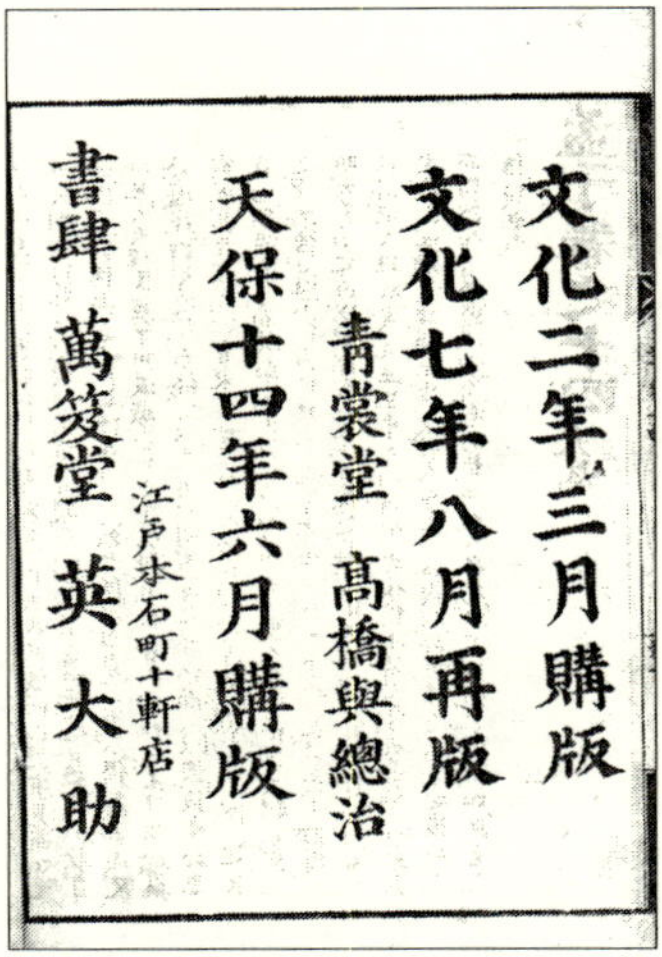
文化二年三月購版
文化七年八月再版
天保十四年六月購版
青裳堂　高橋與總治
江戸赤石町十軒店
書肆　萬笈堂　英大助

図 80

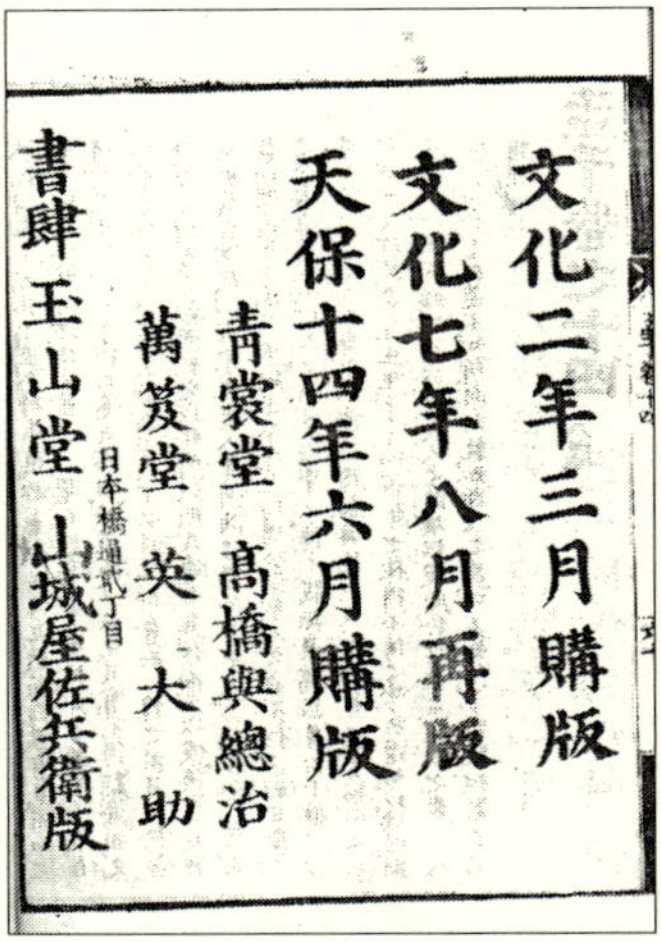
文化二年三月購版
文化七年八月再版
天保十四年六月購版
青裳堂　高橋與總治
萬笈堂　英　大助
日本橋通弐丁目
書肆　玉山堂　山城屋佐兵衛版

図 81

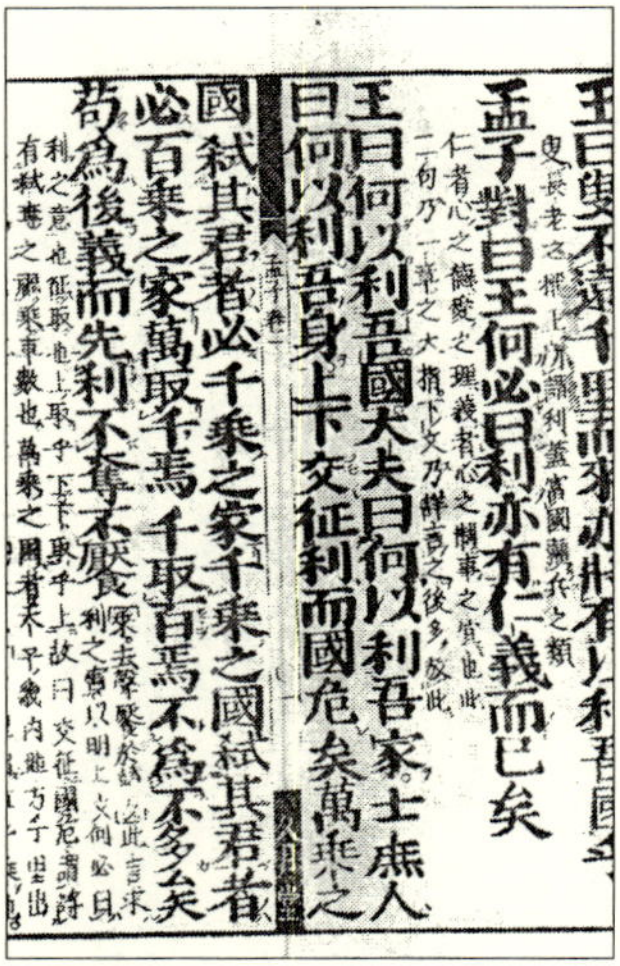
王曰叟不遠千里而來亦將有以利吾國乎
孟子對曰王何必曰利亦有仁義而已矣
王曰何以利吾國大夫曰何以利吾家士庶人曰何以利吾身上下交征利而國危矣萬乘之國弑其君者必千乘之家千乘之國弑其君者必百乘之家萬取千焉千取百焉不爲不多矣苟爲後義而先利不奪不饜
孟子卷一

図 82

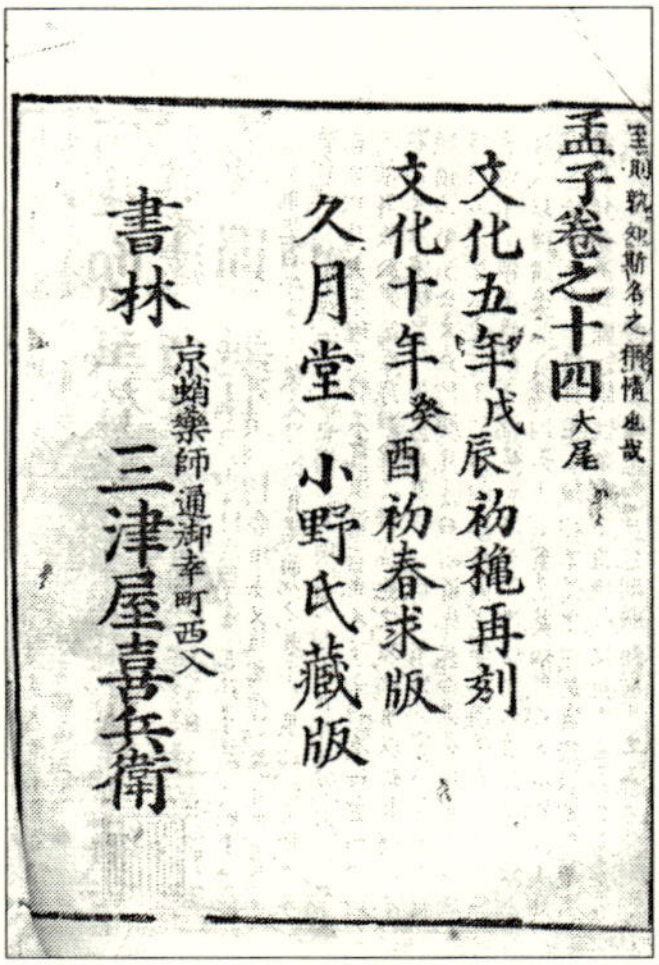
孟子卷之十四　大尾
文化五年戊辰初穐再刻
文化十年癸酉初春求版
久月堂　小野氏藏版
書林　京蛸藥師通御幸町西へ入　三津屋喜兵衛

図 83

83）、大坂の河内屋源七郎が嘉永七年（一八五四）に求版して印刷しています（図84）。

道春点本の最後

おそらく道春点の最後をかざるのが、大阪の宋栄堂、秋田屋太右衛門の出版でしょう。これはそもそも京都の楠見甚左衛門が広文堂版として宝暦四年（一七五四）に出していたもの（図85）を半世紀以上経ってから再刻したものが元になっています。版心下部に「広文堂蔵」とあります（図86）。前にも見たように宝暦は京極堂のように前期の道春点を引き継いでいるから、

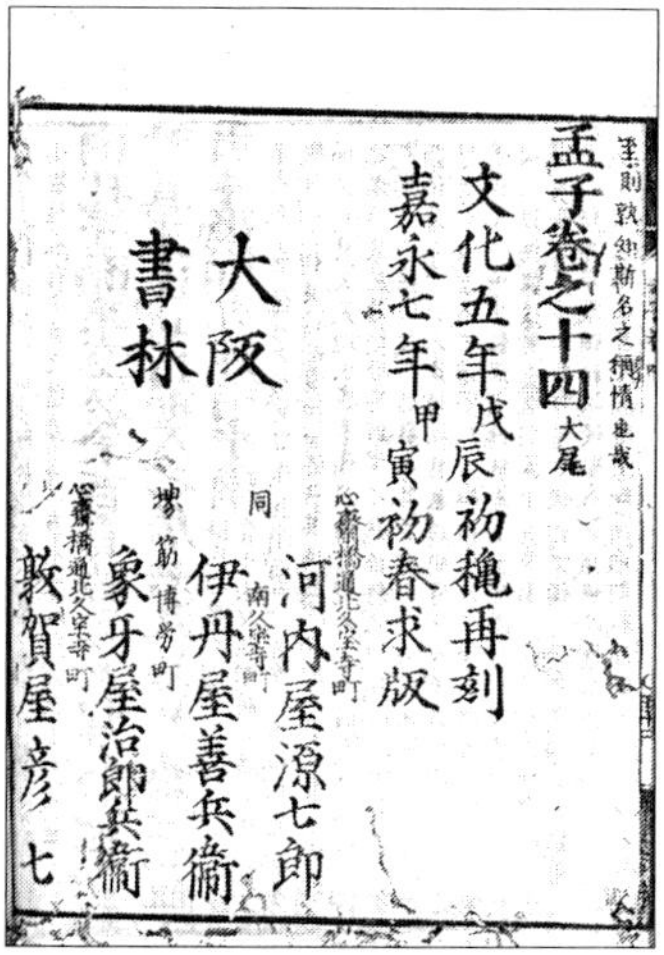
孟子巻之十四　大尾
文化五年戊辰初穐再刻
嘉永七年甲寅初春求版
大阪
書林
心斎橋通北久宝寺町　河内屋源七郎
同　南久宝寺町　伊丹屋善兵衛
堺筋博労町　象牙屋治郎兵衛
心斎橋通北久宝寺町　敦賀屋彦七

図84

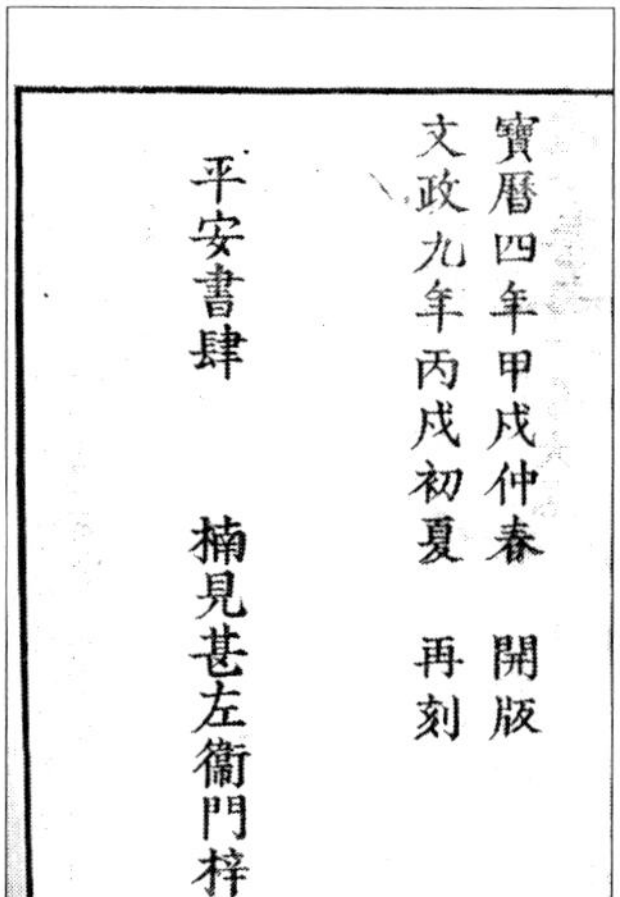
寶暦四年甲戌仲春　開版
文政九年丙戌初夏　再刻
平安書肆　楠見甚左衛門梓

図85

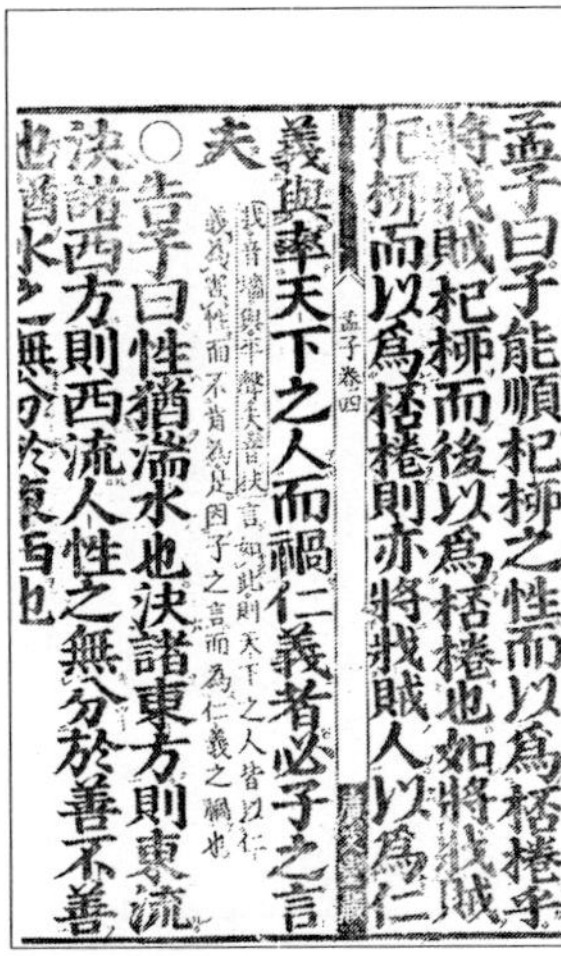
孟子巻四

孟子曰子能順杞柳之性而以爲桮棬乎
將戕賊杞柳而後以爲桮棬也如將戕賊
杞柳而以爲桮棬則亦將戕賊人以爲仁
義與率天下之人而禍仁義者必子之言
夫
○告子曰性猶湍水也決諸東方則東流
決諸西方則西流人性之無分於善不善
也猶水之無分於東西也

図86

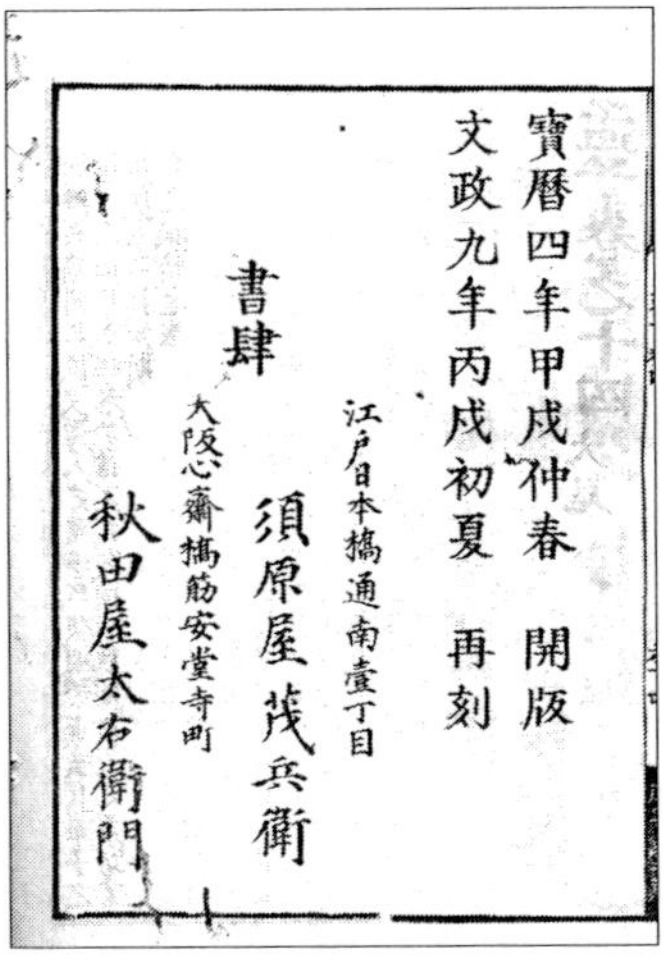
寶暦四年甲戌仲春　開版
文政九年丙戌初夏　再刻
江戸日本橋通南壹丁目
書肆　須原屋茂兵衛
大阪心齋橋筋安堂寺町
秋田屋太右衛門

図87

由緒ある道春点の再版には好材料（良い底本）であったのでしょう。

九行一六字の古式に則っています。これを、文政期の大坂の大書肆、秋田屋太右衛門が版を買い取り、版心も「広文堂」のまま印刷します。江戸の大書肆、須原屋茂兵衛の協力を得ていますから、当時の大きな流通に乗ったものでした。刊記の楠見の書肆名だけを須原屋・秋田屋に替えて（埋木・入木）あります（図87）。

この版はさすがに大書肆の販売ですから売れたのでしょう。天保九年（一八三八）にみたび版をおこし、三刻（天保再刻）として流通させます（図88）。その際に版心下部も「宋栄堂蔵」と変えています（図89）。

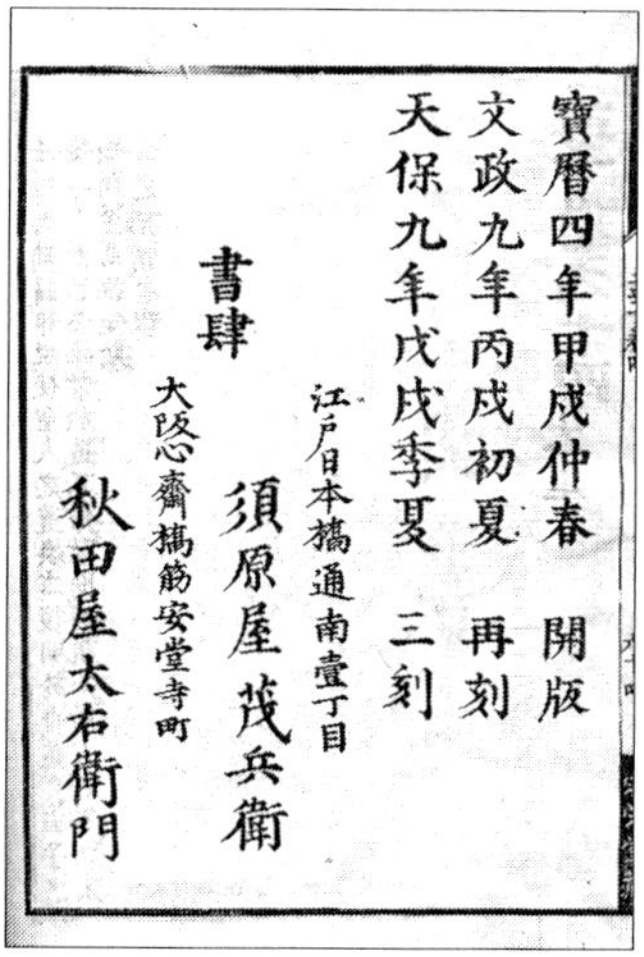
寶曆四年甲戌仲春　開版
文政九年丙戌初夏　再刻
天保九年戊戌季夏　三刻
書肆
江戸日本橋通南壹丁目
須原屋茂兵衛
大阪心齋橋筋安堂寺町
秋田屋太右衛門

図88

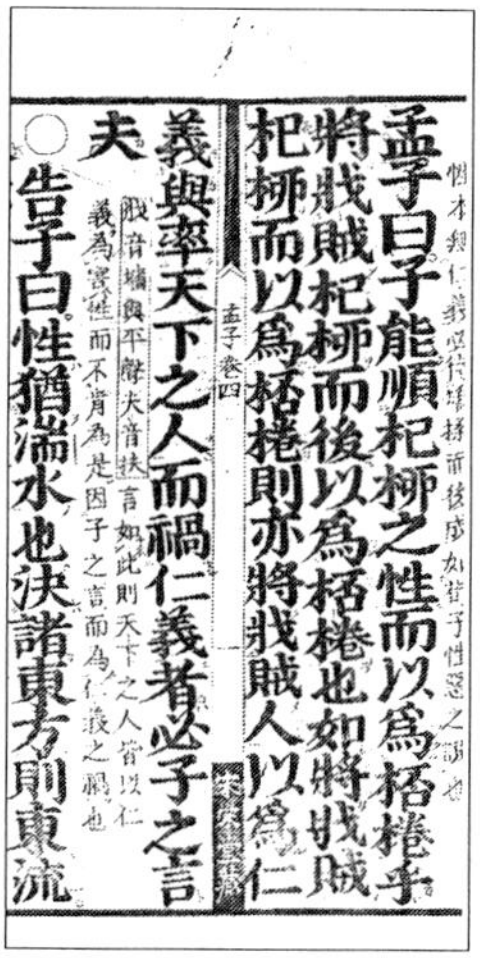
性本無仁義必待矯揉而後成如荀子性惡之説也
孟子曰子能順杞柳之性而以爲桮棬乎將戕賊杞柳而後以爲桮棬也如將戕賊杞柳而以爲桮棬則亦將戕賊人以爲仁義與率天下之人而禍仁義者必子之言夫
戕音牆與平聲夫音扶 言如此則天下之人皆以仁義爲害性而不肯爲是因子之言而爲仁義之禍也
孟子巻四
○告子曰性猶湍水也決諸東方則東流

図89

結局、まとめると、広文堂のテキストが宋栄堂のテキストとなり、宝暦広文堂→（覆刻）文政九年楠見→宋栄堂→（覆刻）天保九年宋栄堂と移っていったのです。宋栄堂では、外題も「校正道春点」とうたって宣伝していますす（図90）。訓読はかなり省略型となっていますが、さっぱりとしていて教科書として使いやすいような気がいたします。

これ以後は、もちろん『四書』は朱熹集注ですが、道春点とうたう書肆の出版は見当たらなくなっていきます。幕末にもさまざまな儒者の訓点本が出されますが、江戸時代を通じて息長く続いたことには驚きを禁じ得ません。それだけに、江戸時代の出版物のなかでとりわけ複雑な伝来を繰り返し、図書館に遺る道春点の不揃い端本など多くの遺産に何を見るべきかと思う時、このような書肆の活躍から概観すると、江戸時代の動向が少し見えてくるものがあるのではないでしょうか。

一つの実例として概観して見ました。

図90

第七章

本に奉仕する人々

漢籍の「目録学」

次に、海の如く限りない江戸時代の漢籍と色々な意味で関わる人について見てみましょう。本に奉仕する人々、と題しましたが、少し不思議な感じがいたします。人から見れば本は、書いて作るものであり、そして読むものであり、集めるものであるかも知れません。しかし、本を中心にして見てみると、本を必要とし、愛する人は、本のために自らをなげうっていると見ることもできます。それは、作者であり、注釈者であり、書写者であり、出版家であり、収蔵者であり、近代の社会からいえば、図書館であるわけです。本から見れば奉仕者ともいえるでしょう。

愛書文化の源流である中国でも、例えばひとつの文献をそのような順序で研究していくのです。もちろん、その間、長い歴史の途上多くの本が失われました。現在、図書館で保存されている本だけではなく、歴史上存在して現存しない本まで、その研究は及びます。その学問を中国では「目録学」と呼びます。本のリストを作って並べていく、それが目録、カタログですと教わることもありますが、漢籍では、違います。

中国の蔵書研究・蔵書文化

『論語』は、作者が分からない、しかし、孔子の弟子の編纂によるものでしょう、その注釈の古いものに、後漢の鄭玄《じょうげん》（一二七〜二〇〇）が記した『鄭注論語』があります。それはどうしたら見られますか。清の孔広森《こうこうしん》という学者の編纂した『通徳遺書所見録』という叢書に収められています。その叢書はどこにありますか。『中国叢書綜録』という本で調べられます。また、実際にそれを書写して伝えたものが、西域トゥルファンの博物館に所蔵されています。その『鄭注論語』は、その後、三国時代魏の何晏（一九〇〜二四九）が編纂した注釈とどう違うでしょうか。テキストの流れ、それはテキストクリティークという学問につながっていきます。

こうした具合で、目録学は、次第に校勘学や版本学へと発展して、三位一体となっていきます。

そして、個々のテキストはどのような経路・流通を経て現在に至っているのか、を調べる研究が発達してきました。これが蔵書研究・蔵書文化と呼ばれるものです。実際に、今、中国で、任継愈編『中国蔵書楼』や傅璇琮《ふせんそう》編『中国蔵書通史』などという書物が権威を持って蔵書文化を史的に体系化したものとされています。また、『蔵書家』という雑誌が定期的に出されるなど、それぞれの書物を伝える主体である蔵書者や蔵書機関を研究・整理する学問が盛んになってきています。葉昌熾《し》の『蔵書紀事詩』という本は、著名な歴代の蔵書家の一人一人について詩（漢詩）を読み上げてその功績を称えたユニークなものです。そこには、事実もさることながら、面白いエピソードが紹介され、蔵書文化に彩りを加えています。

江戸時代の蔵書の歴史

さて、江戸時代の漢籍を考える場合にも、本家、中国の蔵書の流れとは無縁ではありません。一六世紀頃から中国では宋・元の時代（一〇～一四世紀）に出版された書物（宋元版）を貴重視する風が盛んになってきます。日本でいえば室町時代後期ということになります。中国の蔵書家が重んじた書物は当然、商船に載って日本に売られることは無いといってよいでしょう。ですから、室町時代の後期以降は、中国の貴重書・宋元版はほとんど日本に入ってくることはありません。再び入ってくるのは、明治時代・近代になってからです。したがって宋・元の貴重な文献が大陸からもたらされるのは、室町時代の中期以前と考えるのが自然です。

とするならば、江戸時代、中国から長崎を経ておびただしくもたらされる漢籍の実態は、ということになると、これは明時代（一四〜一七世紀）のものが中心であるわけです。それで江戸時代の和刻本は明時代のものの覆刊が多いのです。

こうしたことを思いあわせると、日本における漢籍の流通がよく理解できるのですが、それが、どのような蒐集保存の努力を経て今日にいたっているのかを把握することによってさらにその理解が深まるといえるでしょう。

そこで、大雑把に日本の蔵書の歴史をおさえておく必要があります。これには、小野則秋の『日本図書館史』（一九七三）『日本文庫史研究』（一九七九改訂版）という研究があります。日本に漢字文献が伝わったのは、朝鮮から西暦二八五年に『論語』などがやってきた頃であるなどといわれますが、その後仏教文化の流入（六世紀半ば）とともに、儒教文献・仏教文献が日本の図書の双璧をなしていたことは間違いがありません。それは皇室を中心とした王朝貴族の周辺と、大陸から帰朝した学僧が支える奈良・京都を中心とする大寺院に集約されていたことも当然であるかもしれません。もちろん、典籍は漢籍だけではありませんが、江戸時代の漢籍を理解するうえでは、文庫の歴史が大きな意味を持ちます。

奈良・平安時代の、法隆寺・東大寺・興福寺などを中心とする大寺院は、積極的に大陸の書物文化を受け入れると同時に日本固有の写本や印刷品も作り上げていました。公家のなかでは、漢学を専修する家が栄え、大江・菅原・清原・中原など博士家と呼ばれる家が活躍し、写本文化を作り上げました。

やがて、中国が宋時代を迎え、出版の時代となると、日本では、公家と共に、台頭してきた武家支配者が宋から書物を取り寄せています。平清盛が宋版を皇室に献上したことは有名ですが、こうして、学僧・貴族・武家の三層が互いに影響しあって蔵書文化を作り上げていきます。鎌倉時代、北条実時の頃の金沢文庫や、室町時代、上杉憲実が充実させた足利学校はこのことを示す代表的な存在です。そして、武家文化にも支えられた禅宗寺院は五山文化を成就して、書物文化はその中でも大きな位置を占めました。それらの文化によって収集された蔵書は、その後、戦乱を経ながらも、総じて、江戸時代を通じて、保存・利用されたのでした。

したがって、前述の宋・元の貴重本は、こうした中世以前に将来されたものがほとんどで、江戸時代を通じて流通していた古い唐本は、総じて江戸時代以前の伝来によるものが多く、由緒があるということは知っておかねばなりません。

家康の書物文化政策

そして、おとずれた江戸時代は、戦国時代を経て、武家文化の黄金時代であったのですが、前述の通り、徳川家康の書物文化政策のたまもので、新たな蔵書文化を築いていくことになりました。もちろん、その間にあって、宮中・宮家の文庫、東山御文庫・伏見宮・桂宮など、また、中世以来の公家文庫、陽明文庫（近衛家）・三条西家・九条家など江戸時代を通じて立派に伝存されたものもあります。しかし、新たな武家支配者が、旧来の善本を蒐集することや、前述のように豊臣秀吉の時代に流入した朝鮮本や、その活字印刷術が大きな影響を巻き起こしたことなどが契機となって、天下太平の立役者となった家康の蔵書・出版事業には、朝鮮本・金沢文庫旧蔵の写本・唐本が大きな柱となっていました。

そして、徳川家を中心とする、尾張家・水戸家・紀州家、そして血縁の前田家など大名家の蔵書を形成する原動力となったのでした。それが、紅葉山《もみじやま》文庫（幕府）、尾藩文庫（尾張）、彰考館文庫（水戸）、紀州藩文庫（和歌山）、尊経閣文庫（前田）といわれるもので、今もそれぞれ現存しています。中世の主立った漢籍蔵書は、このように江戸時代、有力な大名に受け継がれ、また、大名の庇護を受けた寺院などが伝えていったのです。

近代の特殊文庫、例えば内閣文庫・宮内庁書陵部・南葵文庫などはこうした蔵書を基盤に作られていったのです。もちろん儒学者をはじめとする学者の蔵書、例えば伊藤仁斎の家に伝えた古義堂文庫なども書物文化に多大の貢献をもたらしています。また、全国の藩に仕えた学者・医者、学塾を開いた先生等の蔵書も文化史の貴重な一面です。しかし、江戸時代の特徴といえる大名の活躍から見るとき、大名家の果たした漢籍の保存への貢献は、最も大切な江戸のレファレンスといえましょう。

江戸時代を代表する大名の蔵書として、佐伯文庫（佐伯毛利）・棲息堂文庫（徳山毛利）・黄雪書屋（西大寺藩市橋長昭）・阿波国文庫（徳島蜂須賀家）・楽亭文庫（白河松平定信）・溝口直侯文庫（新発田藩）、島原松平文庫（松平忠房）など現存しているもの、焼失したもの（阿波国文庫）、散逸したもの（楽亭文庫）、さまざまな現物や伝説が伝えられています。大名だけでなく、家老として大名格の力を持った人に、米沢上杉家の直江兼続、紀州家の水野忠央《ただなか》などは特異な貴重本蒐集を行いました。

藩校の蔵書

そして、江戸時代の学校である藩校の蔵書は、大名の蔵書と相まって、全国におびただしい量を誇りました。藩の学問研究については、笠井助治に『近世藩校の綜合的研究』（吉川弘文館　一九六〇）『近世藩校に於ける学統学派の研究』『近世藩校に於ける出版書の研究』があり、『近世藩制藩校大事典』（大石学編　吉川弘文館　二〇〇六）もあることは前述いたしましたが、各藩がどれほどの漢籍を収集していたかの実態を網羅的に明らかにしたものは、ありません。それは、これも前述いたしました、明治の学制改革により、藩校が廃止され、その蔵書も散逸したものが多かったからです。明治二二年の文部省の『日本教育史資料』にその概要は記録されていますが、詳細を把握したものではありませんでした。藩校で作製した蔵書目録が遺っていれば、まだたすかりますが、原本も、目録も遺されていない藩がほとんどです。

これは藩校の蔵書に限ったことではありませんが、このジレンマに突破口を指し示してくれるのが、各処に散じて遺っている典籍に捺されている蔵書印なのです。したがって、古くから蔵書印の研究は行われてきましたが、愛書家が捺す蔵書印の美的考証もさることながら、旧蔵書復元の手だてとして行われる蔵書印の収集と分類は、とりわけ江戸時代の蔵書文化解明には、大変有意義な研究であるといえましょう。その点で、『新編蔵書印譜』（渡辺守邦・後藤憲二編日本書誌学大系七九　増訂版一〇三、青裳堂書店　二〇一四）は、すばらしい業績です。

藩校の蔵書が失われてしまったいま、蔵書印の発見によってそのかつての盛んだった藩の図書事業をうかがうことができます。それは、現在でも図書館の書庫に或いは見いだすことのできるものもあるのです。

実際に蔵書が遺っている地方もあります。幕府関係を除いて、私が実見したところで、主なものをあげてみますと、伊達藩観瀾閣、庄内藩致道館（酒井家）、米沢藩興譲館（上杉家）、熊本藩時習館（細川家）、紀州和歌山藩学習館、高鍋藩明倫堂（秋月家）など全国に堂々とほぼ全貌を遺しているものも少なくありません。また、大名家と藩校の蔵書関係も、解りにくいところではあります。島原藩松平文庫は、松平忠房の蔵書として知られますが、藩校とも密接に関わったかも知れません。小浜藩酒井家文庫もそうです。有名な尾張藩・水戸藩や佐賀藩（鍋島）、佐伯藩（毛利家）、岡山藩（池田家）の蔵書についても、そうかも知れません。

また、明治の初年に、国立国会図書館の前身である東京書籍館が全国の藩校旧蔵書を当館に交付するよう通達したということもありました。したがって今の国会図書館に相当の旧藩所蔵本が遺っていることも事実です。一九五九年発行の『文献』第二号（特殊文庫連絡協議会）の「上野図書館所蔵藩校旧蔵本略記」（朝倉治彦）にその概略が記されています。

復元する手だてとしての蔵書印

このように散在しているものから、かつての姿を想像復元する手だてとして、蔵書印が大きな役割を果たすのです。はっきりと藩校と判るものから、どうも間違いないが、確証はないものから、やや想像をめぐらす範疇にあるものなどさまざまでありますが、そこから予想を越えた世界が見えてくることもないわけではありません。

（図1）に見える「従五位小笠／原長国納于／唐津志道館」という印記は、唐津藩最後の藩主小笠原長国（一八一二～一八七七）が藩校志道館に本書を収めた印記です。立派な印です。本書は唐時代から宋時代に移る間の混乱した時期、五代を記した歴史書ですが、明末時代

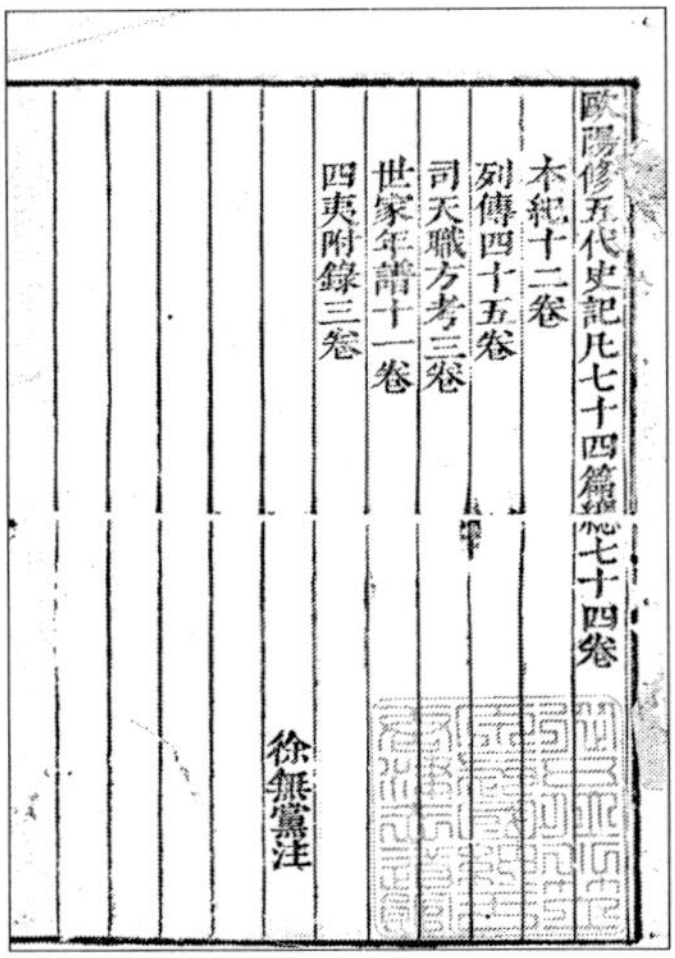

図１

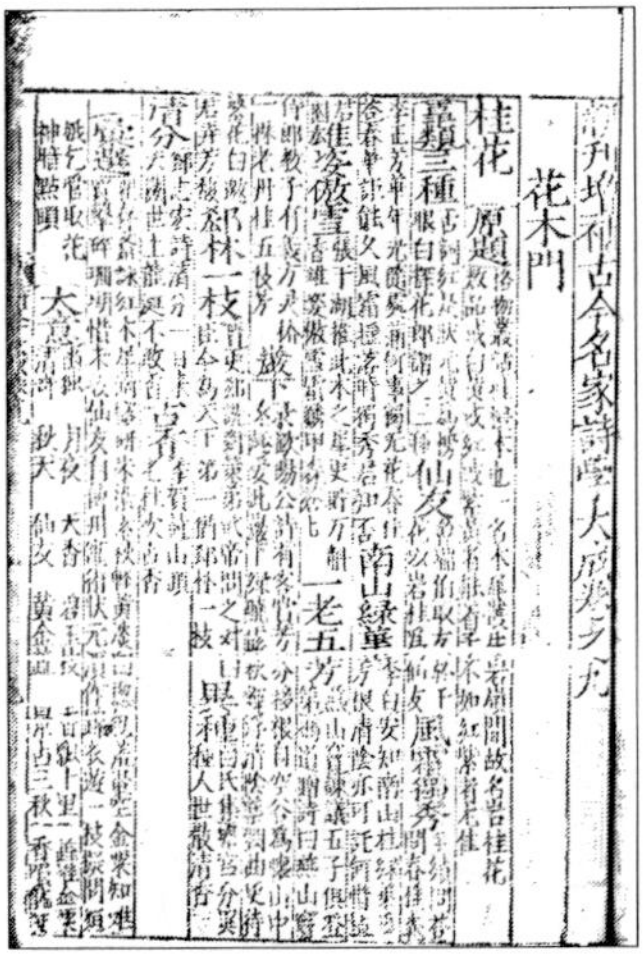

図２

（一七世紀）の名家・汲古閣毛晋《もうしん》（一五九九〜一六五九）が出版した価値あるテキストです。江戸時代は高価なものであったと思われます。一七種類の歴史書をそろえた叢書でしたから、『十七史』と呼びますが、その一つです。おそらく全て揃って（数百冊）藩校に入れたものでしょう。一つの蔵印からどれだけのことが想像できるか、ここに江戸時代漢籍の面白さがあります。

唐津藩は小笠原家ですが、文化一四年（一八一七）に水野家から引き継いだときに陸奥（福島）の棚倉藩から移封された大名です。（図２）に見える「棚倉／国学／蔵書／之記」はその棚倉藩の藩校の印記です。作詩のための辞典で明時代に流行した珍しいもので、やはり高価なものであったと思います。

また、「新発田／道学堂／図書印」は新潟新発田藩溝口家ひきいる道学堂の印記です。第二章の図に既に述べました。新発田藩の藩校旧蔵書は今も市立図書館に遺りますが、藩校道学堂は山崎闇斎学派に属し、八代藩主溝口浩軒も闇斎学をもって著述を為す学者でした。藩校旧蔵書にはお手持ち本も含まれ、好学大名の漢籍蒐集をよく表しています。「家蔵」は藩主の印でしょうか。この『宋史新編』は明時代の民間の学者が宋時代の歴史を記した「別史」といわれる歴史書で、国家の「正史」と区別されます。二〇〇巻という大部な本ですが、天保六年（一八三五）に何処の藩かが企図して出版したものと思われます。これは初印のとても綺麗な本です。

また、（図3）「翼輪／堂蔵／書記」は甲賀水口藩（加藤家）の印記です。水口《みなくち》藩は城跡も遺る近畿の名藩で、藩校翼輪堂は朱子学を講じました。本書は朱子学の教科書『四書』（大学・中庸・論語・孟子）の注釈書です。一七世紀頃の版で中国から輸入されたテキストです。藩校閉鎖後、加藤家に移管されたものでしょうか。「加藤家／蔵書印」はそれを示します。

また、（図4）「筑藩」「官／庫」「蔵図／籍記」は、おそらく筑前福岡藩（黒田家）の印記です。同じ筑前の『秋月郷土館蔵書分類総目録』（一九八二）のなかに、『津逮秘書』（明・毛晋編の古典全書）が記され、「筑前藩官庫旧蔵」とあります。おそらくこれと同じ蔵印と思われます。結局、「筑藩官庫蔵図籍記」という意味の印を分配して捺しているのだと思います。本

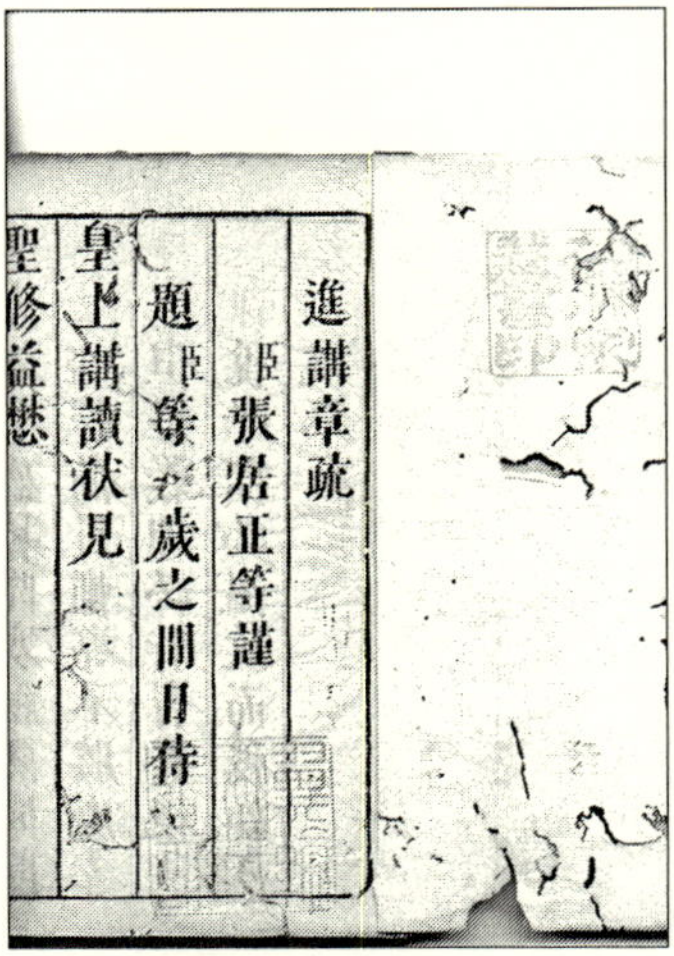

図3

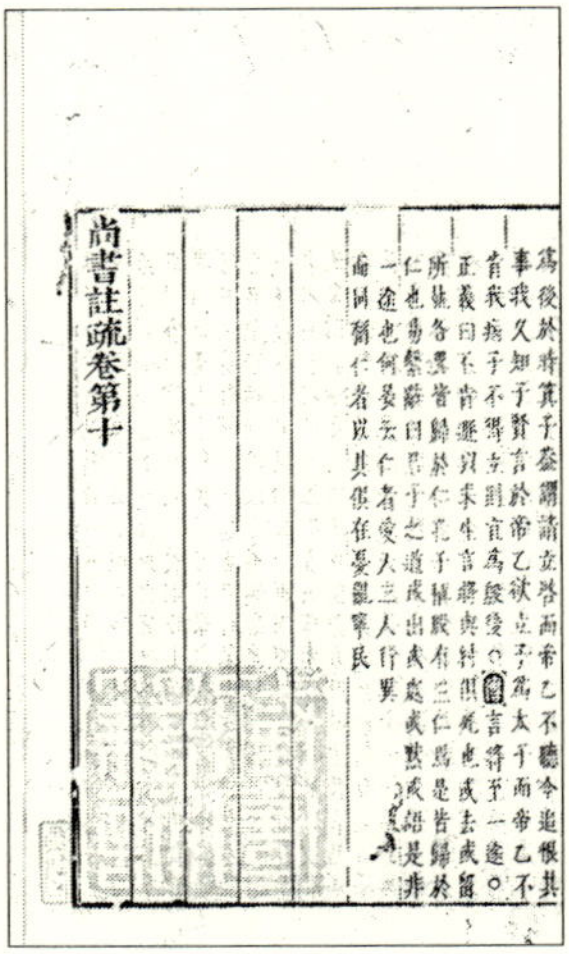

図4

書は、先の唐津藩の蔵書に見たものと同じシリーズの、これは『十三経注疏』、儒学の基本図書一三種の注釈書です。全部で百数十冊あります。どの学校にも必ず揃えられるもので、かつては漢学を学ぶ人は自ら一セット所持していたものです。明時代末期の一七世紀初頭の汲古閣本という有名なテキストで、この汲古閣本は大量に中国からもたらされましたから、日本に所蔵されるものは大変多くあります。しかし、本書のように印刷の早い早印本に属するものは本当に少なく、さすがに権威ある藩庫のものだと思います。これは今、ばらばらに散じてしまいましたが、この印記とこの版は、大名藩校所蔵本のなかでも屈指の質量を誇ったであろうことを十二分に想像させられます。

図５

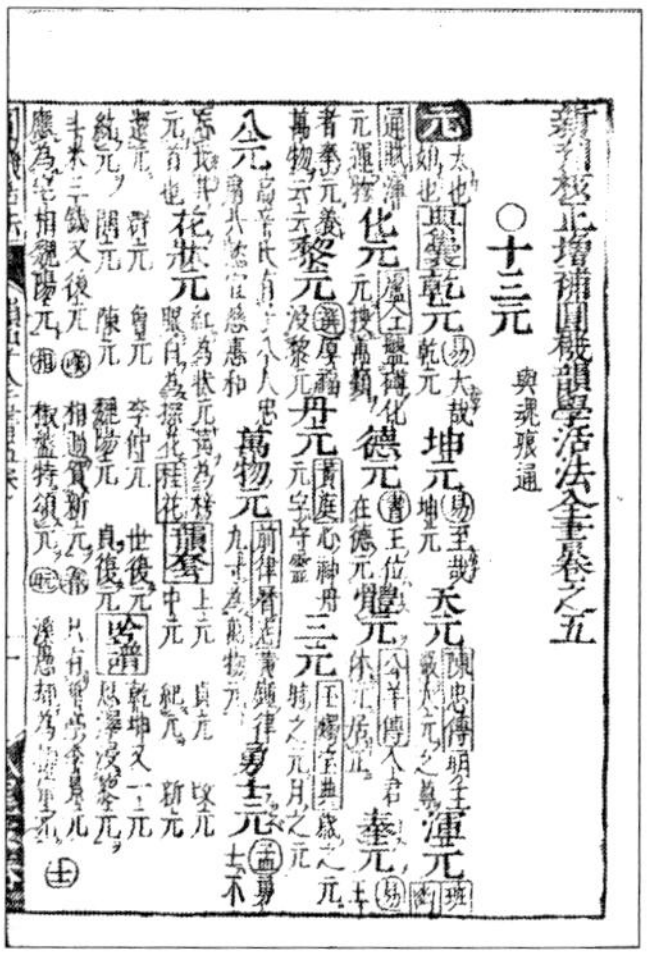
図６

後に売却散逸した田安家の「田安／府芸／台印」と見える（図５）御三卿田安家の蔵書は、御三家と並び称されるべき立派な蔵書印です。

また、（図６）「津山／文庫」は岡山津山藩（松平家）の印記と思われます。何々文庫というありふれた印文でもこの大きさの印は個人のものではあり得ません。本書は、漢詩を作るときの参考辞典『円機活法』。学問所は早く明和二年（一七六五）に開かれているようですが、当初、特に通称は無かったゆえに藩庫のものも文庫と称したのかも知れません。

また、（図７）「備前／国学／之記」となると、備前藩のものであることはわかります。

備前岡山藩には閑谷《しずたに》学校という著名な藩の

庶民学校がありました。『旧閑谷学校歴史資料目録』（岡山県教育委員会　一九七九）によれば、この閑谷学校の蔵書のなかに、この印記と同じものがあるといいます。藩校の蔵書が何らかの事情で閑谷学校に移入したものと記されています。藩学の旧蔵書であることがはっきりとします。この『論語』は大字で、江戸時代前期の出版に係る優雅なテキストで、何れかの藩校が教科書として出版したものかも知れません。

現在、九州・中国・北陸・中部など歴史館や図書館の漢籍を整理目録化する作業は専門家を含めて行われています。その成果も目立たないながら相当な量に達していると思われます。そのなかで、このように、不全の残本であっても、丁寧に蔵印を見ていくと一冊から数百冊、数千冊のコレクションを頭に描くこともできるということです。したがって、図書館の書庫のなかに眠る和装本漢籍は江戸時代を語る貴重なレファレンスであるといえましょう。そして、そのもとに、藩校など

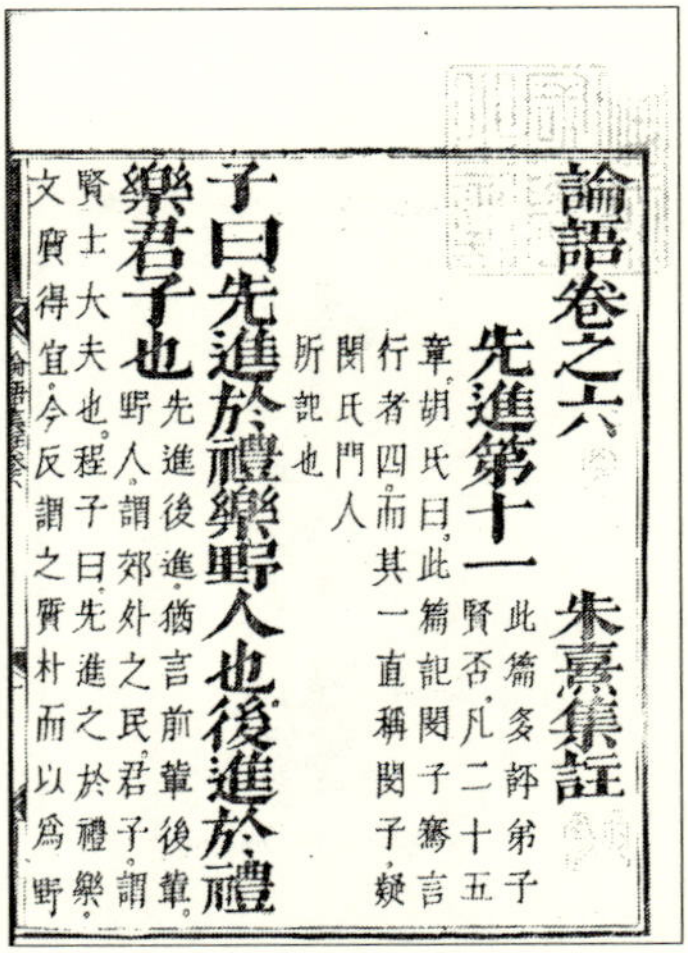
論語巻之六　朱熹集註
先進第十一
此篇多評弟子賢否。凡二十五章。胡氏曰、此篇記閔子騫言行者四、而其一直稱閔子、疑閔氏門人所記也。
子曰、先進於禮樂、野人也。後進於禮樂、君子也。
先進後進、猶言前輩後輩。野人、謂郊外之民。君子、謂賢士大夫也。程子曰、先進之於禮樂、文質得宜、今反謂之質朴而以爲野

図７

の蔵書単位のまとまりを柱に復元してみようと考えるときに、本当に整理されて作られた目録が活きてくる、江戸時代のかつての収集の意図やそれに尽力した賢人、そして今の時代に再整理、地道な目録化作業に尽力した専門の学者や実務の館員など、本に奉仕する人々の意味が活きてくる、といえるのではないでしょうか。

附章

後藤点『四書』『五経』

後藤点のやっかいさ

以上、見てきても、江戸時代の漢籍の知識をざっと修めても、その目録を作ったり整理したりするのはやっかいだなと思うものは少なくありません。『孝経』『古文真宝』『三体詩』、こうしたものは次々と新たな版がおこされて市場に流通するわけですが、その時代の特徴も備えながら、内容は同じであっても姿形を異にするものが続々と出るのであります。

これまで、道春点『四書』を見てきたように、さまざまな書肆の活躍によって、当然ながら時代・流行を背景に、字様も違えば表紙も違う、版式も変化すれば、大きさも変わってくる、こうして生まれてきても内容は全て同じ『四書集注』であるというわけです。

ところが、江戸時代後期、天明・寛政のころに一世を風靡した後藤点『四書』は『五経』とともに、このようなやっかいさとは異質のやっかいさを持つものなのです。図書館の和装本の未整理本や古書店の和本雑本のなかで、必ず混じっている茶色の表紙の『論語』また『易経』などの端本（不揃い本）、これが後藤点『四書』『五経』です。簡便な読みと標準的な字体が好まれたのでしょうか。道春点を圧倒する勢いで流行しました。『五経』は初版以来六版を重ね、『四書』は七版を重ねています。しかも、同じ版式に同じ字様、同じ表紙ときていますから、区別をするのが大変難しいのです。それが端本となるとどの版の一部分か、定めるのが困難をきわめます。

ここにその版の図版を挙げますので、それぞれの図書館でお持ちのものがどれに当たるか、調べてみることで、江戸時代の扉を開いてみては如何でしょうか。しかしながら、ここでは限りがありますので、一部分だけ載せて参考に附することといたします。

後藤芝山

さて、後藤点の点主は後藤芝山（一七二一～一七八二）。高松藩の儒者。『五経』の点本が発行されたのが天明七年（一七八七）ですから、すでに芝山没して後のことでした。『四書』も寛政六年（一七九四）の初版ですから、同様です。

後藤芝山については、詳しい伝記があります。『後藤芝山』（阿河準三著　後藤芝山先生顕彰会　一九八二）です。その天明七年の項に、子の師周によって遺著『五経』が刊行されたことが記されています。また、芝山の高弟で幕府の儒官であった柴野栗山（一七三六〜一八〇七）の嗣子碧海が撰した師周の「墓表」に、この『五経』が優れて世に受け入れられ、『四書』が次で世に出たことが記されていると、阿河氏が紹介しています。

芝山は享保六年に高松城下に生まれ、名は世鈞と言いました。若く京都で中村惕斎に師事したこともありましたが、元文四年（一七三九）江戸で昌平黌に学びました。その後江戸に長く居り、やがて江戸と高松を行き来していたようです。『大日本史』などの稿本が多数遺されているようです。嗣子は後藤師周（一七五九〜一八一五）。

『四書』を見てみると、寛政六年の発兌から文政三年（一八二〇）の再版（再刻）までは約三〇年間もあり、本屋も京都の北村四良兵衛・同庄助から、大坂の山内五良兵衛が加わった三書肆となりました。さらに一五年後の天保六年（一八三五）には三版が、その五年後の天保一一年（一八四〇）には四版が出され、四版の時には江戸の大書肆、須原屋茂兵衛が入り、京都・大坂・江戸の三都販売網を確立いたしました。版権は山内五郎兵衛（再刻までは「郎」は「良」）にあるようですが、版心の下部に三版までは「北村版」と記されていたものが、「後藤点」と替えられるようになります。

さらに一〇年後、嘉永三年（一八五〇）第五版が出版されます。江戸では須原屋の同系、源助が加わります。そして北村四良兵衛の「良」は「郎」になります。その八年後、安政五年

（一八五八）第六版が出ます。山内五郎兵衛は、炭屋五郎兵衛と名を記します。住所は同じようです。江戸末期、文久四年（一八六四）即ち元治一年、最後、第七版が出ます。炭屋は再び山内と名乗り、ここまで一貫して版権を持っているようです。

ここに『大学』から『孟子』まで四種類の各書の巻頭の図を掲げておけば、たとえ端本であっても、どの版かを同定することができます。しかし、ほとんど同じようにしか見えない版面です。覆刻の技術は畏るべきもので、小さい箇所（点の位置や撥ね方）に注目しないと一見しても同じ版か別の版か判断がつきません。しかも、外題の題簽には再版から七版まで、全て「再刻」と記されていますから、やっかいです。とはいえ、子細に比べてみると面白いほどに版の違いがよく判ります。

それでは以下に『四書』の図版を挙げましょう。

（図1）は、後藤点『四書集注』初刻本（初版本）の見返し（封面）。（図2）は『四書』のうち、初刻本『大学』の首。（図3）は、初刻本『論語』の首。（図4）は、初刻本の刊記。

（図5）は再刻本の『論語』、一見しても初刻本との違いは判りません。例えば、四行目「務本」の「本」字の撥ねの違いなどから異版であることが判ります。江戸時代の覆刻の技術は優れています。（図6）は再刻本の刊記。

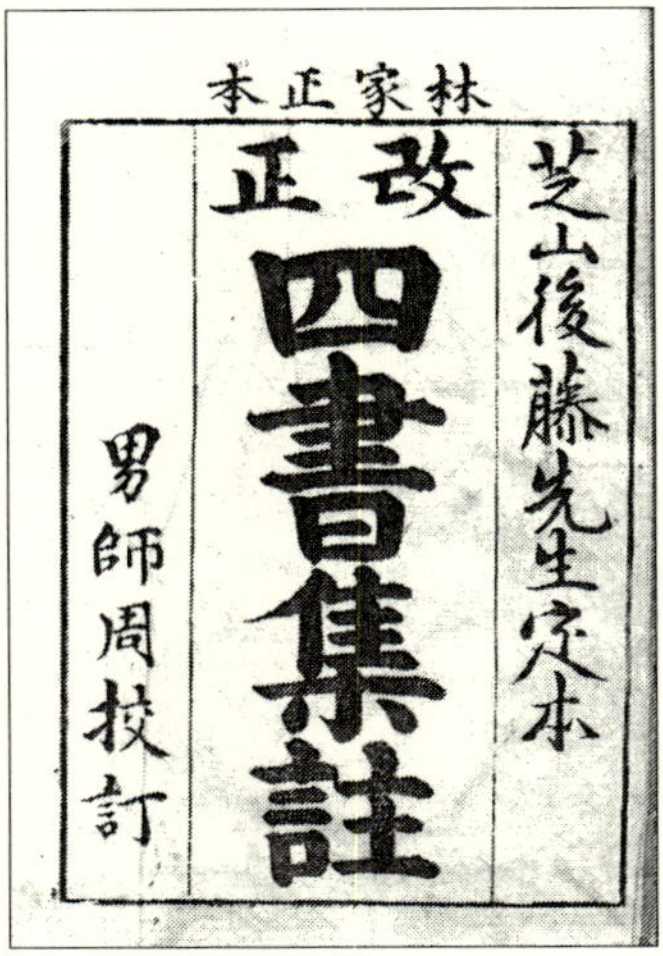
林家正本
芝山後藤先生定本
改正
四書集註
男師周校訂

図1

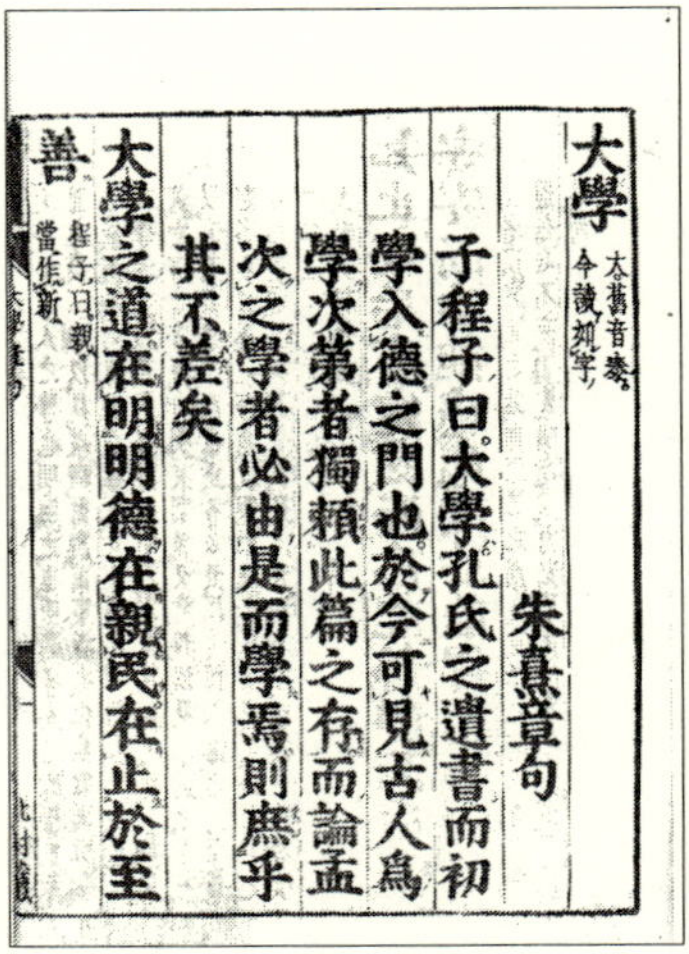
大學　大舊音泰。今讀如字。
朱熹章句
子程子曰。大學孔氏之遺書而初學入德之門也。於今可見古人爲學次第者獨賴此篇之存而論孟次之學者必由是而學焉則庶乎其不差矣
大學之道在明明德在親民在止於至善
程子曰親當作新

図2

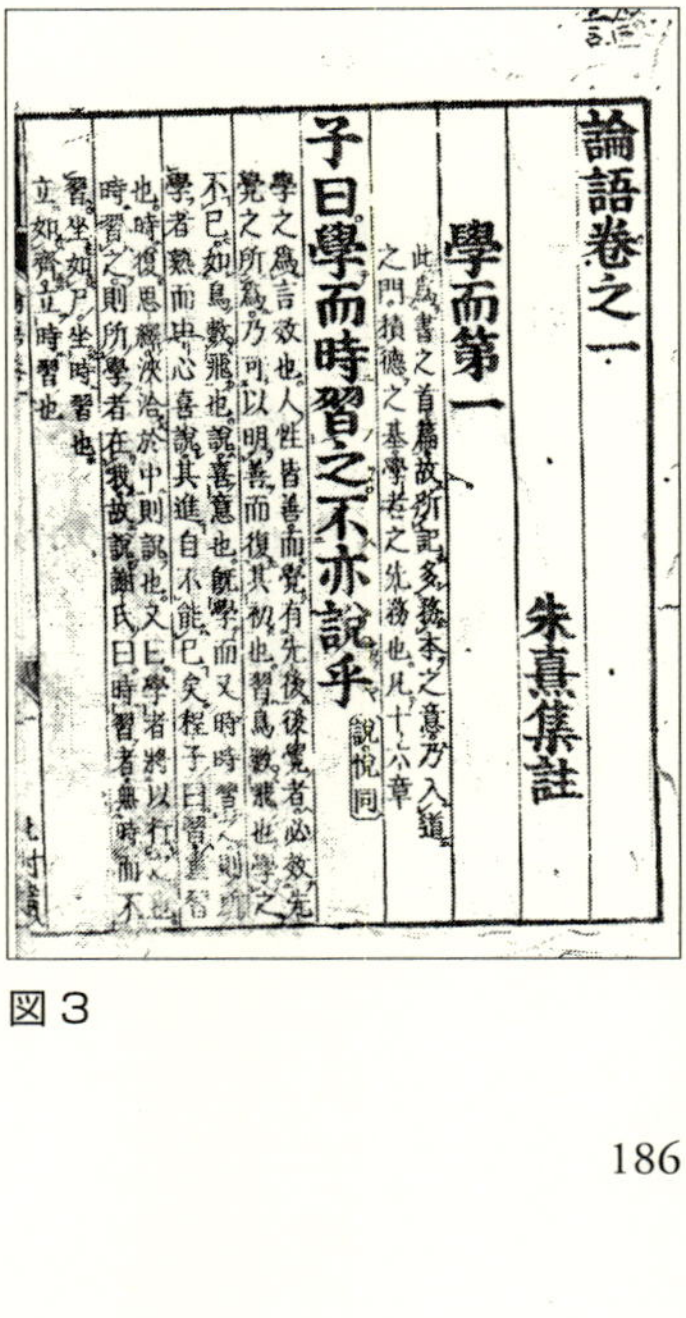
論語卷之一
朱熹集註
學而第一
此爲書之首篇故所記多務本之意乃入道之門積德之基學者之先務也凡十六章
子曰學而時習之不亦說乎　說悅同
學之爲言效也人性皆善而覺有先後後覺者必效先覺之所爲乃可以明善而復其初也習鳥數飛也學之不已如鳥數飛也說喜意也既學而又時時習之則所學者熟而中心喜說其進自不能已矣程子曰習重習也時復思繹浹洽於中則說也又曰學者將以行之也時習之則所學者在我故說謝氏曰時習者無時而不習坐如尸坐時習也立如齊立時習也

図3

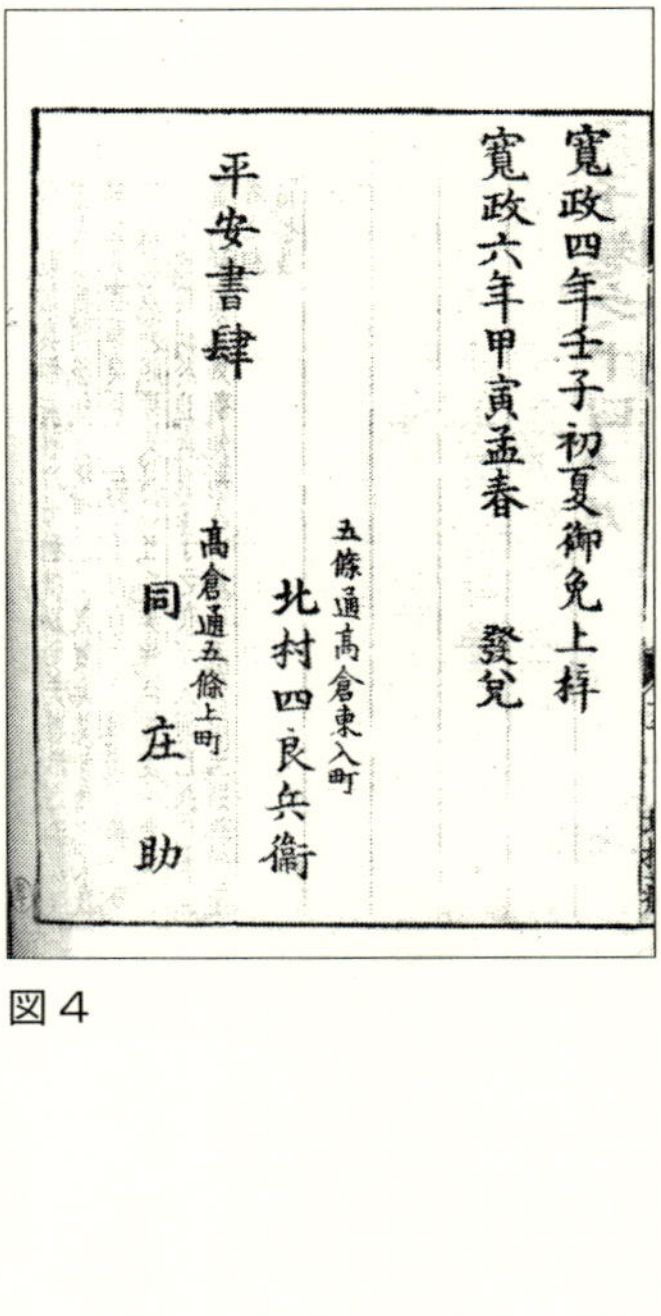
寛政四年壬子初夏御免上梓
寛政六年甲寅孟春　發兌
五條通高倉東入町
北村四良兵衛
平安書肆
高倉通五條上町
同　庄助

図4

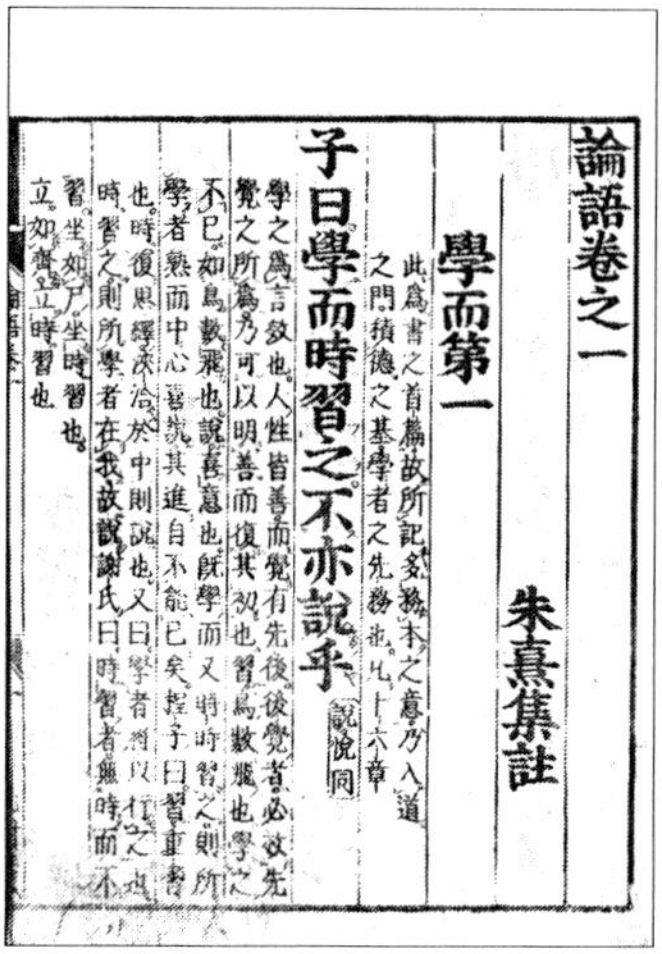

論語卷之一

朱熹集註

學而第一

此爲書之首篇故所記多務本之意乃入道之門積德之基學者之先務也凡十六章

子曰學而時習之不亦說乎（說悅同）

學之爲言效也人性皆善而覺有先後後覺者必效先覺之所爲乃可以明善而復其初也習鳥數飛也學之不已如鳥數飛也說喜意也既學而又時時習之則所學者熟而中心喜說其進自不能已矣程子曰習重習也時復思繹浹洽於中則說也又曰學者將以行之也時習之則所學者在我故說謝氏曰時習者無時而不習坐如尸坐時習也立如齊立時習也

図５

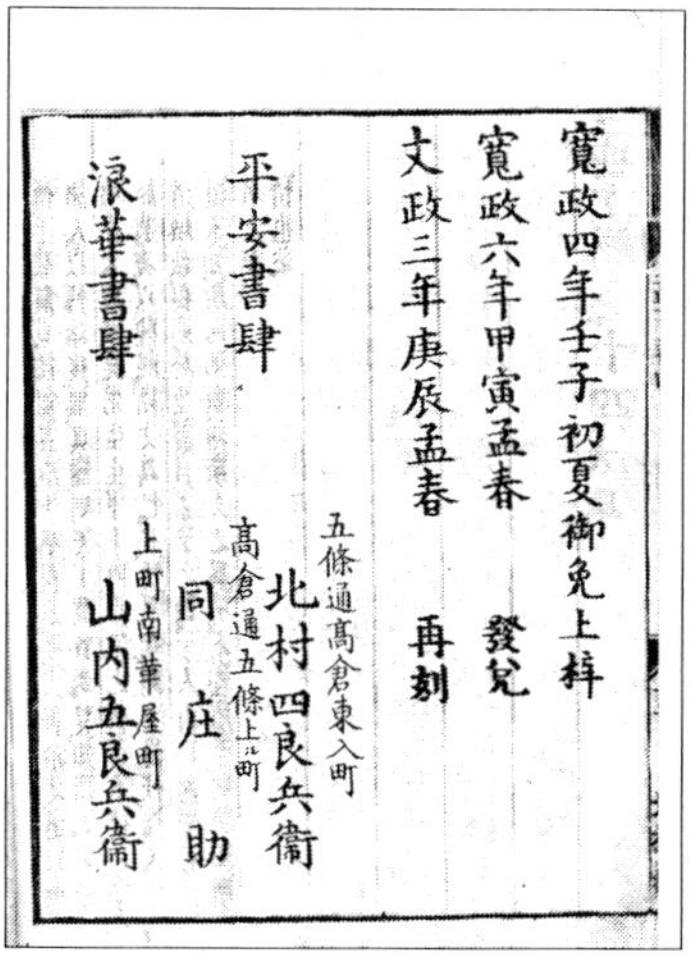

寛政四年壬子初夏御免上梓

寛政六年甲寅孟春　發兌

文政三年庚辰孟春　再刻

平安書肆　五條通高倉東入町　北村四良兵衛

高倉通五條上ル町　同　庄助

浪華書肆　上町南華屋町　山内五良兵衛

図６

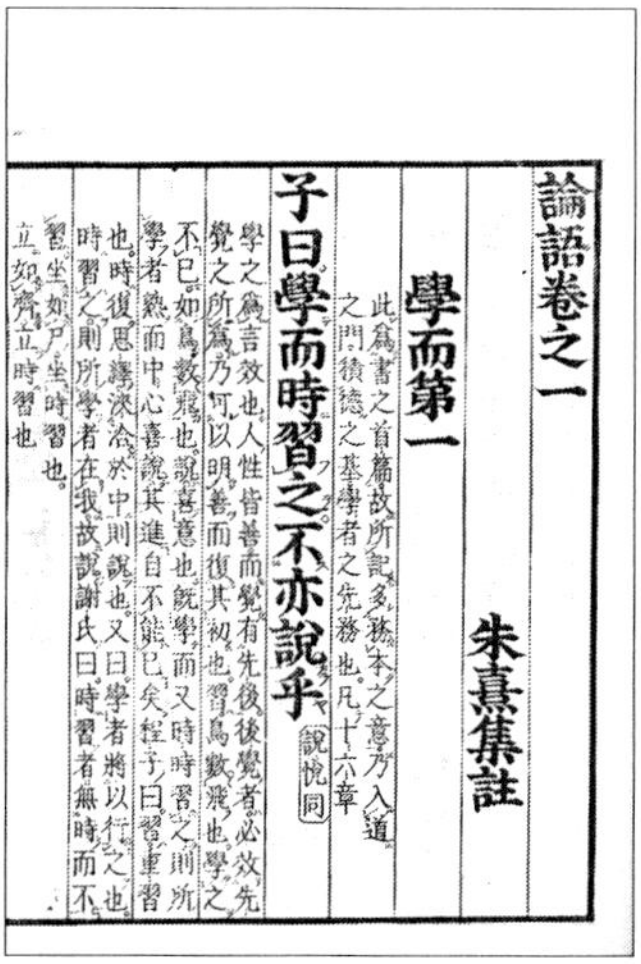

論語卷之一

朱熹集註

學而第一

此爲書之首篇故所記多務本之意乃入道之門積德之基學者之先務也凡十六章

子曰學而時習之不亦說乎（說悅同）

學之爲言效也人性皆善而覺有先後後覺者必效先覺之所爲乃可以明善而復其初也習鳥數飛也學之不已如鳥數飛也說喜意也既學而又時時習之則所學者熟而中心喜說其進自不能已矣程子曰習重習也時復思繹浹洽於中則說也又曰學者將以行之也時習之則所學者在我故說謝氏曰時習者無時而不習坐如尸坐時習也立如齊立時習也

図７

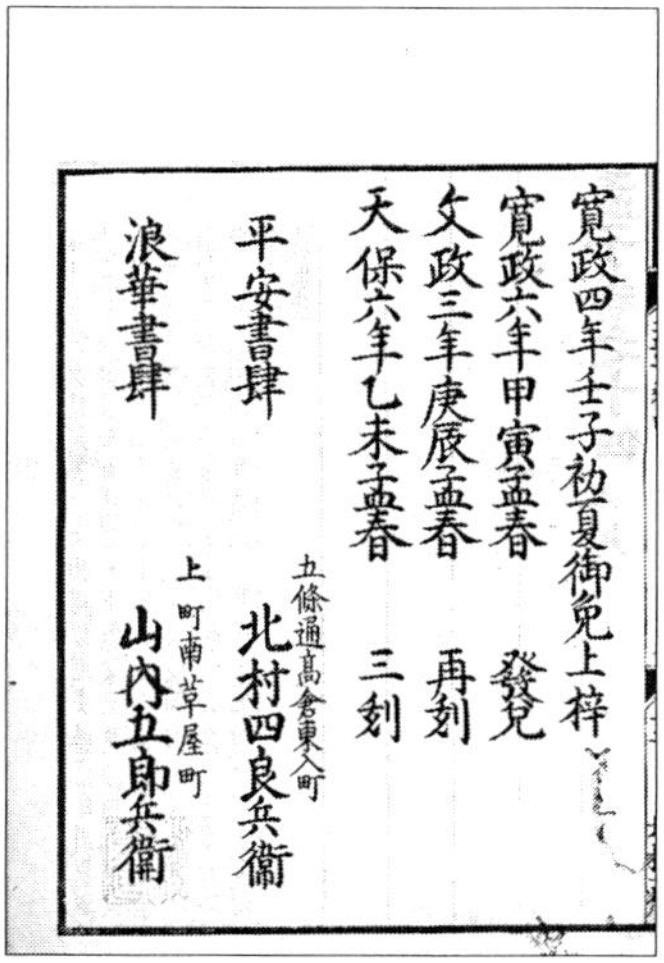

寛政四年壬子初夏御免上梓

寛政六年甲寅孟春　發兌

文政三年庚辰孟春　再刻

天保六年乙未孟春　三刻

平安書肆　五條通高倉東入町　北村四良兵衛

浪華書肆　上町南革屋町　山内五郎兵衛

図８

（図7）は三刻の『論語』、「朱」字の払いなどに違いが見られます。（図8）はその刊記。一般に覆刻が進むにつれて字が堅くなる傾向があります。（図9）は四刻の『論語』、（図10）はその刊記。

同様に、（図11）は五刻の『論語』、（図12）はその刊記。（図13）は六刻の『論語』、（図14）はその刊記。（図15）は七刻の『論語』、（図16）はその刊記。

ということになります。

『五経』についても同様のことがいえます。天明七年（一七八七）京都の北村四郎兵衛が初版を出し、文化一〇年（一八一三）再版、この再版には奥付が別版のものがあり、山内五郎兵衛が加わります。文政一三年（一八三〇）に北村は大坂の山内五郎兵衛とともに、第三版を出します。天保一〇年（一八三九）にはさらに江戸の須原屋茂兵衛が加わって四版を出します。弘化三年（一八四六）には「補刻」と称して実際には奥付だけを替えて後印したものがあります。さらにこの「補刻」の奥付にも二種類ありました。いずれにしても四版は補刻と称してもみな同じ版です。そして安政二年（一八五五）には五版が、山内が炭屋と称して重版します。文久三年（一八六三）に第六版を、山内が出し、江戸時代の後藤点の重版は終わりを告げます。

さらに明治時代になっても、翻刻は続きますが、この山内の版は明治の初年をもって終わるようです。

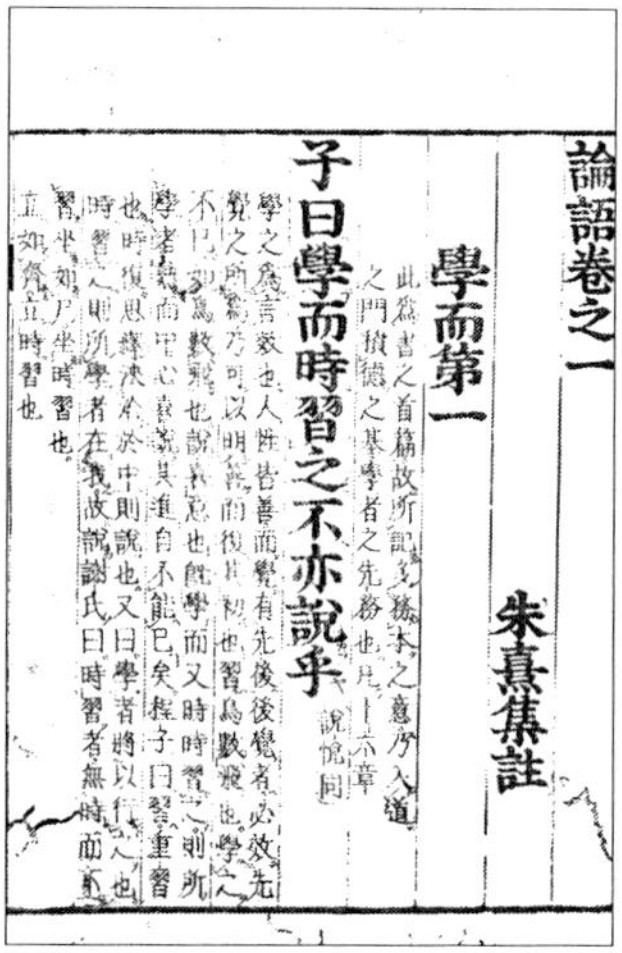
論語卷之一　朱熹集註

學而第一

此爲書之首篇故所記多務本之意乃入道之門積德之基學者之先務也凡十六章

子曰學而時習之不亦說乎

說悅同

學之爲言效也人性皆善而覺有先後後覺者必效先覺之所爲乃可以明善而復其初也習鳥數飛也學之不已如鳥數飛也說喜意也既學而又時時習之則所學者熟而中心喜說其進自不能已矣程子曰習重習也時復思繹浹洽於中則說也又曰學者將以行之也時習之則所學者在我故說謝氏曰時習者無時而不習坐如尸坐時習也立如齊立時習也

図 9

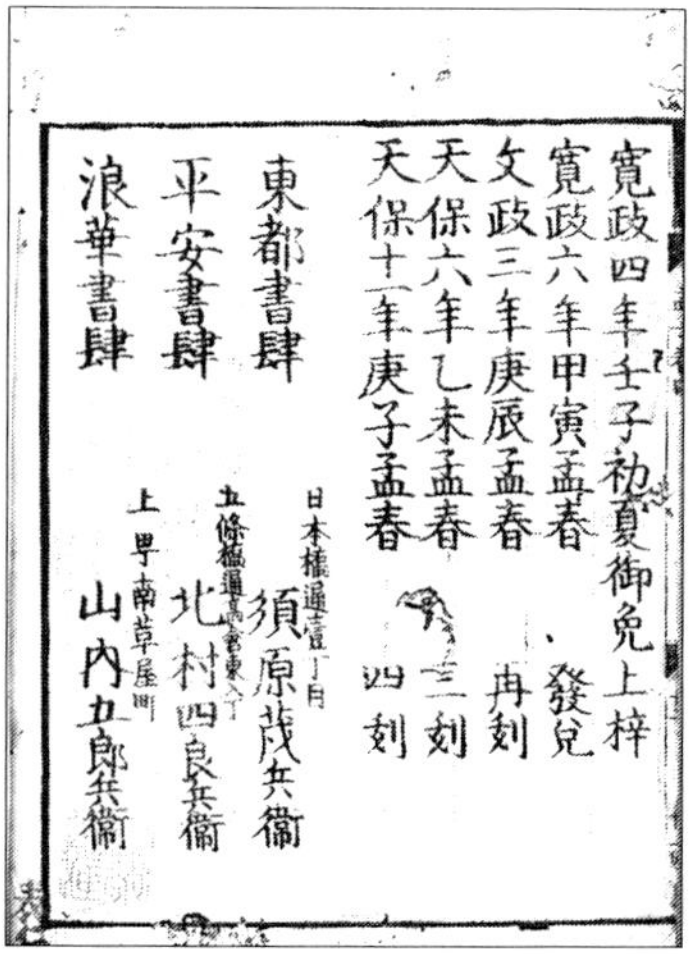
寛政四年壬子初夏御免上梓
寛政六年甲寅孟春　發兌
文政三年庚辰孟春　再刻
天保六年乙未孟春　三刻
天保十一年庚子孟春　四刻

東都書肆　日本橋通壹丁目　須原茂兵衛
平安書肆　五條橋通高倉東入丁　北村四良兵衛
浪華書肆　上甼南草屋町　山内五郎兵衛

図 10

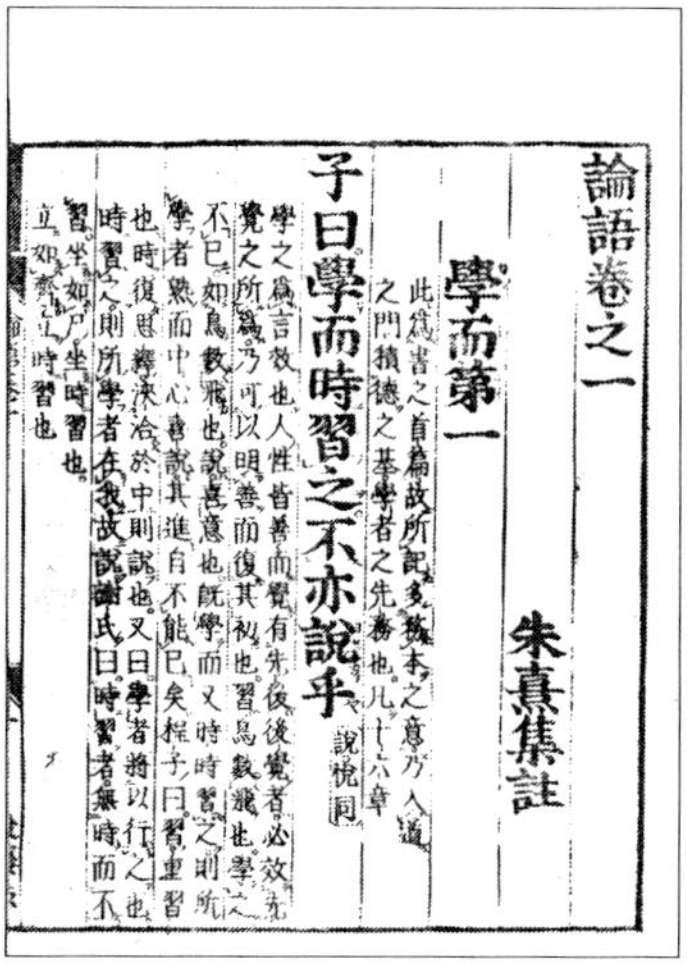
論語卷之一　朱熹集註

學而第一

此爲書之首篇故所記多務本之意乃入道之門積德之基學者之先務也凡十六章

子曰學而時習之不亦說乎

說悅同

學之爲言效也人性皆善而覺有先後後覺者必效先覺之所爲乃可以明善而復其初也習鳥數飛也學之不已如鳥數飛也說喜意也既學而又時時習之則所學者熟而中心喜說其進自不能已矣程子曰習重習也時復思繹浹洽於中則說也又曰學者將以行之也時習之則所學者在我故說謝氏曰時習者無時而不習坐如尸坐時習也立如齊立時習也

図 11

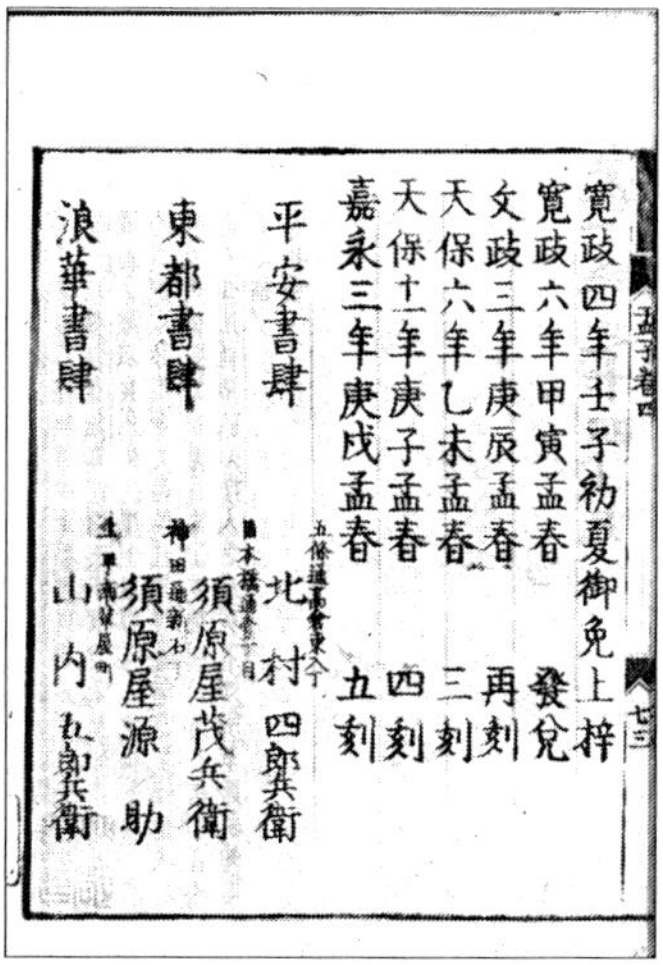
寛政四年壬子初夏御免上梓
寛政六年甲寅孟春　發兌
文政三年庚辰孟春　再刻
天保六年乙未孟春　三刻
天保十一年庚子孟春　四刻
嘉永三年庚戌孟春　五刻

平安書肆　五條通高倉東入　北村四郎兵衛
東都書肆　日本橋通壹丁目　須原屋茂兵衛
　　　　　神田通新石町　須原屋源助
浪華書肆　上甼南草屋町　山内五郎兵衛

図 12

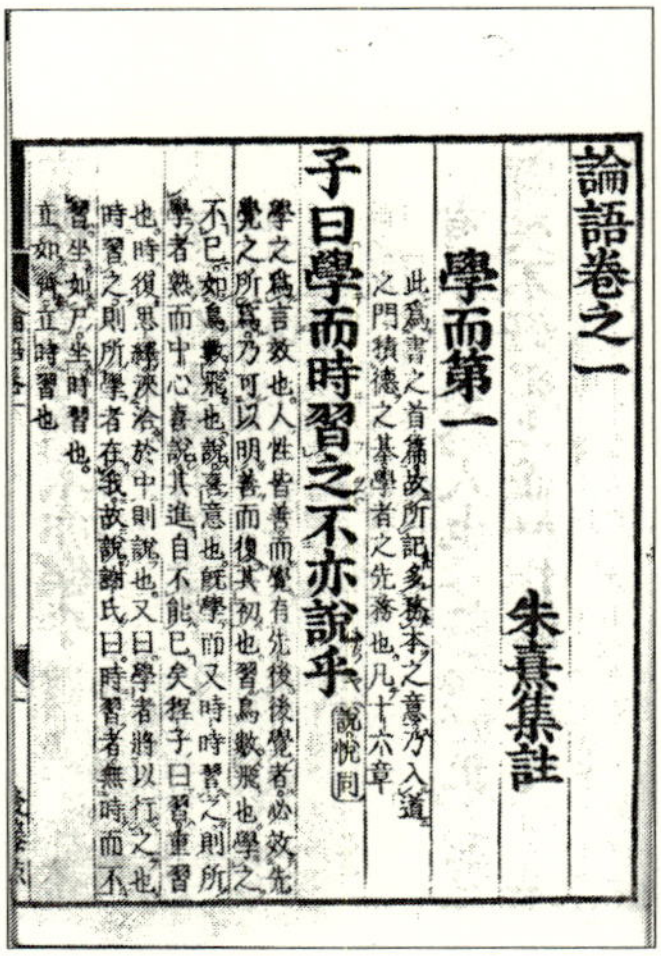
論語卷之一
學而第一　朱熹集註
此爲書之首篇故所記多務本之意乃入道之門積德之基學者之先務也凡十六章
子曰學而時習之不亦說乎　說悅同
學之爲言效也人性皆善而覺有先後後覺者必效先覺之所爲乃可以明善而復其初也習鳥數飛也學之不已如鳥數飛也說喜意也既學而又時時習之則所學者熟而中心喜說其進自不能已矣程子曰習重習也時復思繹浹洽於中則說也又曰學者將以行之也時習之則所學者在我故說謝氏曰時習者無時而不習坐如尸坐時習也立如齊立時習也

図 13

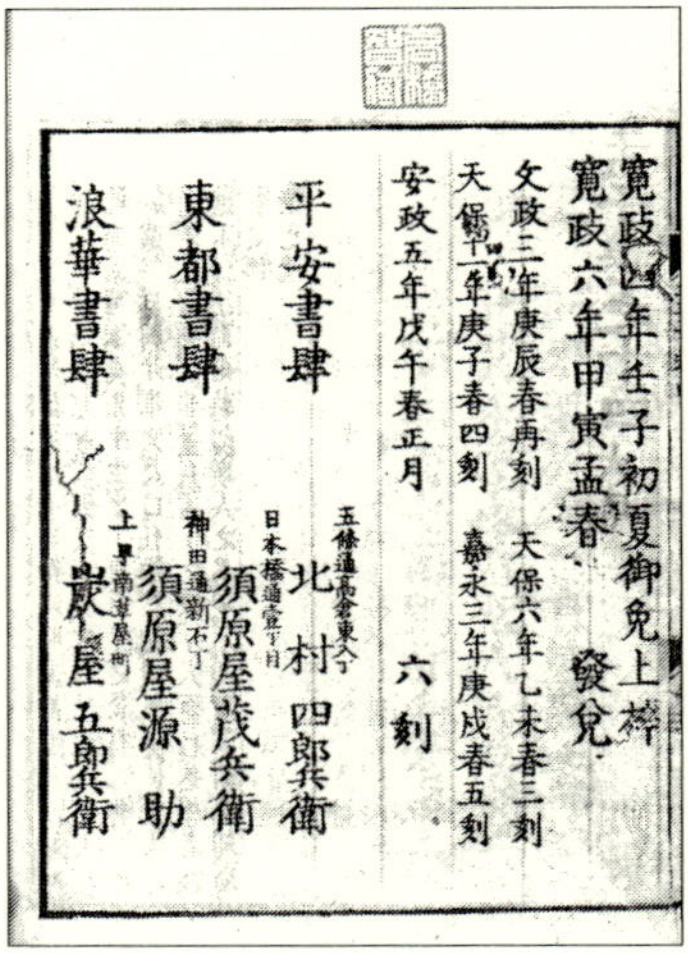
寛政四年壬子初夏御免上梓
寛政六年甲寅孟春　發兌
文政三年庚辰春再刻　天保六年乙未春三刻
天保十一年庚子春四刻　嘉永三年庚戌春五刻
安政五年戊午春正月　六刻
平安書肆　五條通高倉東入丁　北村四郎兵衛
東都書肆　日本橋通壹丁目　須原屋茂兵衛
須原屋源助
浪華書肆　炭屋五郎兵衛

図 14

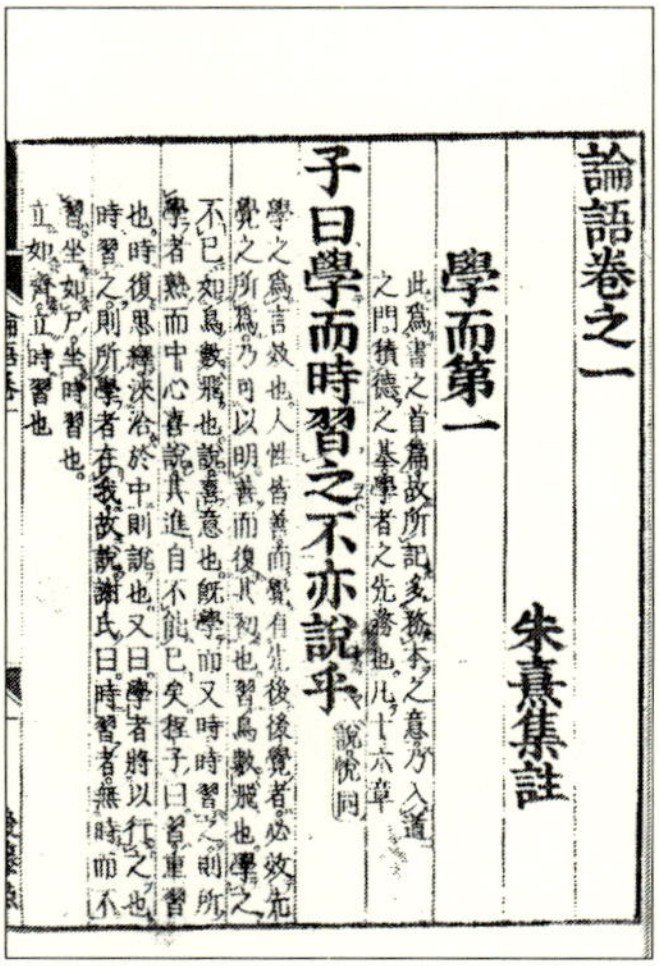
論語卷之一
學而第一　朱熹集註
此爲書之首篇故所記多務本之意乃入道之門積德之基學者之先務也凡十六章
子曰學而時習之不亦說乎　說悅同
學之爲言效也人性皆善而覺有先後後覺者必效先覺之所爲乃可以明善而復其初也習鳥數飛也學之不已如鳥數飛也說喜意也既學而又時時習之則所學者熟而中心喜說其進自不能已矣程子曰習重習也時復思繹浹洽於中則說也又曰學者將以行之也時習之則所學者在我故說謝氏曰時習者無時而不習坐如尸坐時習也立如齊立時習也

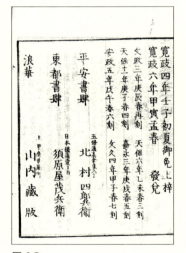

図 15

寛政四年壬子初夏御免上梓
寛政六年甲寅孟春　發兌
文政三年庚辰春再刻　天保六年乙未春三刻
天保十一年庚子春四刻　嘉永三年庚戌春五刻
安政五年戊午春六刻　文久四年甲子春七刻
平安書肆　五條通高倉東入丁　北村四郎兵衛
東都書肆　日本橋通壹丁目　須原屋茂兵衛
浪華　山内藏版

図 16

それでは『五経』の図版を挙げましょう。（図17）は初刻本の見返し。（図18）は初刻本『五経』のうち『周易』の首、（図19）は『礼記』の首、（図20）はその奥付。

（図21）は再刻本の『周易』。「乾」字の第一格入り方の違いで初刻本との判別がつきます。（図22）はその奥付。

（図23）は再刻本で奥付に山内五郎兵衛が加わったもの。本文は皆再刻本と同版です。

（図24）は三刻本の『周易』。（図25）はその奥付。

（図26）は四刻本の『周易』。（図27）はその奥付です。

（図28）は四刻本の補刻（修本）とうたっている奥付です。修刻の箇所は見つかりません。

（図29）はさらにその奥付を別版にしたもので、内容は全て同じです。

（図30）は五刻本の『周易』、（図31）はその奥付です。

（図32）は六刻本の『周易』、（図33）はその奥付です。

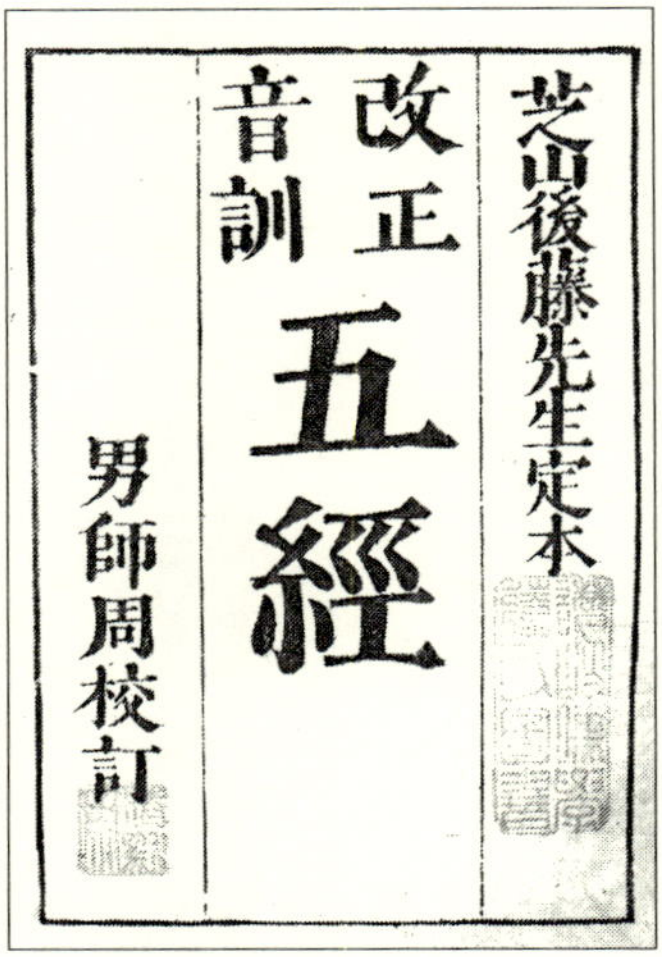

芝山後藤先生定本

改正音訓

五經

男師周校訂

図 17

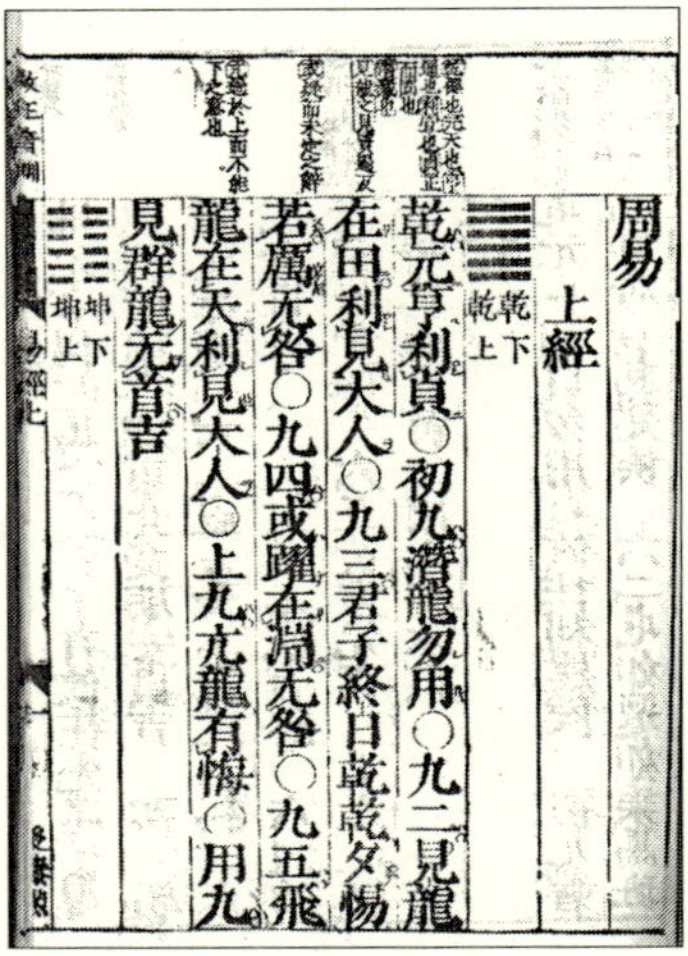

周易

上經

乾下
乾上

乾元亨利貞○初九潛龍勿用○九二見龍
在田利見大人○九三君子終日乾乾夕惕
若厲无咎○九四或躍在淵无咎○九五飛
龍在天利見大人○上九亢龍有悔○用九
見群龍无首吉

坤下
坤上

図 18

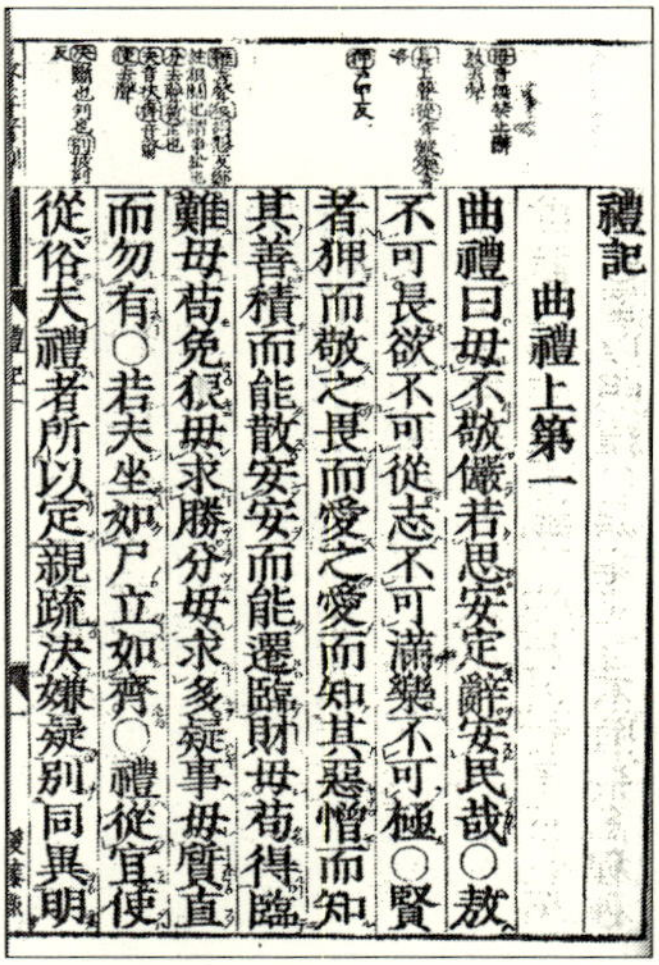

禮記

曲禮上第一

曲禮曰毋不敬儼若思安定辭安民哉○敖
不可長欲不可從志不可滿樂不可極○賢
者狎而敬之畏而愛之愛而知其惡憎而知
其善積而能散安安而能遷臨財毋苟得臨
難毋苟免很毋求勝分毋求多疑事毋質直
而勿有○若夫坐如尸立如齊○禮從宜使
從俗夫禮者所以定親疏決嫌疑別同異明

図 19

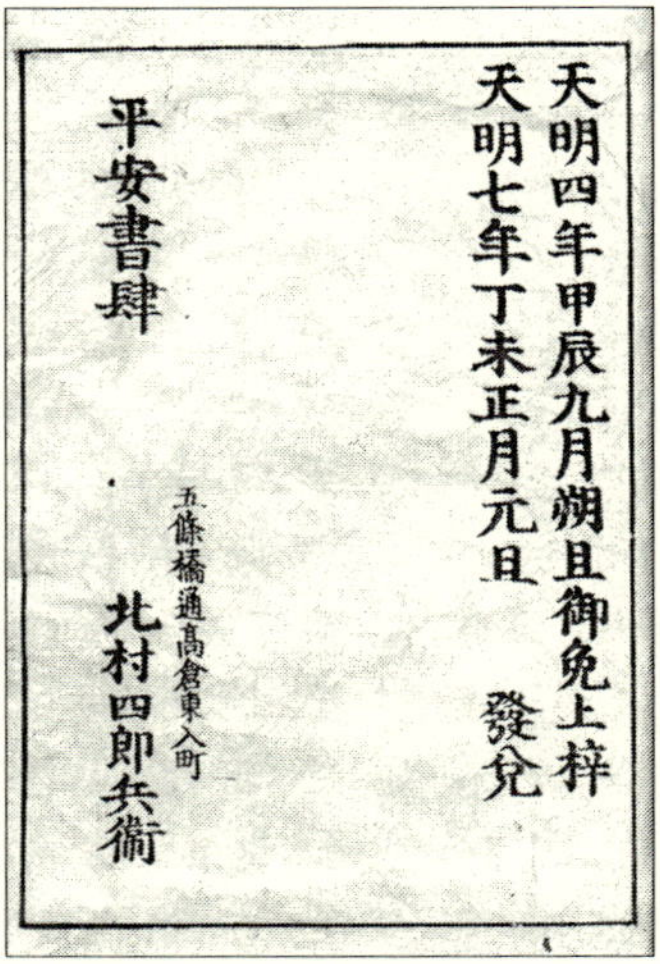

天明四年甲辰九月朔旦御免上梓
天明七年丁未正月元旦　發兌

平安書肆
五條橋通高倉東入町
北村四郎兵衛

図 20

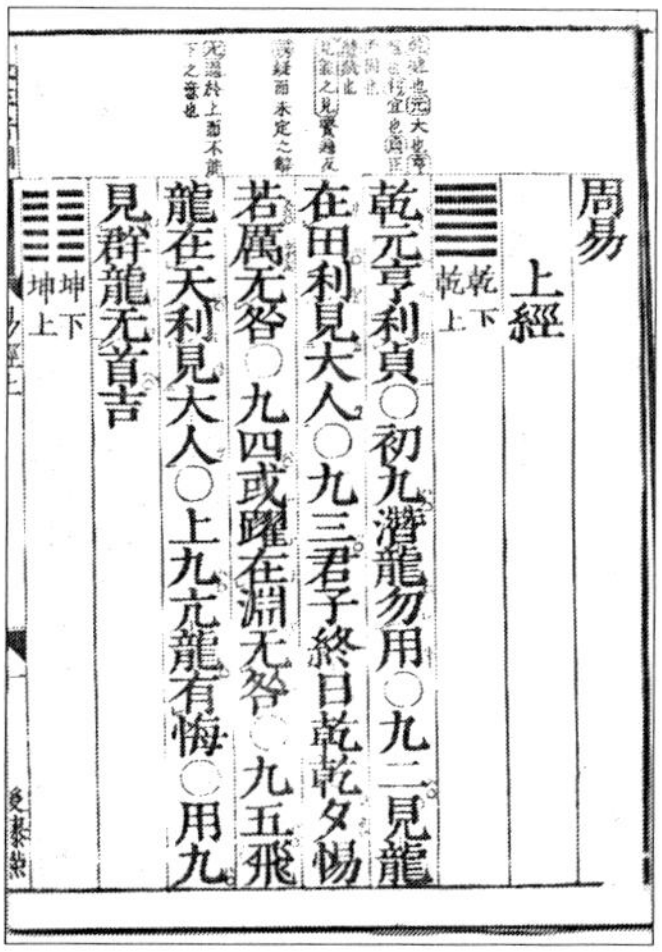
周易
上經
乾下乾上
乾元亨利貞○初九潛龍勿用○九二見龍
在田利見大人○九三君子終日乾乾夕惕
若厲无咎○九四或躍在淵无咎○九五飛
龍在天利見大人○上九亢龍有悔○用九
見群龍无首吉
坤下坤上

図 21

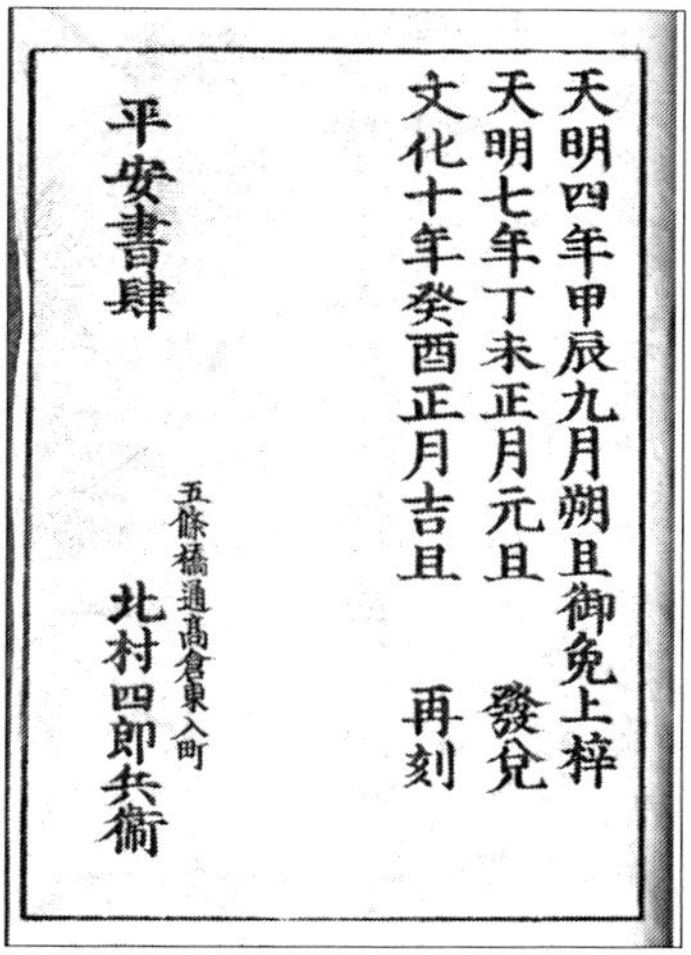
天明四年甲辰九月朔旦御免上梓
天明七年丁未正月元旦　發兌
文化十年癸酉正月吉旦　再刻
五條橋通高倉東入町
北村四郎兵衛
平安書肆

図 22

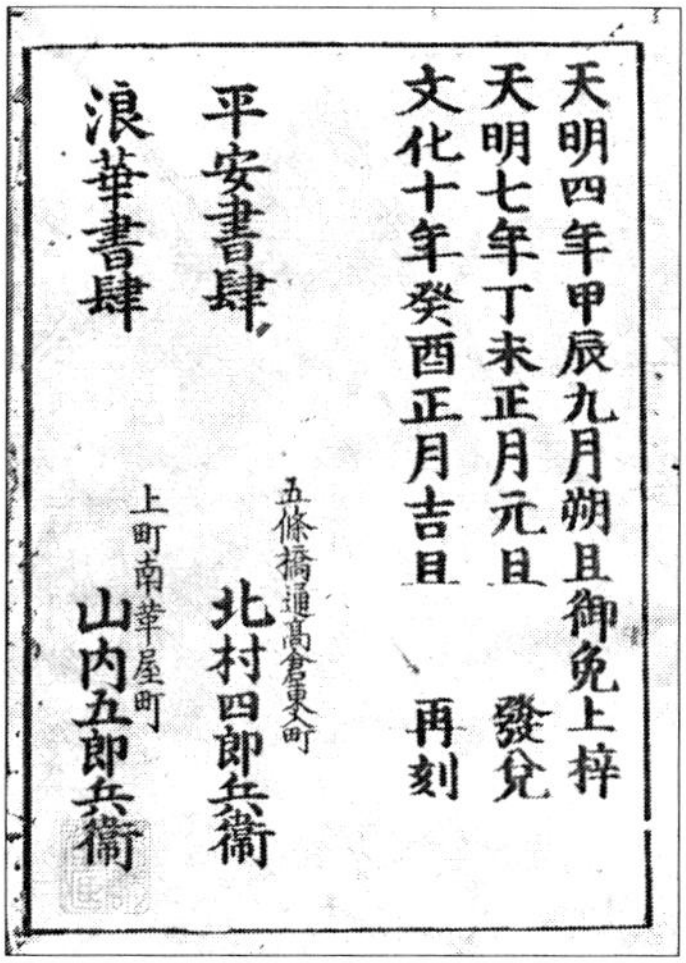
天明四年甲辰九月朔旦御免上梓
天明七年丁未正月元旦　發兌
文化十年癸酉正月吉旦　再刻
五條橋通高倉東入町
北村四郎兵衛
平安書肆
上町南華屋町
山内五郎兵衛
浪華書肆

図 23

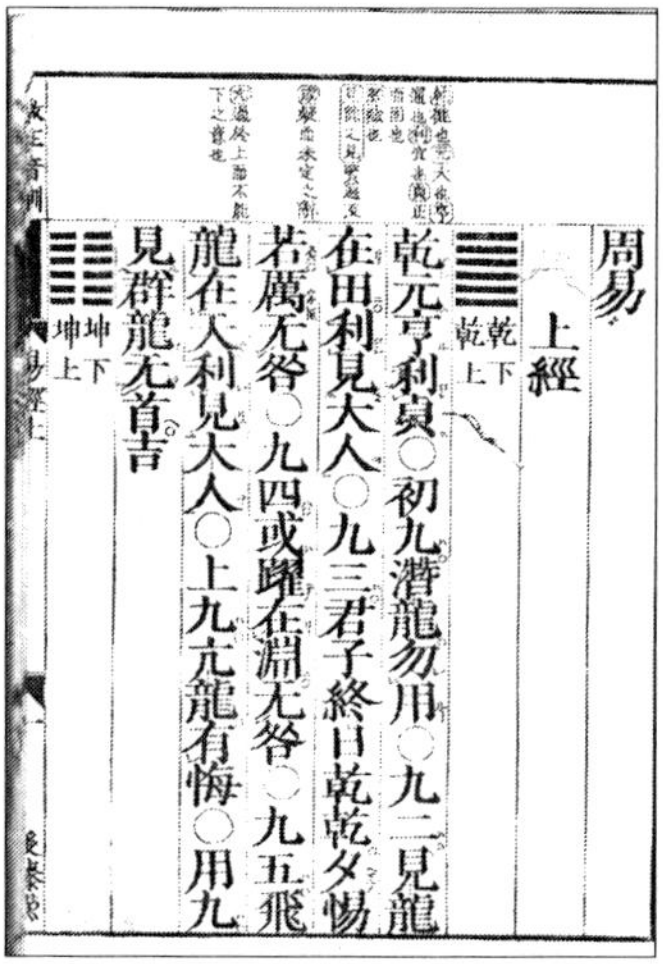
周易
上經
乾下乾上
乾元亨利貞○初九潛龍勿用○九二見龍
在田利見大人○九三君子終日乾乾夕惕
若厲无咎○九四或躍在淵无咎○九五飛
龍在天利見大人○上九亢龍有悔○用九
見群龍无首吉
坤下坤上

図 24

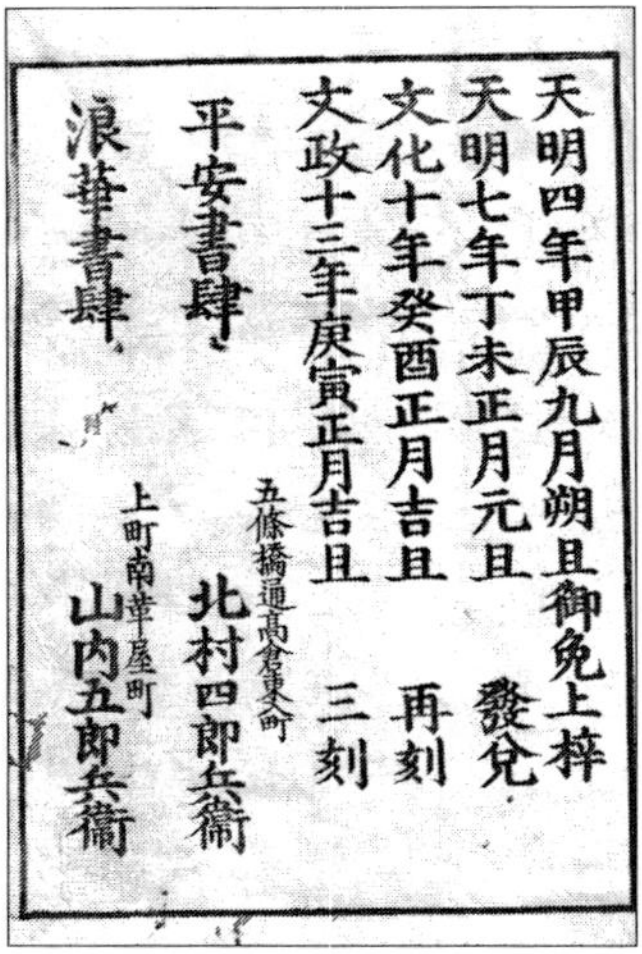
天明四年甲辰九月朔旦御免上梓
天明七年丁未正月元旦　發兌
文化十年癸酉正月吉旦　再刻
文政十三年庚寅正月吉旦　三刻
平安書肆　五條橋通高倉東入町　北村四郎兵衛
浪華書肆　上町南革屋町　山内五郎兵衛

図 25

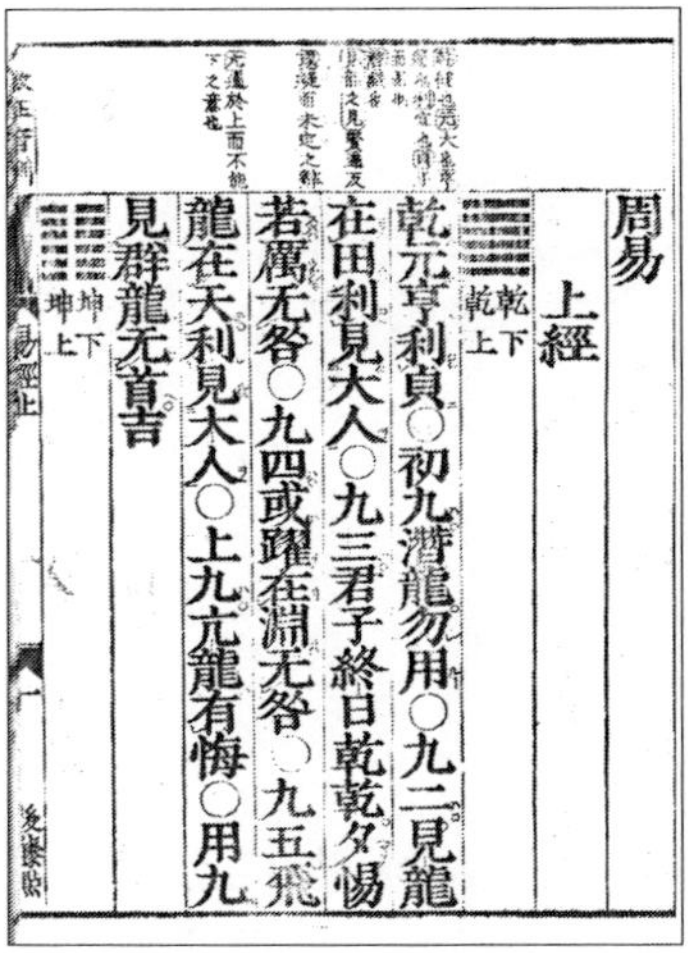
周易
上經
乾下乾上
乾元亨利貞○初九潛龍勿用○九二見龍在田利見大人○九三君子終日乾乾夕惕若厲无咎○九四或躍在淵无咎○九五飛龍在天利見大人○上九亢龍有悔○用九見群龍无首吉
坤下坤上

図 26

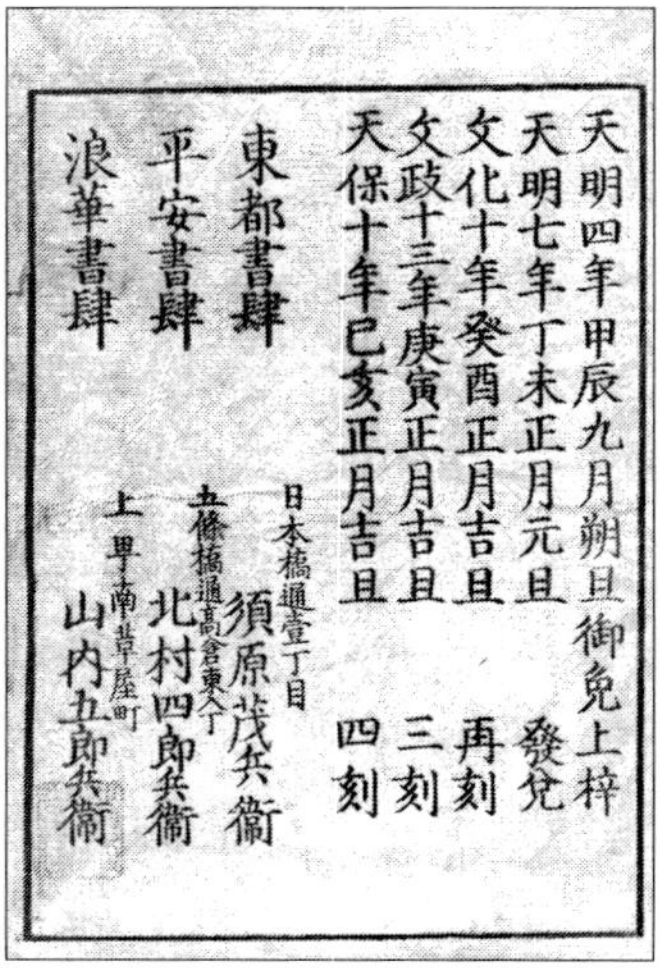
天明四年甲辰九月朔旦御免上梓
天明七年丁未正月元旦　發兌
文化十年癸酉正月吉旦　再刻
文政十三年庚寅正月吉旦　三刻
天保十年己亥正月吉旦　四刻
東都書肆　日本橋通壹丁目　須原茂兵衛
平安書肆　五條橋通高倉東入丁　北村四郎兵衛
浪華書肆　上町南革屋町　山内五郎兵衛

図 27

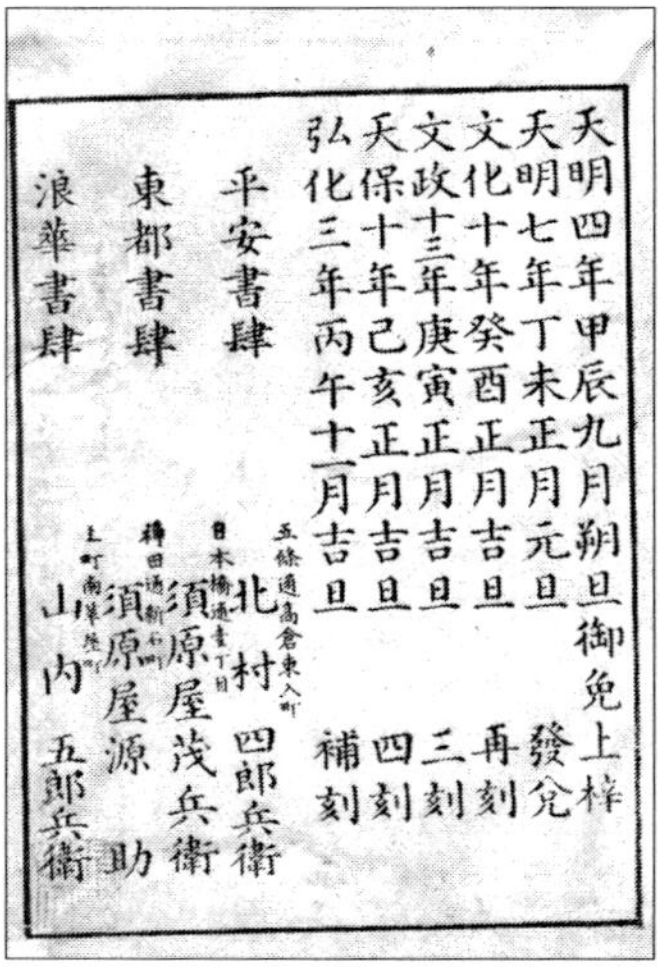
天明四年甲辰九月朔旦御免上梓
天明七年丁未正月元旦　發兌
文化十年癸酉正月吉旦　再刻
文政十三年庚寅正月吉旦　三刻
天保十年己亥正月吉旦　四刻
弘化三年丙午十一月吉旦　補刻
平安書肆　五條通高倉東入町　北村四郎兵衛
東都書肆　日本橋通壹丁目　須原屋茂兵衛
神田通新石町　須原屋源助
浪華書肆　上町南革屋町　山内五郎兵衛

図 28

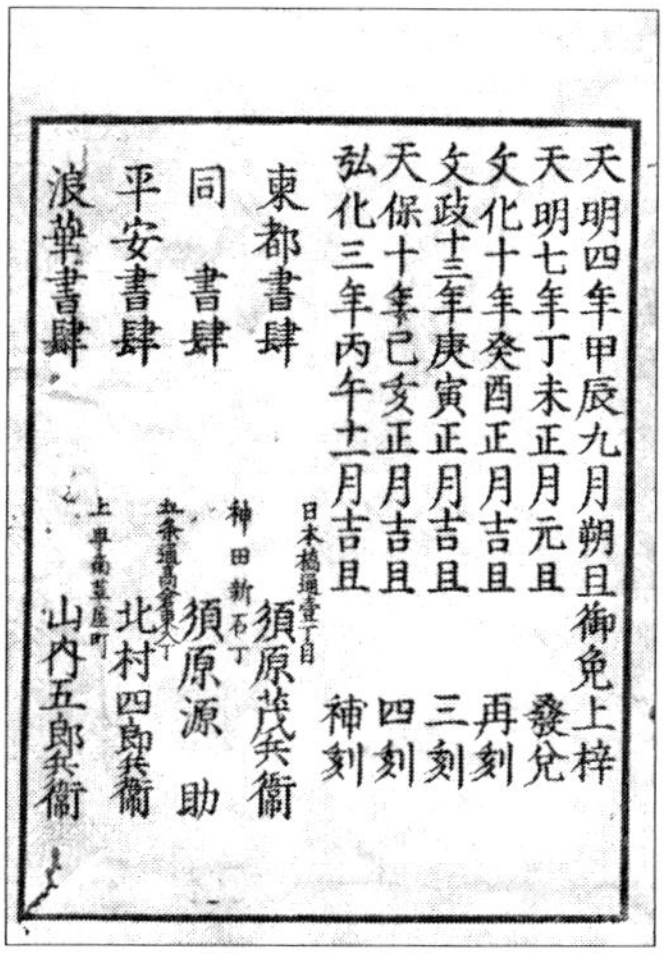
天明四年甲辰九月朔旦御免上梓
天明七年丁未正月元旦　發兌
文化十年癸酉正月吉旦　再刻
文政十三年庚寅正月吉旦　三刻
天保十年己亥正月吉旦　四刻
弘化三年丙午十二月吉旦　補刻
東都書肆　日本橋通壹丁目　須原茂兵衛
同　書肆　神田新石町　須原源助
平安書肆　五条通高倉東入丁　北村四郎兵衛
浪華書肆　上町南革屋町　山内五郎兵衛

図 29

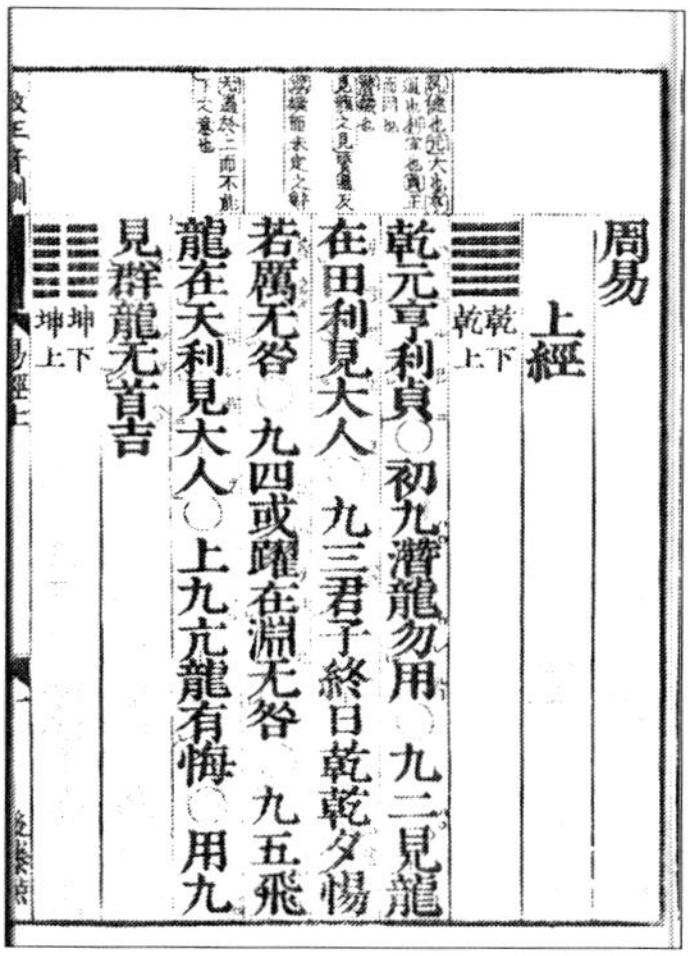
周易
上經
乾下乾上
乾元亨利貞○初九潛龍勿用○九二見龍在田利見大人○九三君子終日乾乾夕惕若厲无咎○九四或躍在淵无咎○九五飛龍在天利見大人○上九亢龍有悔○用九見群龍无首吉
坤下坤上

図 30

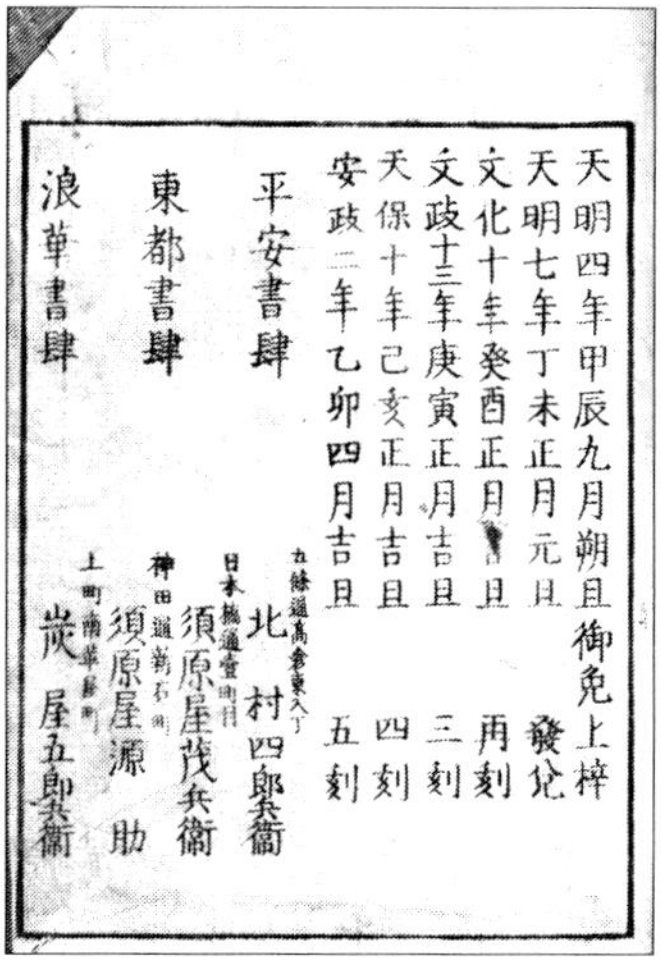
天明四年甲辰九月朔旦御免上梓
天明七年丁未正月元旦　發兌
文化十年癸酉正月吉旦　再刻
文政十三年庚寅正月吉旦　三刻
天保十年己亥正月吉旦　四刻
安政二年乙卯四月吉旦　五刻
平安書肆　五條通高倉東入丁　北村四郎兵衛
東都書肆　日本橋通壹町目　須原屋茂兵衛
神田通新石町　須原屋源助
浪華書肆　上町南革屋町　炭屋五郎兵衛

図 31

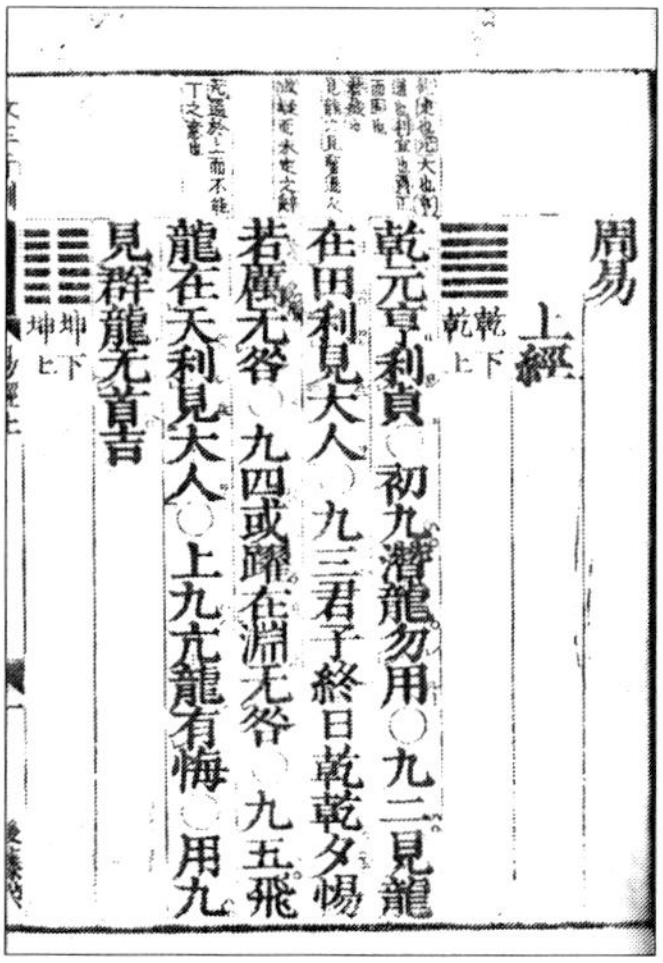
周易
上經
乾下乾上
乾元亨利貞○初九潛龍勿用○九二見龍在田利見大人○九三君子終日乾乾夕惕若厲无咎○九四或躍在淵无咎○九五飛龍在天利見大人○上九亢龍有悔○用九見群龍无首吉
坤下坤上

図 32

以上、紙数の関係で図版を『五経』全ての「経」についてあげることはできませんが、『周易』だけをとっても第六刻本まで版が違うことがお判りと思います。全冊揃えで初めて第何版かが判りますが、このやっかいな後藤点『四書』『五経』の全版揃いが私のところにありますので、お知りになりたい方は、お問い合わせいただければ、お答えできると思います。そんなところから、江戸時代のレファレンスを、色々な分野の書物に興味を広げていかれると、図書館の未整理書庫はとても楽しい空間になるのではないでしょうか。

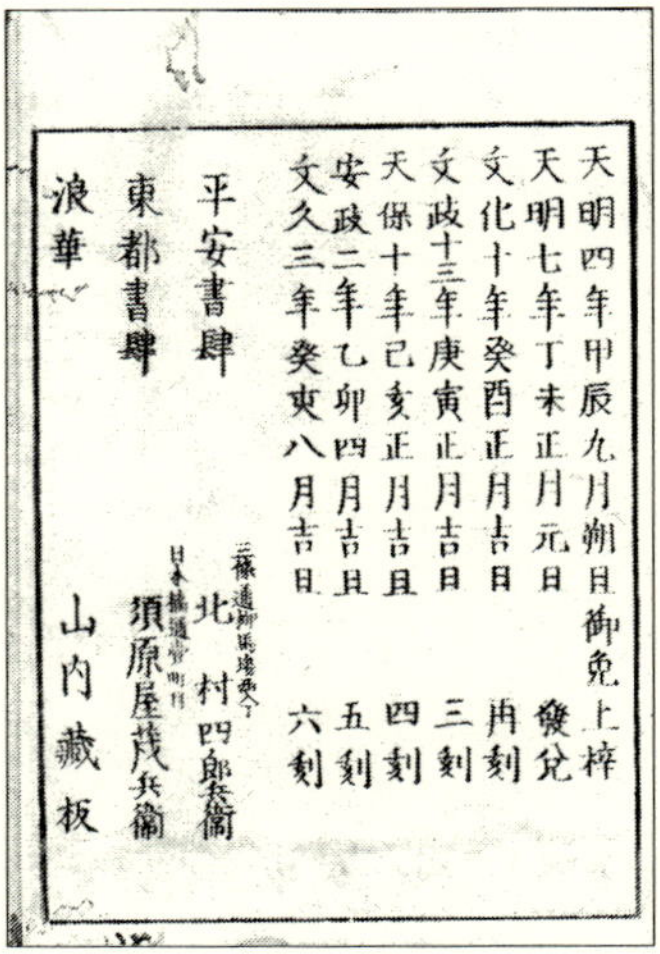
天明四年甲辰九月朔日御免上梓 發兌
天明七年丁未正月元日 再刻
文化十年癸酉正月吉日 三刻
文政十三年庚寅正月吉日 四刻
天保十年己亥正月吉日 五刻
安政二年乙卯四月吉日 六刻
文久三年癸亥八月吉日
平安書肆 北村四郎兵衛
東都書肆 須原屋茂兵衛
浪華 山内藏板

図 33

あとがき

本書は、日外アソシエーツの、「図書館サポートフォーラムシリーズ」の一つとして企画されたもので、江戸時代の図書について、レファレンス的なものを書いて欲しいというお話をいただき、私なりにまとめてみたものです。お話をいただいた当初は、江戸のものならば、書くべき人はたくさんおられるでしょうから、中国の古典籍（漢籍）を専門にしている私では役不足であろうと思いましたが、その後、「自分の関心から江戸時代の側面を述べてみたらよい」という励ましをいただき、それならば、と意を決して、各地の図書館で、整理に手が届かない江戸時代の漢籍が多い状況に、些かなりとも助け船を出せるかもしれないと、これまで学んできたことの一端を、まとめ、書き記したわけです。

かつての知識人たちの教養のみなもとであった『四書』『五経』。その、江戸時代に出版されたものを、三十年来、私は蒐集してきたのですが、それを題材にして資料を提供すれば、図書館の方たちにも、必ず役に立つことだろうと思い、それらを再整理してみました。お蔭で、山積していた私の江戸時代和装図書の各頁を、久しぶりに繰ることができたのでした。和紙は、もともと植物を原料にしているので、生命がありますから、圧縮された状態から新鮮な空気に触れると蘇生したようになります。それが良いことも、また悪いこともありますが、何はともあれ、本が喜んでいるように思われました。

今回は『四書』を中心にして述べ、『五経』については、これを割愛いたしましたが、私の専攻している中国蔵書史のなかに現れる文人たちのなかにも、かつて街頭の書攤（路上の台に本を並べている屋台のような本売り）から貴重な善本を探し当てた喜びを多く語っている例が少なくありません。私も、そうした熱心さの、形だけでもまねることに喜びを感じているうちに、蒐集して山と積もった書物の群れは、たとえ『四書』だけであっても、それなりに、次第に、その書物の時代を物語ってくれるようになったのです。

同じ書名のもの、不揃いの端本、破れたもの、時には踏みにじられて足跡がついているような本は、捨て去られるのが運命です。しかし、捨て置かれることは忍びなく、できることならば、大きな体育館のような場所に、捨てられる運命にある和本を綺麗に集めて、並べて見たいものです。そして、仮にそこが私の書斎となったならば、その号は「以普通為珍貴斎」（ありふれたものを珍しいものとする）とすることでしょう。

そんなことを考えているうちに、漢籍という江戸時代の一側面でも、私の目から見たものを記しておけば、図書館の実務に当たられる方に、江戸時代の書物について何かのヒントをつかんでいただけるに違いないと思えるようになりました。

書物が書かれ、広められ、そして亡び、また遺っていく姿を、江戸時代のほんの一部分ですが、味わっていただければ幸いに思います。

最後に、本書執筆の契機をくださった慶應義塾大学メディアセンターの梁瀬三千代氏、そして立案から細部の校正にいたるまでご配慮くださった編集担当の我妻滋夫氏には、心より感謝申し上げます。

二〇一六年四月一〇日

髙橋　智

藩校・大名家蔵書等目録類一覧

現在見ることのできる主な全国の藩校や主要な学校の、大名の蔵書とも絡んだ調査報告や研究や目録は次のようなものを挙げることができます。

幕府　『内閣文庫漢籍分類目録』（同文庫　一九七一）
弘前藩　『弘前図書館蔵書目録―和装本の部』（弘前市立弘前図書館　一九六七）
八戸藩（南部家）『八戸市立図書館漢籍分類目録』（同館　一九七七）
荘内藩　『荘内藩致道館旧蔵漢籍について』（斯道文庫論集　二〇一五）
米沢藩　『米沢善本の研究と解題』（ハーバード燕京同志社東方文化講座委員会　一九五八）
上山藩　『上山藩明新館文庫目録と研究』（磯部彰　二〇一四）
伊達藩　『伊達文庫目録』（宮城県図書館　一九八七）
高田藩　『上越市立高田図書館古書目録』（高橋良政　上越市立高田図書館　二〇〇五）

新発田藩　『新発田市立図書館漢籍分類目録』（東京大学東洋文化研究所　一九八二）
加賀藩　『金沢泉丘高等学校蔵善本解題目録』（同校　一九八一）
大聖寺藩　『加賀市立図書館所蔵漢籍準漢籍分類目録』（長澤孝三）
『大聖寺藩旧蔵漢籍の研究』（磯部彰　富山大学人文学部紀要　一九八五）
『聖藩文庫目録』（加賀市立図書館　一九八七）
福井藩　『松平文庫目録』（一九六八）
高遠藩　『高遠藩進徳館蔵書本目録』（高橋良政　高遠町図書館　二〇〇四）
水戸藩　『彰考館図書目録』（同文庫　一九一八）
佐倉藩　『鹿山文庫目録』（千葉県立佐倉高等学校　一九七一）
大垣藩　『大垣市立図書館漢籍目録』（同館　一九七一）
尾張藩　『名古屋市蓬左文庫漢籍分類目録』（名古屋市教育委員会　一九七五）
小浜藩　（酒井家）『酒井家文庫綜合目録』（小浜市立図書館　一九八七）
津藩　『三重県公蔵漢籍目録』（井上進　三重県図書館協会　一九九六）
和歌山藩　『紀州藩文庫目録』（和歌山大学附属図書館　一九七一）
岡山藩　『旧閑谷学校歴史資料目録』（岡山県教育委員会　一九七九）
広島藩　（浅野家）『広島市立浅野図書館和漢図書目録』（広島市教育委員会　一九五一）

『広島市立中央図書館蔵浅野文庫目録　漢籍篇』（同館　二〇一五）
『浅野文庫漢籍図録』（磯部彰　二〇一五）

徳山藩（毛利家）『毛利元次公所蔵漢籍書目』（徳山市立図書館　一九七一）
『棲息堂文庫目録』（山口大学附属図書館　一九八六）

長州（萩）藩『明倫館漢籍準漢籍分類目録』（山口大学文学部　一九八九）
『明倫館・山口明倫館・越氏塾旧蔵和漢書目録』（山口大学附属図書館　一九八九）

対馬藩『対馬藩現存漢籍分類目録』（九州大学文学部　一九八〇）

秋月藩『秋月郷土館蔵書分類総目録』（今井源衛等　文献出版　一九八二）

久留米藩（有馬家）『久留米市民図書館所蔵和漢書目録』（久留米市教育委員会　一九八三）

鍋島藩『鍋島文庫・蓮池文庫漢籍分類目録』（鍋島報效会　一九八八）
『小城（おぎ）鍋島文庫目録』（佐賀大学附属図書館　一九七五）
『佐賀大学附属図書館漢籍目録』（同　一九八七）
『武雄鍋島家旧蔵漢籍分類目録』（武雄市教育委員会　一九九〇）
『東原庠舎旧蔵漢籍分類目録』（多久歴史民俗資料館　一九八七）

『祐徳庫図書分類目録』（縣社祐徳稲荷神社社務所　一九三〇）
『鹿島鍋島中川文庫漢籍目録』（高山節也　一九八五）
島原藩（松平家）『肥前島原松平文庫目録』（島原市教育委員会　一九六一）
岡藩『岡藩由学館典籍等目録』（竹田市立図書館　一九九二）
佐伯藩『佐伯藩政史料目録』（佐伯市教育委員会　一九七九）
高鍋藩『高鍋藩明倫堂文庫図書目録』（高鍋町立図書館　一九八四）
薩摩藩（島津家）『玉里文庫漢籍分類目録』（高津孝　鹿児島大学附属図書館　一九九四）

主な漢籍レファレンスブック

日本で書かれた漢籍のレファレンスで、江戸時代の和刻本を視野に入れたものはなかなか得難いものです。ここに、主に和刻本の調査に役立つ参考書を挙げてみます。ちょっと古いものも図書館か古本で探してみると興味が湧きます。

書名解説

○中国学芸大事典　近藤春雄　大修館書店　一九七八（中国古典籍の解説です）

目録

○漢籍整理法　長澤規矩也　汲古書院　一九七四
○漢籍目録―カードのとりかた　京都大学人文科学研究所附属漢字情報研究センター　朋友書店　二〇〇五年
○和刻本漢籍分類目録　増補訂正版　長澤孝三　汲古書院　二〇〇六（和刻本の版種はこれで

調べます）
○蔵園訂補　邵亭知見伝本書目　清・莫友芝　傅増湘訂補　中華書局　二〇〇九（唐本の版種はこれで調べます）
○改訂　内閣文庫漢籍分類目録　一九七一（国立公文書館の漢籍です。日本最大の漢籍の宝庫です）
○東京大学総合図書館漢籍目録　東京堂出版　一九九五（内閣文庫の目録とは書き方が違いますが、版種の鑑定は精密です）
○国立国会図書館漢籍目録　紀伊国屋書店　一九八七（明治時代のものも含まれてますので、とても有益です）

漢籍書誌学・印刷史概説

○古書のはなし―書誌学入門―　長澤規矩也　冨山房　一九七六（手始めには最適です）
○図解図書学　長澤規矩也　汲古書院　一九七四（図を見ながら基礎知識を学べます）
○書誌学序説　長澤規矩也　吉川弘文館　一九六〇（専門的ですが、図書学の基本はここにあります）
○図書大概　大沼晴暉　汲古書院　二〇一二（林望先生絶賛の本です）

○増補書籔巡歴　林望　ちくま書房　二〇一四（序章にも挙げましたが、一読すれば自ずから書誌学に通じる本です）
○書誌学入門　堀川貴司　勉誠出版　二〇一〇（漢籍だけでなく広く古典籍を扱うための基本が書かれてあります）
○和本入門　橋口侯之介　平凡社　二〇一一（本書とぜひ併読していただきたい本です。附録に書誌学全般の参考書一覧があります）
○はじめての漢籍　東京大学東洋文化研究所図書室　汲古書院　二〇一一（実際に漢籍を扱う方には必見です）

○図説中国印刷史　米山寅太郎　汲古書院　二〇〇七（唐本の宝庫である静嘉堂文庫の所蔵本を用いて中国古籍の歴史を辿ります）
○中国の書物と印刷　張紹勛（高津孝　訳）　日本エディタースクール出版部　一九九九（中国の印刷史を簡便に学べます）
○書林の眺望　井上進　平凡社　二〇〇六（中国人の書物観を知る好書、江戸時代の漢籍を知るにも力になります）

蔵書文化

○幕府のふみくら（内閣文庫のはなし）　長澤孝三　吉川弘文館　二〇一二（古書の蔵書の意義を、最大の書庫から紹介してくれます）

○書庫渉猟（ふみくらしょうりょう）　櫛笥節男　おうふう　二〇〇六（国宝級の、漢籍を含む古書を紹介、それを身近に感じさせてくれます）

全集

○長澤規矩也著作集10巻附別巻　汲古書院　一九八二〜一九八九（漢籍で知りたいことは何でも入っています）

○阿部隆一遺稿集4巻　汲古書院　一九八五・八八・九三

1962　昭和 37 年　笠井助治『近世藩校に於ける出版書の研究』（吉川弘文館）
1970　昭和 45 年　笠井助治『近世藩校に於ける学統学派の研究』（吉川弘文館）
1979　昭和 54 年　長澤孝三『漢文学者総覧』（汲古書院）（改訂増補　平成 23 年）、小野則秋『日本文庫史研究』改訂版（臨川書店）
1983　昭和 57 年　井上隆明『江戸諸藩要覧』（東洋書院）
1998　平成 10 年　町田三郎『江戸の漢学者たち』『明治の漢学者たち』（研文出版）
1999　平成 11 年　村山吉廣『漢学者はいかに生きたか』（大修館書店）
2006　平成 18 年　大石学『近世藩制・藩校大事典』（吉川弘文館）
2014　平成 26 年　渡辺守邦等『新編蔵書印譜』（青裳堂書店）

1839　天保10年　後藤点『五経』3版
1840　天保11年　後藤点『四書』4版
1845　弘化2年　河内屋喜兵衛『四書』出版、実際は安永4年の再版
1845　弘化2年　朝川善庵『韓非子』『荀子』最善本覆刻
1846　弘化3年　後藤点『五経』4刻補刻出版
1850　嘉永3年　後藤点『四書』5版
1853　嘉永6年　曽根魯庵『四書匯編』著す
1854　嘉永7年　『左繡』貫名海屋が「覆刻」
1855　安政2年　梅村彦七温故堂『四書』後印
1855　安政2年　後藤点『五経』5版
1856　安政3年　片假名傍訓本（中本）『四書』再版翻刻
1857　安政4年　海保漁村『文章軌範』に注釈をつけて序文を記す
1858　安政5年　後藤点『四書』6版
1861　文久3年　河内屋喜兵衛・茂兵衛（群玉堂）と合版で印刷「万延新刊」
1863　文久3年　後藤点『五経』6版
1864　文久4年（元治1年）　後藤点『四書』7版
1871　明治4年　廃藩置県
1872　明治5年　学制公布
1877　明治10年　海保漁村の遺稿を整理して『文章軌範』出版、森立之仮名交じり翻訳『文章軌範講解』出版　宮脇通赫『点註文章軌範』を上梓
1878　明治11年　千田一十郎 仮名交じり解説『鼇頭文章軌範注釈』出版
1879　明治12年　奥田遵校正『史記評林』『文章軌範』、中村確堂『評本文章軌範』出版
1880　明治13年　原田由己『標箋文章軌範』出版
1890　明治23年　文部省調査『日本教育史資料』
1928　昭和3年　竹林貫一『漢学者伝記集成』（関書院）
1935　昭和10年　小川貫道『漢学者伝記及著述集覧』（関書院）
1938　昭和13年　浜野知三郎『海保漁村先生年譜』
1939　昭和14年　安井朴堂『日本儒学史』（冨山房）
1943　昭和18年　関儀一『近世漢学者伝記著作大事典』（井田書店）
1960　昭和35年　『近世藩校の綜合的研究』（吉川弘文館）

重版
源宣義（温故堂主人）『四書』出版

1786	天明 6 年	竹林堂『四書』出版
1787	天明 7 年	河内屋喜兵衛「字引」を附録に付けて『四書』出版。安政 5 年（1858）再刻。後藤芝山点『五経』出版
1789	寛政 1 年	河内屋喜兵衛「文林堂」『四書』を後印。最勝堂『四書』出版
1789	寛政 1 年	大坂天神橋の糸屋梅月市兵衛が山本長兵衛の版木（正徳 6 年）を買い取り重印
1789	寛政年間	伊東藍田『文章軌範評林』を再編出版、松井羅洲『文章軌範評林』校訂を加えて出版
1790	寛政 2 年	寛政異学の禁、朱子学を奨励、河内屋喜兵衛「宝林堂」『四書』後印
1791	寛政 3 年	尾張安永堂『四書』出版
1792	寛政 4 年	竹林堂『四書』後印、小田穀山『易経』出版
1794	寛政 6 年	後藤芝山点『四書』出版
1804	文化1年	大田錦城『九経談』出版、松下葵岡『国語』（清・嘉慶5年（1800）出版）輸入覆刻
1808	文化 5 年	久月堂小野氏『四書』再刻、文化 10 年（1813）、嘉永 7 年（1854）後印。
1810	文化 7 年	青裳堂髙橋與総治『四書』を出版、天保 14（1843）万笈堂後印
1812	文化 9 年	大坂の加賀屋善蔵「額田版」『四書』を後印
1813	文化 10 年	『四書』（片仮名訓点）中本出版、大阪の宋栄堂、秋田屋太右衛門『四書』出版、後藤点『五経』再版
1815	文化 12 年	僊鶴堂鶴屋喜右衛門が「大寛堂再訂」と称して『四書』出版
1820	文政 3 年	後藤点『四書』再版
1829	文政 12 年	木邨吉兵衛温故堂『四書』再版
1830	文政 13 年	後藤点『五経』3 版
1830	天保 1 年	朝川善庵『荀子箋釈』出版
1835	天保 6 年	後藤点『四書』3 版

1675　延宝4年　林伝左衛門、積徳堂本を覆刻出版
1691　元禄4年　林羅山の訓点本『五経』出版
1692　元禄5年　梅花堂、『四書』を出版、川勝五郎右衛門『四書』を出版
1697　元禄10年　林羅山の訓点本『五経』、川勝五郎右衛門が後印
1711　正徳1年　辻勘重郎『四書』出版
1714　正徳4年　北村四郎兵衛、『四書』出版
1715　正徳5年　『文書軌範』覆刻明刊本出版
1716　正徳6年　山本長兵衛（弘章堂）『四書』を出版
1719　享保4年　『四書』出版（浪華書舗）
1723　享保8年　「再校重刻四書」と題した小本『四書集注』（片假名附訓本）大坂の宝文堂大野木市兵衛と江戸の須原屋茂兵衛が出版
1724　享保9年　『五経集注』（松永昌易）寛文4年（1664）版の後印
1726　享保11年　京都の慶徳堂『四書』出版
1729　享保14年　北村四郎兵衛『四書』を出版
1741　寛保1年　文華堂『四書』出版
1747　延享4年　額田正三郎『四書』出版
1750　寛延3年　文華堂『四書』を覆刻再版
1754　宝暦4年　楠見甚左衛門、広文堂版『四書』出版（文政9年（1826）天保9年（1838）重刊
1755　宝暦5年　那波魯堂『春秋左氏伝』出版、安永、寛政と重刊
1757　宝暦7年　西涯堂『四書』出版
1761　宝暦11年　京極堂『四書』出版
1768　明和5年　西涯堂『四書』再版
1773　安永2年　再版京極堂『四書』出版
1775　安永4年　竹林堂『四書』出版
1776　安永5年　西涯堂『四書』三版
1777　安永6年　「新改四書」小本『四書』（片假名傍訓本）出版、嘉永2年（1849）まで4版
1778　安永7年　大野木宝文堂『四書』出版
1782　天明2年　第三版京極『四書』

1785　天明5年　梅村文会堂『四書』出版、文政12年（1829）、安政6年（1859）

関係略年表

770　宝亀1年　称徳天皇、国家鎮護を祈念した『百万塔陀羅尼』完成
(960 ～ 1279) 中国宋時代、印刷技術盛んになる
1088　寛治2年　『成唯識論』(正倉院蔵)、刊年のある日本最古の印刷品
1200　中国南宋、朱子学の祖朱熹 (1130 ～) 没す
1420　朝鮮世宗2年　銅活字庚子字製造
1436　朝鮮世宗18年　銅活字丙辰字製造
1591　天正19年　ローマ字活字による印刷が初めて行われる、『サントスの御作業の内抜書』(キリシタン版)
1592　文禄の役　この頃朝鮮から活字印刷術が伝わる
1593　文禄2年　後陽成天皇『古文孝経』を活字印刷
1597　慶長2年　『錦繡段』、続いて『四書』『古文孝経』を活字印刷 (慶長勅版)
1597　慶長4年　同11年 (1606) まで家康、京洛伏見で活字出版 (伏見版) を行う
1607　慶長12年　上杉家臣直江兼続 (1560 ～ 1619) が京都要法寺で『文選』を活字印刷、家康、駿府にて銅活字『群書治要』、『大蔵一覧集』を出版
1621　元和7年　後水尾天皇『皇朝類苑』15冊を活字印刷
1625　寛永2年　『大魁四書集注』如竹あとがき記す
1628　寛永5年　安田安昌『五経』出版
1650　慶安3年　『四書集注』出版
1655　明暦1年　『四書』(平假名倍刻本) 大本出版
1657　明暦3年　明暦の大火　菊地耕斎『陶淵明集』出版
1662　寛文2年　『四書』、寛文年間のものでは初見
1664　寛文4年　野田庄右衛門『四書』『五経』を出版、道春点本の広がり
1666　寛文6年　吉野屋権兵衛『四書』を「新版校正　道春点」と表紙題簽に記して、本屋が道春点を売り出す時代の到来。
1670　寛文10年　『四書』を積徳堂、題簽に「道春訓点」と銘打って出版

【や】

【ら】

【り】

【か】

【き】

【く】

【け】

【こ】

【さ】

【し】

人名索引

索引

事項索引

著者紹介

髙橋 智（たかはし・さとし）

1957 年生まれ。慶應義塾大学文学部教授（漢籍書誌学専攻）。文学博士。1986 ～ 1988 年上海復旦大学古籍整理研究所高級進修生。1990 年慶應義塾大学大学院博士課程修了。中国古典籍の印刷歴史、鑑定、日本の漢文古典籍（漢籍）の受容などを中心に研究。
主要業績：「慶長刊論語集解の研究」（『斯道文庫論集』30・31　1996 ～ 7 年）、「安井文庫研究」（『斯道文庫論集』33 ～ 37　1999 ～ 2003 年）、『室町時代古鈔本『論語集解』の研究』（汲古書院、2008 年）、『書誌学のすすめ』（東方書店、2010 年、ゲスナー賞受賞）など。

<図書館サポートフォーラムシリーズ>

海を渡ってきた漢籍
―江戸の書誌学入門

2016 年　6 月 25 日　第 1 刷発行
2021 年 11 月 25 日　第 2 刷発行

著　　者／髙橋 智
発 行 者／山下 浩
発　　行／日外アソシエーツ株式会社
〒140-0013 東京都品川区南大井 6-16-16 鈴中ビル大森アネックス
電話 (03)3763-5241（代表）FAX(03)3764-0845
URL　https://www.nichigai.co.jp/

組版処理／SEIHOEN
印刷・製本／株式会社 デジタル パブリッシング サービス

ISBN978-4-8169-2610-5　　**Printed in Japan,2021**

図書館サポートフォーラムシリーズの刊行にあたって

図書館サポートフォーラムは、図書館に関わる仕事に従事し、今は「卒業」された人達が、現役の図書館人、あるいは、図書館そのものを応援する目的で、1996年に設立されました。このフォーラムを支える精神は、本年で16回を数えた「図書館サポートフォーラム賞」のコンセプトによく現れていると思います。それは、「社会に積極的に働きかける」「国際的視野に立つ」「ユニークさを持つ」の三点です。これらについては、このフォーラムの生みの親であった末吉哲郎初代代表幹事が、いつも口にしておられたことでもあります。現在も、その精神で、日々活動を続けています。

そうしたスピリットのもとに、今回「図書館サポートフォーラムシリーズ」を刊行することになりました。刊行元は、事務局として図書館サポートフォーラムを支え続けてきている日外アソシエーツです。このシリーズのキーワードは、「図書館と社会」です。図書館というものが持っている社会的価値、さらにそれを可能にするさまざまな仕組み、こういったことに目を注ぎながら刊行を続けてまいります。

図書館という地味な存在、しかしこれからの情報社会にあって不可欠の社会的基盤を、真に社会のためのものにするために、このシリーズがお役にたてればありがたいと思います。

2014年10月

シリーズ監修

山﨑　久道（図書館サポートフォーラム代表幹事）
末吉　哲郎（図書館サポートフォーラム幹事）
水谷　長志（図書館サポートフォーラム幹事）